COLLECTED PAPERS
IN MEMORY OF PEARL S. BUCK
VOL. V

赛珍珠纪念文集 第五辑

主编 蔡文俊

江苏大学出版社
JIANGSU UNIVERSITY PRESS

镇 江

图书在版编目(CIP)数据

赛珍珠纪念文集. 第5辑 / 蔡文俊主编. —镇江：
江苏大学出版社,2017.7
ISBN 978-7-5684-0427-3

Ⅰ.①赛… Ⅱ.①蔡… Ⅲ.①赛珍珠(Buck，Pearl
1892—1973)—纪念文集 Ⅳ.①K837.125.6—53

中国版本图书馆 CIP 数据核字(2017)第 061817 号

赛珍珠纪念文集(第5辑)
Sai Zhenzhu Jinian Wenji (Di 5 Ji)

主　　编/蔡文俊
责任编辑/周凯婷　米小鸽
出版发行/江苏大学出版社
地　　址/江苏省镇江市梦溪园巷 30 号(邮编：212003)
电　　话/0511-84446464(传真)
网　　址/http://press.ujs.edu.cn
排　　版/镇江文苑制版印刷有限责任公司
印　　刷/句容市排印厂
开　　本/889 mm×1 194 mm　1/32
印　　张/11.125　插页 7
字　　数/287 千字
版　　次/2017 年 7 月第 1 版　2017 年 7 月第 1 次印刷
书　　号/ISBN 978-7-5684-0427-3
定　　价/38.00 元

如有印装质量问题请与本社营销部联系(电话:0511-84440882)

2015 中国镇江赛珍珠国际学术研讨会合影
Group Photo of Attendees at International Symposium on Pearl S. Buck, Zhenjiang, China, 2015

纪念中国人民抗日战争胜利 70 周年暨 2015 中国镇江赛珍珠文化交流活动开幕式会场
The 70th Anniversary of the Victory of the Chinese People's War of Resistance against Japanese Aggression and the Ceremony of Cultural Exchange Activity on Pearl S. Buck, Zhenjiang, China, 2015

2015 中国镇江赛珍珠国际学术研讨会会场
Conference Site of International Symposium on Pearl S. Buck, Zhenjiang, China, 2015

美国赛珍珠国际基金会董事会主席
大卫·布雷丁格尔
Mr. David R. Breidinger, Chairman
of Pearl S. Buck International Board

中国社会科学院文学研究所所长
陆建德
Lu Jiande, Director of Institute of
Literature, Chinese Academy of
Social Sciences

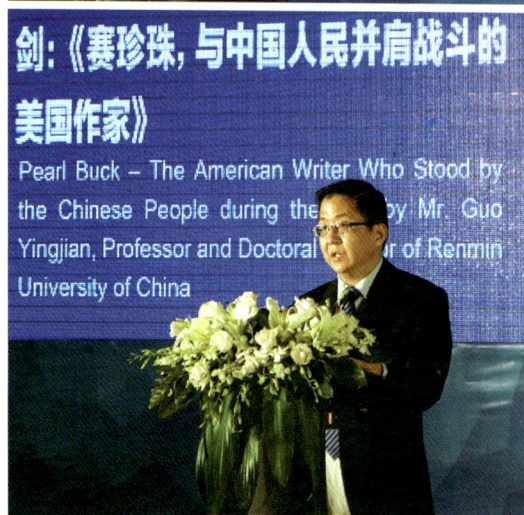

中国人民大学教授郭英剑
Guo Yingjian, Professor of Renmin
University of China

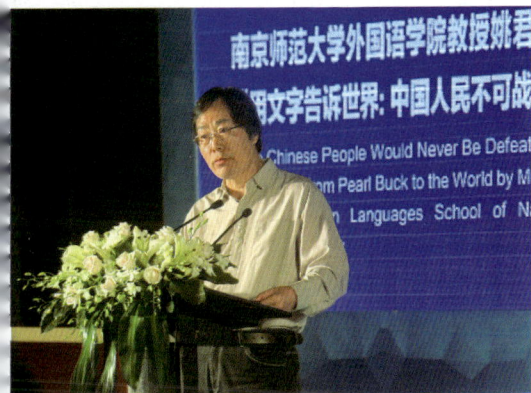

南京师范大学外国语学院教授
姚君伟
Yao Junwei, Professor of School of
Foreign Languages and Cultures ,
Nanjing Normal University

中国社会科学院外国文学研究所
研究员王逢振
Wang Fengzhen, research fellow
of Institute of Chinese Foreign
Literature, Academy of Social
Sciences

鲁迅博物馆研究馆员姚锡佩
Yao Xipei, research fellow of Lu Xun
Museum

中国社会科学院研究生院教授张恩和
Zhang Enhe, Professor of Graduate School of Chinese Academy of Social Sciences

镇江市政协副主席、江苏大学图书馆馆长卢章平
Lu Zhangping, Vice Chairman of the CPPCC of Zhenjiang and Library Curator of Jiangsu University

镇江市赛珍珠研究会会长蔡文俊主持赛珍珠国际学术研讨会
Cai Wenjun, President of Zhenjiang Pearl S. Buck Research Association, presiding over the International Symposium on Pearl S. Buck

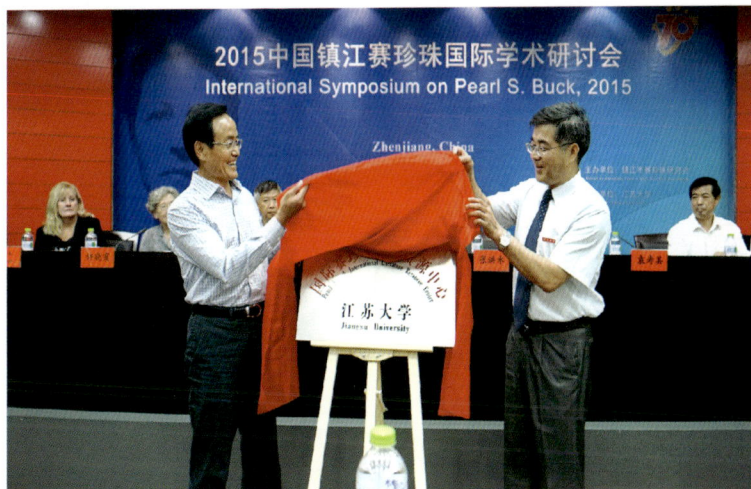

镇江市政府常务副市长张洪水与江苏大学校长袁寿其为江苏大学国际赛珍珠文献资源中心揭牌

Zhang Hongshui, Executive Vice Mayor of Zhenjiang Municipal Government and Yuan Shouqi, President of Jiangsu University, unveiling the plaque of Pearl S. Buck International Literature Resources Center of Jiangsu University

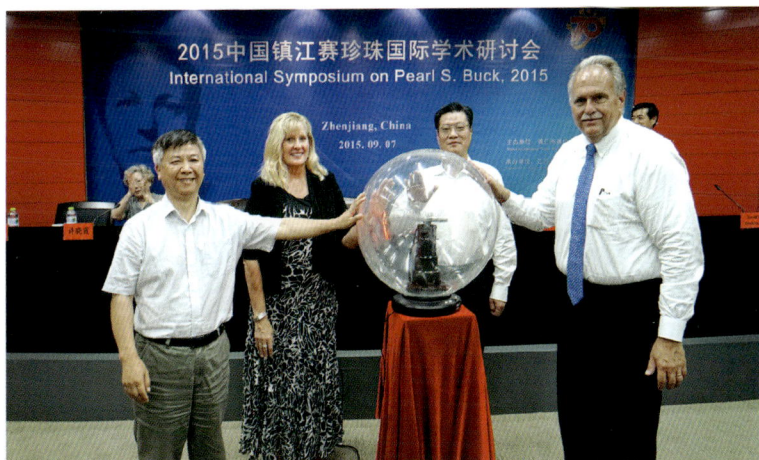

镇江市人大常委会副主任凌苏、政协副主席宋余庆、美国赛珍珠国际基金会董事会主席大卫·布雷丁格尔、赛珍珠国际基金会总裁和首席执行官珍妮特·明泽开通江苏大学国际赛珍珠文献资源中心网站

Ling Su, Deputy Director of Zhenjiang Municipal People's Congress, Song Yuqing ,Vice Chairman of the CPPCC of Zhenjiang, David R. Breidinger, Chairman of Pearl S. Buck International Board and Janet L. Mintzer, President and CEO of Pearl S. Buck International, launching the website of Pearl S. Buck International Literature Resources Center of Jiangsu University

镇江市赛珍珠研究会原会长许晓霞与江苏人民出版社总经理助理韩鑫为《寻绎赛珍珠的中国故乡》首发揭幕

Xu Xiaoxia, former President of Zhenjiang Pearl S. Buck Research Association, and Han Xin, Assistant to general manager of Jiangsu People's Publishing House, at the launching ceremony of *Exploring Pearl S. Buck's Hometown in China*

镇江市赛珍珠研究会领导与美国赛珍珠国际基金会来宾合影

Leaders of Zhenjiang Pearl S. Buck Research Association and guests from Pearl S. Buck International

来宾参观镇江市赛珍珠纪念馆

Guests visiting Pearl S. Buck Museum in Zhenjiang

镇江爱乐女声合唱团在纪念大会上演唱《黄水谣》《五月的鲜花》

Zhenjiang Aiyue　(loving-music) Girls Choir singing *The Ballad of Yellow River* and *Flowers in May*

中国人如何看待"他者"对自己的形象建构
（代序）

陆建德

首先，非常荣幸能够参加以"赛珍珠与中国抗日战争"为主题的"2015 中国镇江赛珍珠文化交流活动"。两年前笔者错过了一次机会，今天终于实现夙愿。在感谢镇江市政府热情邀请的同时，笔者也代表中国社会科学院文学研究所对这次活动的举行表示热烈的祝贺。

1991 年 1 月，镇江市对外友协、文联、社科联举办了"赛珍珠文学创作讨论会"，当时离赛珍珠 1938 年获诺贝尔文学奖已经有半个多世纪了。那次会议是迟到的认可，释放出真诚的令人宽慰的善意。为此，笔者要向有远见的镇江市表示敬意。当时，有的与会者已经注意到，诺贝尔文学奖之所以颁发给赛珍珠，与日本侵华有关，与日本侵华时的大量暴行有关，与中国人民不屈不挠的抗争有关。赛珍珠得奖，确实有着一个世界反法西斯主义的语境。爱好和平与正义的人士借她的小说言说中国，目的是想对中国抗战精神表示道义上的支持。认识到这一点，是非常有必要的。

在那次会议上，徐迟先生称赛珍珠为"我国的一位可敬又可亲的朋友"，对此笔者深表赞同。很多年来，没有人站出来为这位在镇江长大、将镇江和中国视为第二故乡的作家说公道话，这是莫大的遗憾。笔者还想借此机会与大家分享徐迟先生的这一评语："她写得不比我们的最好的作品差，但比我们最好的作家写得多得多。

这是一件大好事。我们很高兴。但有些人却不以为荣，反以为耻。恼羞成怒的心胸之狭窄未免太可怕了，好像一个外国人写中国而得到大奖，他们就受到侮辱了似的。"①赛珍珠笔下呈现的是占中国人口五分之四以上的农民，她根据自己的具体经验，细微观察，从"透视学的角度恢复其黑白光影"（董乐山语）。在 20 世纪上半叶，向世界各国介绍中国，为普通中国人赢得同情和理解，赛珍珠的大量小说和自传体写作居功至伟。

清末民初，"天朝上国"的心态使很多保守的士大夫、文人不愿意阅读"外来者"关于中国的叙述。张之洞在《劝学篇》里曾经批评过这种心态。他提倡读书人"阅报"，其实已经意识到心理上的闭关锁国同样会贻害国家："大抵一国之利害安危，本国之人蔽于习俗，必不能尽知之；即知之，亦不敢尽言之。惟出之邻国，又出之至强之国。故昌言而无忌。我国君臣上下，果能览之而动心，怵之而改作，非中国之福哉？"②鲁迅先生也希望国人从美国传教士明恩溥的《中国人的素质》一书中得到教益，"变革，挣扎，自做功夫"。但是在现实中，中国知识界一些人士未能表现出慷慨的风度，无形中要求"外来者"的中国叙述必须与自己的价值观念、思维习惯完全一致，不然就不能容忍。赛珍珠的作品一度不受欢迎，与这种心态有关。

美国剧作家尤金·奥尼尔 1936 年获诺贝尔文学奖，两年之后赛珍珠"由于她对中国农民生活丰富而史诗般的描述"得到这一殊荣。这种情况在该奖历史上极其少见。慕尼黑协定在这一年的 9 月 30 日签署，表面上的和平遮盖不住欧洲的战争风云。如果史学家们能够摆脱西方中心的史学观，他们就会承认，一年多以前发生

---

① 徐迟：《纪念赛珍珠》，《徐迟文集》（第 8 卷），作家出版社，2014 年，第 316 页。

② ［清］张之洞：《劝学篇·外篇·阅报第六》，中州古籍出版社，1998 年，第 132 页。

的卢沟桥事变,即意味着日本侵略军的铁蹄已经在蹂躏中国,一场极其惨烈的反法西斯主义的斗争在德国入侵波兰之前已经在东方打响。赛珍珠这一年发布了她响亮的预语:日本必败。

1938 年 12 月 10 日,授奖仪式在斯德哥尔摩举行。赛珍珠在随后举行的宴会致辞中突出了中国主题。她的诺贝尔演讲作于两天之后,题为《中国小说》,在我国的读书界知名度很高。她一开始就说:"我在考虑今天要讲些什么时,觉得不讲中国就是错误。……虽然我生来是美国人……但是恰恰是中国小说而不是美国小说决定了我在写作上的成就。我最早的小说知识,关于怎样叙述故事和怎样写故事,都是在中国学到的。今天不承认这点,在我来说就是忘恩负义。"①演讲中她把中国的文人阶层与普通百姓对立起来,部分原因是《大地》出版后一些文化界人士和留美学生或在北美教书的中国教师(如江亢虎)很看不起赛珍珠从小接触的"中国苦力与阿妈"。在抗日战争期间,赛珍珠为支援中国人民的抗战四处奔走,不遗余力,而对她批评最猛烈者江亢虎到了抗战的紧要关头,反而沦为汉奸。

笔者想特意强调的是她在正式晚宴上的致辞。她首先表示感谢,希望自己今后能写出更优秀的作品来;同时,她也认为,这份奖颁发给一位美国作家,受益者将是全体美国作家和所有美国人,她愿意和大家分享荣誉。但是她最想说的是这一段话:"假如我不按自己完全非正式的方式也提到中国人民,我就不是真正的我了。中国人民的生活多年来也就是我的生活。我自己的国家和中国这个养育我的国家,在许多方面有相同的见解,首先是共同热爱自由这方面相同。今天比以往更是如此,这是真的,现在全体中国人民正在从事最伟大的斗争——争取自由的斗争。当我看到中国空前

---

① [美]赛珍珠:《中国小说》,《大地三部曲》,王逢振,等译,漓江出版社,2001 年,第 956 页。

地团结起来反对威胁其自由的敌人时,我感到从没有像现在这样钦佩中国。就凭着这种争取自由的决心——在深刻的意义上是天性的基本美德,我知道中国是不可征服的。自由——这在今天比以往更是最宝贵的人类财富。我们——瑞典和美国——我们有自由。"①

赛珍珠在如此规格的国际场合以"完全非官方的方式"介绍中国人民"争取自由的斗争",意在公开谴责日本。当时还没有哪个国家为了中国而向日本宣战,名义上各国还是中立的,赛珍珠强调以个人非官方身份说这番话,避免了美国或瑞典与日本的外交纠纷,实际上她却成为中国抗日外交最出色的代言人。让人遗憾的是,她在说这番话的时候,没有时任中国政府驻瑞典的外交官员在场,原因不外乎她曾直言不讳地批评国民党政府。当局不喜欢她的很多言论,未曾想到这些言论背后是一颗真诚坦率的心和对中国的无私的爱。

赛珍珠对中国抗战必胜的信心是感人至深的。她后来在一些政论文章和电台演讲(还有待翻译出版)中多次重复了诺贝尔晚宴致辞上的观点:中国绝对不会屈服! 她的言论鼓舞了中国人的士气,也在美国人中间确立了反法西斯战争必胜的信心。

1941年,赛珍珠和丈夫沃尔什先生创办了旨在沟通世界文化的东西方协会,并担任主席。珍珠港事件(12月7日)后,美国参战,她直接走到了反法西斯战争的宣传前台,身上迸发出无穷无尽的力量,创作了一系列反映中国人民英勇抗日的作品。1942年,她来华实地考察,收集资料,可惜不能重访镇江故乡。她多方面帮助青年艺术家王莹、谢和赓夫妇在美国宣传中国的抗战事业,甚至在

---

① [美]赛珍珠:《受奖演说》,《大地三部曲》,王逢振,等译,漓江出版社,2001年,第954 – 955页。

白宫主持反法西斯文艺演出会，一时传为美谈。她的小说《龙子》还在 1944 年搬上银幕，扮演小玉的是当时最有名的女演员之一——凯瑟琳·赫本。影片中多次响起《义勇军进行曲》。东西方协会活动范围之广，远远超出了我们的想象。下面我举一个小小的例子。

《文学评论》2015 年第 5 期刊出论文《反法西斯战争中的"隐蔽力量"》（作者熊鹰），讲的是丁玲小说集《我在霞村的时候》（胡风编选，1944 年桂林出版，收有《我在霞村的时候》等 7 篇短篇小说）的英文翻译，译者是我国著名女外交家龚普生。这本书的翻译出版见证了一个事实：中国人民的抗日战争是世界反法西斯战争的一个重要组成部分，而文学在此过程中是胜过枪炮的"隐蔽力量"。1941 年，龚普生在周恩来指示下赴哥伦比亚大学攻读硕士学位，她应邀到美国很多大学和组织机构演讲，介绍中国人民的抗战经历。可以说，赛珍珠及东西方协会是这些活动的牵线人。龚普生 1943 年回到重庆。为了培养我党高级外交人才及在美国开展隐蔽的外交工作，周恩来再次派她赴哥伦比亚大学攻读国际关系博士学位，但是龚普生未能得到美国签证。1944 年下半年，赛珍珠用东西方协会的名义邀请龚普生赴美讲学，她先从重庆到昆明，再飞到印度加尔各答。龚普生滞留印度期间翻译了《我在霞村的时候》，在当地出版。东西方协会在印度每星期举行集会，帮助大家从文化上了解中国和印度等亚洲国家。龚普生译作的扉页上用中英文写着"天下一家""Within the four seas all men are brothers"（四海之内皆兄弟）。这句话带有鲜明的赛珍珠个人印记。显然，书的出版得到了东西方协会的资助。龚普生在序言中写道："丁玲为我们描绘了西北普普通通的人民是怎样生活的，他们是怎样在日本法西斯的蹂躏下取得反法西斯斗争的胜利的。"尼克松 1972 年访华，同年赛珍珠未能申请到中国签证，但是周恩来请尼克松转赠赛珍珠一套漆盒。周恩来一定记得抗战期间赛珍珠为中国人民的反法西斯斗争做出的卓越贡献。

关于东西方协会的反法西斯主义活动，我们所知太少。2013年，牛津大学中国研究中心主任拉纳·米特教授研究中国抗日战争的专著《中国，被遗忘的盟友：西方人眼中的抗日战争全史》出版，作者认为，长期以来，中国抗日战争为世界反法西斯战争所做出的牺牲和贡献是被西方严重忽视和低估的，这种状况不能再延续下去了。可叹的是，赛珍珠早在20世纪三四十年代就用她的小说和政论说出了米特教授在这部学术著作中表达的主要观点。她的呼吁和呐喊被冷战时的宣传盖过了。2015年9月3日，为纪念抗战胜利暨反法西斯战争胜利70周年，北京举行了隆重的、振奋人心的庆祝活动，习近平总书记发表重要讲话。今天的会议实际上也体现了北京庆祝活动的基本精神，即"铭记历史，缅怀先烈，珍爱和平，开创未来"。赛珍珠在抗战和反法西斯战争中始终是中国人民的盟友，这位镇江市的美国女儿有一颗不容置疑的"中国心"。我们不应该把她遗忘，我们绝不会把她遗忘。

目　录

Contents

Appendix

Postscript　　　　　　　　　　　　　　　　　　/340

日本永远不能征服你们

——读赛珍珠致中国民众的信及有关争论

姚锡佩　郭永江

　　2015 年是中国人民抗日战争胜利 70 周年,在我们举国纪念时,也忘不了曾帮助、激励我国抗日的国际友人,其中自然包括那位写《大地》等作品、荣获诺贝尔文学奖的赛珍珠(Pearl S. Buck)。她真诚地写了不少抗日文章,做了多种形式的支援工作,却长期被某些国人,尤其是国共两党有意无意地忽视乃至排斥。为什么?

　　笔者不禁想起 30 年前最初搜集赛氏资料时,看到 1938 年 2 月美国《亚洲》杂志刊登的赛氏《致中国民众的一封公开信》,读后很感动;不料,又在同年 3 月 12 日上海《大美晚报》上看到了一篇署名“理初”的批评文章《一个中国青年致赛珍珠女士的信》,顿为两者对立的思想而惊异。更令人震惊的是,当年的对立思想到现今不仅依旧存在,而且成为某种思潮,于是想与国人同享二文,思考我国的抗日历史和赛氏的建议。不幸笔者年老体衰,已遗失赛氏信,后有幸得在美工作学生的帮助,她在网上找到了赛氏打字的原稿(其中有用铅笔和钢笔做的修改),又感激美国赛珍珠故居应请,立时慷慨发来其收藏的原刊本的 pdf 文件,汪健吾友即刻兴笔译出,供笔者对照参考引用。发达的资讯网络和友情使我们出乎意料地看到了赛氏写此公开信时再三斟酌的郑重,也有机会将赛氏与中国青年的信做一比较,以见二者思想之异同。

一、对民众的不同认识

"理初"认为赛珍珠的信是写给中国的工农阶级看的,"我虽非中国工农阶级的一分子,自问尚是一个纯洁的中国青年","为了骨鲠在喉的几句话,正如我不揣冒昧地阅读您的信,我又不揣冒昧地复您的信了"。

其实,赛氏信开头说:"当我写下'中国民众(Chinese people)'这几个字的时候,我把你们看作自己从小在中国就认识的那许许多多多的平民百姓(the common people in China)","你们可能并不识文断字","然而你们比起很多别的地方的人,都更为心平气和,更懂文明礼貌,你们承袭了千百年来形成的那种宽怀容忍以及人生智慧的传统","你们住在乡村或城镇,你们种地或在商店里做买卖,你们或是街头叫卖的小贩,或是游走各地修鞋补碗,兜售孩子们的糖果和甜食"。他们之中既有工人、农民(包括赛氏在《大地》中描写的由雇农变为富农乃至地主的王龙式人物),也有众多的小贩、店员、大小商人、手工业者,等等,甚至有赛氏认为来自他们之中的强盗、车夫、士兵,他们有的读过书,更多的是文盲。当然,不言而喻,"民众"和"平民百姓"也包括众多无权无势的城乡知识分子。赛氏未料自己对底层"平民百姓"的描写,使知识青年"理初"小心眼地把自己和广大"民众"分离了。这种不幸恰如赛氏在信中尖锐指出的:你们的许多领导人,"他们起初几乎全部都是贫苦的人","他们拥有西方大学的学位,许多人是博士,令人惊奇的是,他们出自你们中间。一代人以前,他们就是你们"。这种有了知识和权力就和民众分离的意识,正是过去乃至现在不少权贵和某些知识精英不顾民众生死、贪污腐败的原因之一。

好在"理初"是一个热血青年,他基本认同了赛氏信中的大意,还用自己的理解概括为如下话语："中国的民众此次遭受日本军队的攻击，虽然奋勇抵抗，前仆后继，可是因为准备不够，终于失败，这失败的原因，是因为政府的不作未雨绸缪的打算，现在中国民众以血肉和日本的机械化部队相搏击，这就是中国唯一的希望。国际方面没有一国肯为了别国的存亡拿实力来援助别国，自己的政府又只会做些建造陵墓、粉饰太平的空事，中国民众要挽救中国的沦亡，只有靠自己的力量，中国民众可以游击战术来牵制日军的部队，纵然牺牲性命，中国的民众是不会退缩的。中国的民众不怕死，他们视死如归，水灾、旱灾一死更上千上万，当现在祖国危急存亡的时候，中国大众又何惜一死？日本军事当局能砍中国老百姓的头，可是他们不能禁止中国老百姓生育，老的游击队死了，有年轻的人起来予日军以种种的困扰和烦恼，中国民众拿这样的精神去对付日本，最后胜利必属中国。"

因此，"理初"也不禁说："我们读了这封信后，陡然增加了许多奋斗的勇气，因为我们知道，这时代的良心还没有完全泯灭，世界上还有同情正义的人。"

二、对西方国家利益的不同看法

但是奇怪的是，这位原以为此时"全世界只有屠杀没有公理"的中国愤青首先反对的竟是赛珍珠语重心长的提醒：不要把抗日胜利的希望完全寄托于"西方国家—国联—美国"的帮助。赛氏这一观点形成于她当时的所见所闻，如她很不满美国人只含糊其辞地谈论着对进口日本丝绸实行抵制，她在信中一针见血地指出："一切行动都不应该像实行丝绸抵制那样温和，那样无济于事，只有对一切领域实行完全的抵制，包括贸易、信用以至传播交流统统在内，才能取得预期的效果。只有实行这样完全的抵制，那些由于军国主义而致失常发疯的国家，就会立即发现自己陷入孤立的境地。"她更恨一些美国人还把武器和各种军火原料卖给日本，她不仅写了《西方武器落入肆无忌惮的东方人之后》之类的文章予以批判，而且在这封信中以自己的醒悟沉重地警告中国民众：各国政府"仅仅想到，在那个发了疯的国家隐隐欲动的时刻，自己究竟能够获益多少，如何不惜一切代价的保住自己的商业利益"。这显然有悖于"理初"的幻想——"在这法西斯蒂狂潮席卷的世界上，还有许多主持公道，不惜以打倒暴力、扶植正义为职志的国家，所以我们认为中国不是永久孤立的。"

确实，中国并未永久孤立。不过，如美国这样的国家支持，那已是在 1940 年日本扶植大汉奸汪精卫等在南京成立傀儡政权"国民政府"，又占领了法属印度支那北部之后，政治军事形势的恶化使美国当权人士的思想产生了变化，要把中国变成在军事上和政治上都对美国有益的盟国，予以物资援助。1941 年 12 月 7 日，珍珠港遭日本偷袭，美国被卷入第二次世界大战后，更以直接参战的方式支援中国抗日，最为人津津乐道的是暗助陈纳德招募美国志愿航空队（即飞虎队）来华对日军英勇作战，夺回制空权；美国又派遣史迪威将军任美国驻华军事代表，为中国训练整编了一支装备精良、训练有素的中国驻印军，使中国远征军完成了中国战略大反攻的全面胜利，并最终打通了印缅中国际交通线，使中国在被日本封锁航海线后又拥有了取得外援的通道。最终美国用原子弹轰炸日本，迫使日本投降。美国政府对中国抗日战争后四年的积极作用，已浓墨重彩地记录在历史的丰碑上。

然而，美国政府的积极行动又是在不少对华友好人士的持久鼓动下促成的，如赛珍珠早在 1936 年就在《亚洲》等杂志上撰文，宣扬抗日的《中国反抗日本》、抗议并讽刺美化 1937 年南京大屠杀的日本军官的《军国主义的思维》、反讽式的《感谢日本》，深刻地分析了中日战局,高瞻远瞩地指出:战争的胜利取决于谁能支持长期的战争;侵略战争使中国人知道了国家胜于一切,将各个政治派别联合到了一起;被迫的大规模西迁发展了内地的经济、教育,沿海城市的知识青年和内地人民的接近、融合,将复兴整个中国;战争启示了中国人力与财力的伟大效能,中国是不会被毁灭的。她在《红皮书》杂志上更以醒目的标题《日本必败》,赞扬中国人善用游击战术的勇气和耐力。1938 年 12 月她在世界瞩目的诺贝尔文学奖颁奖仪式上发表受奖演说时公开宣言:"整个中国正在从事斗争中最伟大的斗争,为捍卫自由而斗争。我也从不曾像现在这样钦佩中国,因为我看到她正在从不曾有过地团结起抵抗威胁她的自由的入侵之敌。"1939 年写的《自由中国行动起来》《在者为胜》等均是对中国人民坚持抗战的赞美和鼓励。1940 年后,她几乎全身心地投入支持中国抗日斗争的各项活动中,不仅撰文演讲,并创作了反映中美人民抗日的小说《爱国者》《金子的脸》《龙子》《诺言》等,而且有积极的活动,如:响应斯诺夫妇与路易·艾黎创议,捐巨款在中国西北地区开展工业合作社运动;多次进行援华募捐;呼吁并通过罗斯福总统夫人劝说总统废除对华不平等条约及实施长达60 多年的排华法案;协助并主持王莹进入白宫演出街头剧《放下你的鞭子》,演唱抗战歌曲;等等。这些已有多人谈过,不再赘述。

三、对政府的不同视角

其实,"理初"要吐的骨鲠,主要是不满赛珍珠对中国政府的批评。他认为,"女士(指赛珍珠——引者注)为了对中国大众的同情太大不免过分武断了中国政府的丑恶",强调"一九二七年北伐以来,中国政府在国民党主持之下,贪污之风确比从前大杀了。即以此次对日作战而言,中国军队能抵抗日本最新式的军队至六月之久,若非政府平时有相当准备,这是一桩办不到的事",“此时不是我们批评政府的时候,而是我们拥护政府,为她效力,使她能担任更艰巨的工作的时候”。

“理初”之理在我们中国人听来不无道理。自1937年“七七”事变以来,中国军民英勇抗战,死伤数以万计;特别是“八一三”淞沪战役是国民党主席蒋介石为保卫首都南京,争取国际大国支持而亲自部署、指挥的主动反击的大会战。投入兵力(包括最精锐的部队)75万余人,战役持续三个月,尽管最后中国军队死伤25万人(日军自称死伤4万人),以上海沦陷告终,但打破了日本“三个月灭亡中国”的狂想,也为中国民族工业内迁争取了时间,更在国际上宣告中日全面战争开始。

当时外国报纸对中国军民英勇抗日的激情和热潮也多有报道,如与五千日军死战坚守闸北四行仓库的八百壮士的英勇事迹轰动中外。但外报更多的是反映中国军队在这次战争中伤亡惨重,最后溃不成军的场面。也报道了当年11月3日至24日的九国公约签字国会议和最后通过的报告:强调九国公约和平原则的有效性、必要性和普遍适用性,要求中日停止敌对行动,采取和平程序。会议拒绝了中国政府关于制裁日本的正义要求,使日本更加肆无忌惮地侵占上海,直逼南京。始终对国际联盟抱有幻想的蒋介石政府在11月20日无奈发表《国民政府移驻重庆宣言》,军政机关、学校、医院纷纷迁往内地,很多市民也逃离了南京,乃至守军仓皇流散,1937年12月13日,南京在一片混乱中被日军占领。留下的50余万市民遭到日军穷凶极恶的烧杀淫掠,自然是外报登载的重要消息。

赛珍珠正是通过这些报道和在华友人传来的各种事实真相,才在信中提请她的朋友——决心以血肉之躯奋力战斗的中国民众思考一个问题:“你们因为什么,竟是如此缺乏自卫的能力呢?”赛珍珠认为除了前面所说的中国的领导人和知识精英乃至大众过于幻想并等待"西方国家—国联—美国"的帮助，还有一个原因就是民众对自己的领导人没有任何要求，"不像英美那些重要的民主大国的人民对他们的领导人那样"，"实行监督检查"；"你们现今还没有法律的机制，能够用于控制你们的统治者，你们还不知道怎么样去进行控告与弹劾"。因此，对领导人挪用公款据为己有的贪污腐化行为，民众只会耸耸肩说："我们对此一无办法。"

赛氏在信中还列举了国民政府在1927—1937年建设新首都的功绩："为孙中山（他原本也是平民）建造了一座漂亮的陵墓。非常引以为豪的是，其建造之精致位列世界第二。与之相关的也有一座漂亮的公园和一个颇为壮观却很少用过的体育馆。青草长在了座位与座位之间，甚至盖过了宏伟漂亮的跑道。为它们花了好大一笔费用。也还造起了富丽堂皇的大厦，有私人的，也有国家的。""南京迅速发展成了一个自命不凡的首都。你们有意识地让来访的外国人得出良好印象，把钱花费在显眼的地方。而对战争的防卫，则并不是这么回事。"赛珍珠曾多次在她创作的小说，以及撰写的传记、文章中批评这些面子工程。孙中山是她敬重的伟人，犹如她敬重美国开国元勋华盛顿、林肯、杰弗逊一样，在美国首都也有他们的纪念碑或纪念堂，但都是在他们逝世半个世纪乃至一个世纪后树立的，以表彰他们开创的政治理念久经考验，使美国成为世界一流强国。从小接受美国民权思想的赛珍珠见蒋介石为首的国民党立国不到一年即大肆地树立孙中山的精神权威，就很自然地认为这只是为了树立"政统"，寻找信仰，以新意识形态"三民主义"统一思想，强化国人的权威认同感，确立现政府的"合法性"，促使民众信任蒋介石国民党治理下的民国政体。由于这是自上而下的宣传鼓动，并不能为当时广大群众理解，因此才会出现赛珍珠笔下的情况，如小说《新路》的主人公陆顺诸人因政府开新路被强制拆迁旧居而痛苦烦恼,观望肃穆送葬队伍的沿途群众神态混乱。诚然,以民族、民权、民生"三民主义"为建党建国方针的国民党和国民政府,在民国成立之初就着手改善民生和制定国家的大计方针。但在国力微弱、强敌入侵时期,国家的建设资金不是主要用于改善广大贫民的生活和壮大军力,而是把党政权力和面子放在第一位,首先考虑提高军政官员的待遇,盖起不亚于发达国家的楼堂馆所,乃至权贵豪富的别墅。即使在建筑有利于民生的现代化大马路时,也没有先行妥善迁移人们的产业、安置人们的生活,而是用行政命令强迫老百姓做出牺牲。同样,面对日本的狼子野心,领导者又弃人民生命财产于不顾,置亿万民众于日寇的虐杀中。在此惊天国难时刻,沿袭"老忠臣"传统的青年"理初",发出的却是绝对支持、拥护政府的声音。

而赛珍珠面对失去领导的民众,不由呼吁他们自救,进行游击战。未料这竟成了纯洁青年"理初"的第三根骨鲠。

四、对游击战的不同评价

"理初"认为赛珍珠"不了解游击战术的真意义,游击战术的生命在于组织,没有缜密的组织,就不免为人家逐个击破了,中国民众固然不怕死,可是他们要有意义地死,女士所提议的游击战术,在理论上是很动听,但可惜不能见诸实行"。最后说:"为了中国大众的福利,我们对女士的忠告,只得很抱歉地拒绝了。"

那么,赛氏为何建议中国人民开展游击战? 如她在信中所说,当时的中国"几乎没有能同敌人装备相适应的武器"。她也知道手无寸铁的民众在每一场游击进攻之后,必然会遭受敌方给予的迅猛而又恐怖的报复。不过,赛氏从战略眼光来看,中国民众是能够对付死亡的。她说:"千百年来你们不断面对饥荒与水灾,即使现代的统治者也还无力减缓灾情，因此你们知道应当如何行动。如果现在你们要去战斗，那就让日本人自己花费力气来消灭你们好了。他们会在你们行动之前就使出自己的力量。你们的人口，比起他们有六倍之多，你们能够拖垮他们。"

显然，这不是无意义的死。而且，赛珍珠也不是一味建议以死抗争。鉴于当时中国大片领土已经沦陷，在日本侵略者的严酷统治下开展游击战也十分困难，曾翻译过中国古典名著《水浒传》的赛珍珠认为，民众只有进行反抗，才可能经受他们的统治——"这是你们所熟知的关于如何维持自己坚实而又无声的制胜方法。牢记一点：如果你们运用与生俱来的力量进行反抗，你们仍将取得胜利"。——在赛珍珠看来，这就是"不要放弃你们自己的传统，你们自己的思想方式与生活方式。就是说，不要放弃你们自己"。

事实上，沦陷区民众聪慧的"人自为战"的自发反抗，正是发展游击战的重要源泉。如河北冉庄的乡民面对日寇实行"烧光、杀光、抢光"的灭绝人性的"大扫荡"时，想方设法躲避敌人的残害，保存粮食和生命，纷纷在屋里挖单口洞。这一反抗谋略，后来被有组织的游击队发展为神出鬼没、出奇制胜的地道战，有效地打击了敌人，增强了民众的抗日信心。诸如此类的"人自为战"的发展，也是接近民众的中国共产党领导下的各种地方游击组织，乃至正规军在抗日战争中取得胜利并不断壮大的原因之一。

其实，游击战也并非共产党的专利。1938年冬蒋介石接受白崇禧的建议，在衡山军事会议上提出了"二期抗战，游击战重于正规战，变敌后方为其前方，用三分之一力量于敌后方"。战果正如《白崇禧口述自传》中所言："是时，沦陷区民众闻风而起，纷纷加入游击队，发展至为迅速。""游击战为长期抗战，消耗敌人兵力，争取主动地位，富有弹性之战法。数年来，各战区因地实施，颇收成效，山西方面，尤为卓著。兹根据作战最高指导方针，适应现阶段之需要,应在敌侧后发动较前规模更大更坚强有力之游击战,庶可使敌深陷泥淖,穷于应付,而予致命之打击。"国民党军队敌后游击部队,也跟中共领导下的多种游击队一样,取得了以少胜多、保存实力的重大战绩。游击战的威力迫使日军逐渐将其主要兵力用于敌后战场,消耗和钳制了日军大量兵力,支援了国内主战场和太平洋战场上美英军队的对日作战,但自身也面临着更严酷的战斗。由于国民党军队始终强调游击队的正规化建制,缺少灵活性,以至白崇禧不禁扼腕感叹,苏鲁战区经历日军"数次大规模连续进攻,损失惨重,疲惫不堪,处境日益艰难,逐渐陷入被动,地方武装甚至是正规部队也纷纷垮台或投敌",1944 年 5 月只得撤销该战区。而中共领导的游击队因坚持毛泽东所强调的"分散兵力""分散做群众工作",依靠群众广泛开展多种灵活的游击战,积小胜为大胜,改变了敌我力量对比,从 1943 年开始局部反攻,为转入全面反攻创造了条件。

只要不抱政党偏见,不过分神化游击战或互争党派的贡献,纵观抗日战争的历史,1938 年抗战进入相持阶段后,敌后战场已逐渐成为中国抗战的主战场,成为全民族持久抗战的中坚。其中游击战所起的作用,并非如"理初"预见的那样,只会造成无意义的死亡;更不是现今某些恶贬游击战者说的,只是骚扰性的,破坏日军的供给线而已。那种以正面战场和伤亡人数多少论贡献的论调,又怎能经得起历史的推敲和追问呢?难道在抗日战争胜利 70 周年之际,我们除了高调纪念之外,还不应该消除党派之争,认真总结抗日的经验和教训吗?难道我们自己非要否定中国民众坚持抗战这一铁的事实吗?难道我们还不如非党派的国际友人赛珍珠那样一以贯之地肯定我国民众的抗日力量吗?

请再听一听当她得知美国政府决定参加反法西斯战争时的兴奋之语。1942 年 3 月,赛珍珠应美国之音、英国 BBC 电台之邀,用

汉语广播发表演说,鼓励支持中国人民的抗日战争,她说:

> 我必须告诉你们的是当时我见了我第二祖国的中国,单独勇猛地抵抗日本,不免窃心自喜。美国人知道当时中国并没有充足的军事准备,他们觉得与久宿野心的日本相对敌,中国是支持不久的,是必会投降的。但我以为这是不会有的事;中国绝对不会屈服日本,因为我不能想象到我们认识的那些健壮实在的农人,那些稳健的中产商人,那些勤苦的劳工,以及那些奋勇热心的学界领袖会受到日本降服的。所以在言论上,在著作上,我曾大胆地发表我的自信。我说,中国人是不会投降的,日本人也不能征服他们。

她创作的小说《龙子》,描写了南京大屠杀前后林郯一家的心灵变迁、悲惨遭遇和不同的抗日走向,连娇生惯养的小儿子也在经历了被侮辱被损害的痛苦后,上山打游击,成为英勇的战士。

诚如赛珍珠在这封信最后写的:"他们永远不能征服你们!"

感谢赛珍珠对中国民众的坚定信心和支持。

抗战胜利日　感念真朋友

张恩和

今年是中国人民抗日战争暨世界人民反法西斯战争胜利 70 周年，我们和世界各国人民一道，热烈庆祝这个人类历史上极其重大的节日。这是因为以中国人民抗日战争为重要组成部分的世界反法西斯战争的胜利，扭转了历史向黑暗罪恶陷落的进程，改变了人类坠入痛苦深渊的命运。

回顾 70 年前，中国人民和世界许多国家的人民一道，饱受帝国主义和法西斯主义国家的疯狂侵略与屠杀，经过艰苦卓绝的反抗斗争，最终在灾难的废墟上挺立起来，那真正是绝处逢生，如凤凰涅槃。在这场血与火的斗争中，中国人民经受的苦难最深，持续的时间最长（从 1931 年"九一八事变"算起，为时 14 年），死亡人数最多，许许多多人家破人亡。在这种惨烈的考验面前，中国人民没有屈服，而是掩埋好同伴的尸体，擦干身上的血迹，越战越勇，最后以胜利者的姿态屹立在世界东方，并且以辉煌的战绩向世界证明中国是不可能被征服的大国。

中国人民取得的胜利，离不开国际反法西斯力量的声援和支持。大的方面，苏联卫国战争及同盟国的参战对中国抗日战争取得胜利的极大作用无须赘述。在中国境内，美英联军及苏军参与作战的力度也毋庸置疑。具体到一些事件，我们可以列举出许多许多；人物可以数出长长一大串，而其中就有一位美国友人——赛珍珠。对于她，我们不仅不应该忘记，而且应该深切感念。

　　赛珍珠抗战时期不在中国，没有像有的国际友人那样因投身于中国人民抗战的洪流而为人们所熟悉。但是她却以她曾经特有的经历（在中国长大并生活了数十年），以自己对中国的深入了解及对中国人民的深厚感情，也以她因写作出版了关于中国题材的文学作品并获得巨大的声誉和威望，再次用她的笔，用她的声音，有力也有效地支援了中国。这在当时，对于正在受难和急需支援的中国人民是极其重要和十分宝贵的。

　　我们知道，在 1937 年"七七"事变发生后不久的当年 12 月，日本侵略者制造了惨绝人寰的南京大屠杀。南京城内外一时尸横遍野，血流成河。对于日本帝国主义的暴行，赛珍珠义愤填膺，当即竭尽全力"为中国抗战奔走呼号"。她在美国发表广播讲演，向美国民众宣传中国的全民族抗战。她说："美国人知道当时中国并没有充足的军事准备。他们觉得与日本相对敌，中国是支持不久的，是必会投降的。但我以为这是不会有的事，中国绝对不会屈服日本。因为我不能想象到我们认识的那些健壮实在的农人，那些稳健的中产商人，那些勤苦的劳工，以及那些奋勇热心的学界领袖被日本降服的。所以在言论上，在著作上，我曾大胆地发表我的自信。我说，中国人是不会投降的。"这些话，对于国际援助中国，无疑扩大了影响，增强了信心。另外，我们都知道美国著名记者、中国人民的老朋友埃得加·斯诺在访问了中国抗战根据地之后写出著名的长篇通讯《西行漫记》，为美国民众及世界各国人民了解中国人民的艰苦奋斗产生了巨大作用，但很少有人知道这篇重要的名作正是在赛珍珠和她的丈夫办的《亚洲》杂志上发表出来的。与此同时，赛珍珠还热情接待一些中国文化人在美国的活动，积极安排并主持中国的戏剧家王莹在白宫的抗日宣传演出，并请出美国总统等政要观看。她还带头为中国抗战捐款，动员美国名流与民众给经受苦难的中国人民写声援信，声援信如雪片般飞向大洋彼岸,达上万封……应该说,赛珍珠支持中国人民的斗争不仅有言论,有声音,也有行动。这种患难中的援手,堪称雪中送炭,中国人民是绝不会忘记的。

这里我想说一下的是,过去,我们多次谈论了很多赛珍珠荣获1938年诺贝尔文学奖的、以中国题材创作的长篇小说《大地》,较多的是从它丰富的题材、宏大的结构、生动的语言等方面加以肯定。但笔者以为,从文学艺术的角度研判这部作品的同时,是否应该更多从社会认识意义的角度来评估它的价值呢? 事实上,这部作品得到世界荣誉的主要原因,并不是它在艺术上取得多大成就,而主要是在中国人民进行抗日战争的紧急关头,为世界各国人民了解中国提供了一个管道、一面镜子。这就是为什么当时瑞典学院这样评价这部作品:作品"为西方世界打开一条路,使西方人用更深的人性和洞察力,去了解一个陌生而遥远的世界"。不要小看了"为西方世界打开一条路"这一评语,让外界了解中国,就能让外界亲近中国,同情中国,愿意支援中国,更多更主动地站到中国一边,就是为中国人民的抗战添砖加瓦,加油打气。

最后,在我结束发言时,我想复述赛珍珠说过的一句话,她说:"我一生到老,从童稚到少女到成年,都属于中国。"另外,也想再引述美国著名学者汤姆森对赛珍珠做出的一段评价:"在很大程度上,还是由于有了赛珍珠,一代代的美国人才带着同情、热爱和尊敬的目光来看待中国人。"我想归结的意思是:对于这样一位美国人,对于这样一位中国人民的真正朋友,我们还不应该深深地感念她吗?

赛珍珠中国抗战叙事研究:对象与思路

姚君伟

赛珍珠于 20 世纪三四十年代以多种方式关注和声援中国的抗日战争,这是大家都知道的,特别是看过美国米高梅电影公司根据她的中国抗战题材名作《龙子》(*Dragon Seed*,亦译为《龙种》)改编的电影的观众,对赛珍珠这一层面的积极努力,印象想必十分深刻。不过,在 2015 年纪念中国人民抗日战争暨世界反法西斯战争胜利 70 周年的时候重提,相信更有意义。1938 年 12 月,赛珍珠在诺贝尔文学奖受奖演说中说:"中国人民的生活多年来也就是我的生活,确实,他们的生活始终是我的生活的一部分。我自己的国家和中国这个养育我的国家,在许多方面有相同的见解,首先是在共同热爱自由这方面相同。……现在全体中国人民正在从事最伟大的斗争——争取自由的斗争。当我看到中国空前地团结起来反对威胁其自由的敌人时,我感到从没有像现在这样钦佩中国。就凭着这种争取自由的决心……我知道中国是不可战胜的。"①在这样一个国际平台,如此旗帜鲜明地说出这样的话语,该具有何等强大的力量,对中国人民的抗战事业又是何等有力的支持!

客观地说,赛珍珠对待日本文化和日本帝国主义的态度是不同的。早在 1924 年发表的《中国之美》里,赛珍珠就记录下了她对日本文化所做的观察。她认为日本文化是一种精美的文化,但她

---

① [美]赛珍珠:《受奖演说》,《大地三部曲》,王逢振,等译,漓江出版社,2001 年,第 955 页。

也发现，"日本帝国早就处心积虑地吞并中国领土，掠夺资源，为将来称霸做准备"，因此，20世纪30年代，特别是卢沟桥事变之后，赛珍珠愤然谴责日本军国主义的侵略行径和在中国犯下的法西斯暴行，赞扬中国军民的顽强抵抗和不屈精神。在小说创作方面，她1939年出版了《爱国者》，太平洋战争爆发后的翌年，即推出了她在中国抗日战争小说叙事方面的代表作，也是世界上第一部向西方揭露日军在南京大屠杀中所犯下的滔天罪行的英文小说——《龙子》。《龙子》甫一问世，即反响热烈，在国际上受到广泛关注，引发了全世界对日本暴行的强烈谴责。小说初版印数即达29万册，后又一版再版。赛珍珠的同类作品，包括《滇缅公路的故事》等，是小说，却也是基于事实，它们既有文学价值，又有史料价值，完全值得文学界和史学界给予更多的关注。

研究赛珍珠的中国抗战叙事作品，首先，有必要将它们置于整个中国题材序列展开，因为它们虽然在格局和视角等方面多有发展或变化，其所包含的题旨和精神在整体上却基本上一以贯之。笔者曾经指出，通过中国几代学者的研究，尤其是到了21世纪，我们对赛珍珠的跨文化写作及其所包含的精神内涵已经做了许多个案研讨，对她的作品特别是前期的中国题材写作有了一个比较准确的把握，为我们从整体上研究作为小说家、作家型学者和社会活动家的赛珍珠提供了条件。

整体地看，赛珍珠在她的文学作品中详尽地描写了中国和中国人，同时把中国文化展示给西方，她坚持不懈地努力促进不同文化和种族间的相互理解。在很大程度上，相对于小说创作，赛珍珠在非小说和人道主义事业方面的贡献也许更大。可以说，赛珍珠向来提倡不同种族、不同文化之间的交流和理解。她的中国抗战题材书写本身可视为她作品的一个相对完整的单元，有其集中的观照，同时又属于她的整个写作的一部分；就她的这个单元特别是

《龙子》而言,笔者认为,赛珍珠之所以愤怒揭露日本法西斯在中国犯下的暴行,原因就在于日本践踏了中国人民的自由,危及中国人民的生存,其所作所为不是对人类和平的维护,而是反人类的野蛮行径;她创作以中国抗战为题材的作品,其内心所怀有的依然是不同文化、不同民族和平相处、互动共生的跨文化理想。

其次,可将赛珍珠的中国抗战叙事放入她所理解并呈现的中华文明的价值体系进行研究。细读这些作品,我们发现它们自觉或不自觉地体现着诸如责任先于自由、义务先于权利、社群高于个人、和谐高于冲突等中华文明的核心价值观。众所周知,中华文明在五千年不间断的发展中,逐步形成了自己比较稳定的价值观。赛珍珠在她的中国抗战叙事中,通过小说人物的言行,向世人呈现出中华民族所具有并捍卫的价值观念。在《爱国者》这部小说里,赛珍珠描写了吴益旺在军阀混战时期及抗战中的战斗生涯和爱情生活。吴益旺的父亲是上海银行家,但在优裕环境中长大的他却加入了一个主要由知识分子和工人阶级激进分子组成的青年革命团体。蒋介石到达上海后,血腥镇压异己分子,吴益旺流亡日本,并在那里娶妻生子,但抗战爆发后,他毅然抛下妻儿,回国抗战。吴益旺作为一个中国人,他在祖国受难的时刻,感到了肩上的一份责任,认为自己有义务回国投身抗战。

《龙子》中所写的林郯一家在日本发动侵华战争之前,生活在南京附近的一个小村庄,"他再没什么希求的了,他一切都有了。他既不算富裕,也不算贫穷"。在家里,"他们就那样坐着,吃着,充满了宁静平和的气氛",但是,随着日本的入侵,这样的生活格局被打破,林郯一家的生存受到威胁。林郯恨战争,"恨这世上所有发动战争的人";他和他的村民都是些农民,他们"爱和平,懂事理",但为了抵抗越来越残暴的日军,为了保卫自己的家园,他们最后也必须组织起来,以村民们的集体力量和智慧,采取各种可能的方式,奋起抵抗。中华民族以和为贵,反对战争,但在外敌入侵、国破家亡的关头,个人一定会加入抗战行列,为国分忧,共御外侮,以报国仇家恨,"国家说到底就是老百姓,我们就是老百姓"。赛珍珠的中国人民抗日战争书写里,以文学的方式,阐明中华文明的核心价值。我们今天不妨循着这个思路,来分析和把握赛珍珠中国抗日战争书写的背后意在弘扬的元素。

再次,有必要将赛珍珠的中国抗战叙事作为整个世界反法西斯战争叙事的一部分来评价。迄今为止,西方的二战历史研究对中国的抗日战争包括它对世界反法西斯战争胜利所做出的巨大贡献的评价尚有欠公允。英国牛津大学东方研究所教授、现代中国历史与政治专家拉纳·米特(Rana Mitter)曾在接受《文汇报》记者采访时说,中国抗日战争在整个第二次世界大战中所起到的作用不容忽视,但在西方的二战语境中,中国抗日战场的重要性至今仍然被忽视。尽管近年来,学术研究的环境有所改善,学术研究的便利程度大大提高,但客观认识中国抗战的作用毕竟需要一个过程,所以就目前情况而言,至少在西方,对于二战中的中国战场的认识和研究是比较有限的,但事实上应当完全在全世界反法西斯格局中来重新评价中国抗战。

我们注意到,随着第22届国际历史科学大会2015年8月在中国山东的召开,国际史学界开始"点赞"中国抗日战争为第二次世界大战胜利所做出的巨大贡献。但就文学叙事而言,相比苏联的抗战系列作品与西方大量的文学和影视作品,我们在中国的抗战文学作品里所看到的更多的还是愤怒、控诉、宣传,战争中人性的复杂和变化未得到多少昭示,缺乏抗战时期老百姓日常生活场景的描写,没有出现过伟大的作品,因而并未能占领文学高地,迈入世界经典的行列,正如评论家雷达所分析的,"与世界文学相比,我们似乎还没有出现具有广泛世界影响的反法西斯文学的大作品,也还没有出现公认的伟大的战争小说,过去对我们的抗战文学,一度过于从政治性、党派分野出发,本身有一定的片面性,还有一个就是缺少深刻伟大的人文关怀"。这实在是中国作家的一大遗憾。

从抗战叙事的历史考察可以发现,在中国读者和观众的记忆中,抗战题材小说与电影最早发端于 20 世纪五六十年代;而另一方面,赛珍珠早在 30 年代就开始发表她关于中国抗战的演讲和小说创作了,《龙子》于 1942 年出版,1944 年由米高梅公司拍成电影(中央电视台播出的《东方主战场》曾提到这部影片,并强调该片采用了聂耳创作的《义勇军进行曲》的旋律)。《龙子》让世人了解日本侵华的真相和中国普通民众的抗日斗争与不屈精神,同时也将笔触深入林郯一家所在村子的农民在抗战期间的日常生活情形,写到了诸如父母与儿辈、孙辈之间的关系,也写到非常时期不同的人对抗争所表现出的不同态度及其背后的利益,甚至妯娌之间的嫉妒、族人之间的冲突,还有战争期间家人之间的关爱等;当然,赛珍珠以"龙子"为书名,无疑寄托了她对中国人和中华民族的美好期盼与中国必胜的信念。中国人生生不息,充满希望,而且,"德不孤,必有邻",中国人也并非在孤军作战,世界上所有热爱和平、追求正义的人们都在反抗法西斯,为争取和平正义做斗争。

遗憾的是,赛珍珠的这些中国抗战叙事,既未进入美国学术界的研究视野,也未受到中国出版界和学术界的足够重视。早些年刘白羽担任总主编、重庆出版社推出的"世界反法西斯文学书系"含"美国卷"(Ⅰ、Ⅱ),收入海明威、欧文·肖、诺曼·梅勒等多位作家的作品,但未收赛珍珠的同题材作品;该书系还包括"中国卷"12卷,但都不见赛珍珠的作品;最近,上海译文出版社推出的"世界反法西斯战争文学经典丛书",收有《辛德勒名单》《广岛之恋》《铁皮鼓》《丧钟为谁而鸣》《桂河大桥》等多部作品,赛珍珠的中国抗战题材名作也不在其列。

记得《太平广记》里有个"鹦鹉救火"的故事："有鹦鹉飞集他山……山中大火，鹦鹉遥见，便入水濡羽，飞而洒之。天神言：'汝虽有志，意何足云也？'对曰：'虽知不能，然尝侨居是山……不忍见耳！'天神嘉感，即为灭火。"赛珍珠作为一位特殊的美国作家，"尝侨居"中国近 40 年，将中国视为她的第二祖国；当这个祖国遭受侵略时，尽管她身在大洋彼岸的美国，又怎能不以笔代枪，和中国同胞一起抗敌？终于，她写出了包括《龙子》在内的一系列中国抗战题材作品，支持了中国人民的正义事业。考虑到目前我们对这些珍贵作品的重视和研究不够，笔者在此呼吁应将它们提升到世界反法西斯文学层面，展开系统而深入的研讨。

赛珍珠：与中国人民并肩战斗的美国作家

郭英剑

2015 年是中国人民抗日战争暨世界反法西斯战争胜利 70 周年，9 月 3 日，我国政府在北京举行了盛大的阅兵仪式暨纪念活动。笔者个人以为，在这样的年代和时刻，镇江举行赛珍珠文化交流活动及赛珍珠国际学术研讨会，可以让我们聚焦赛珍珠与中国人民抗日战争之间的密切关系，重新认识赛珍珠之于中国的意义和价值。

从个人创作历史来看，赛珍珠成名于 20 世纪 30 年代，到 40 年代，赛珍珠的名字因为获得诺贝尔文学奖而享誉世界。而从中国历史上看，20 世纪 30 年代到 40 年代中期，恰是中日关系交恶、日本大肆侵略我国而我国人民奋勇抗战的时期。可以说，自 1937 年中国人民进入全面抗日战争开始，一直到 1945 年取得最终的胜利，赛珍珠始终与中国人民站在一起，用她的实际行动支持中国人民的抗日战争。

特别需要说明的是，在 1937—1949 年（虽然到 1945 年，中国人民的抗日战争已经取得了胜利，但赛珍珠有关中国人民抗日战争的作品主题，一直持续到 1949 年），赛珍珠的大部分作品都直接或者间接地涉及了抗日战争这一主题。因此，无论是历史地、文化地或者文学地看待和研究赛珍珠，都不能忘记这样一个历史语境。

下面笔者想从历史、文化、文学这三个层面，对赛珍珠如何支持中国人民抗日战争的历史事实做一简要论述。

一、代言人

从历史上看，赛珍珠无疑是最早站出来为中国人民及其抗日战争呐喊助威的外国友人，同时，她也是站在国际舞台上旗帜鲜明地反对外来侵略者入侵中国、坚定地支持中国人民抗击外来侵略者中最具有世界声望的人。

中国人民的全面抗战始于 1937 年七七事变，一年之后的 1938 年 12 月，赛珍珠在其诺贝尔文学奖受奖演说中说道："现在全体中国人民正在从事最伟大的斗争——争取自由的斗争。当我看到中国空前地团结起来反对威胁其自由的敌人时，我感到从没有像现在这样钦佩中国。就凭着这种争取自由的决心——在深刻的意义上是天性的基本美德，我知道中国是不可征服的。"①

这段文字，常常被学者引用。笔者对此的理解是，赛珍珠在自己人生最辉煌的时刻，不仅没有忘记她的第二故乡正在遭受日本侵略者的践踏，而且充分利用了自己在世界上的影响力，为中国人民的抗日战争摇旗呐喊，为争取世界人民的广泛支持、提升中国人民的民族自信心做出了卓越的贡献。从某种程度上说，赛珍珠成了那一时期中国人民抗击外来入侵者在国际上的代言人。

二、文明使者

在中国人民抗日战争进行得如火如荼时，赛珍珠不仅为中国人民摇旗呐喊，更是在美国为中国人民抗日乃至世界人民的反法西斯事业做出了实实在在的贡献。

---

① ［美］赛珍珠:《受奖演说》,《大地三部曲》,王逢振,等译,漓江出版社,1998 年,第 955 页。

　　首先，她和她的丈夫沃尔什改造了《亚洲》杂志，使之在 20 世纪 30 年代后期成为美国人十分关注的一本刊物。杂志受人欢迎的原因之一，就是该刊成为美国了解亚洲和中国的一个窗口。《亚洲》为此刊登了不少来自亚洲包括中国抗日前线的报道。该杂志反对法西斯统治的立场极为坚定，"始终反对帝国主义，多次登出文章宣称结束殖民统治对东西方都大有益处"。① 这就等于在世界上给了包括中国在内的亚洲人民一个发出自己声音的绝佳机会。

　　其次，赛珍珠和沃尔什在 1942 年成立了一个以教育和文化为核心的组织——东西方协会。② 该组织与《亚洲》杂志交叉互补，致力于亚洲与西方间的文化交流与沟通。利用这样一个组织，赛珍珠曾经帮助中国演员王莹，使其有机会到美国白宫演出《义勇军进行曲》等，使中国人民的抗日战争得以有机会在美国上流社会加以展现。③

　　再次，赛珍珠亲自在美国为中国人民抗日募捐。"1941 年的大部分时间，赛珍珠都埋头于募集资金。"④她还曾担任联合援华会主席一职，美国罗斯福总统的夫人应邀担任名誉主席。她在一场声势浩大的筹款活动中发表演讲称："中国抵抗日本侵略的斗争，对于我们期待世界的民主前景，具有举足轻重的意义。"⑤在中国近代历史上，像赛珍珠这样一位国际友人，为中国人民抵抗外来入侵者做出如此巨大贡献而又功勋卓著者，无人能出其右。

　　笔者以为，赛珍珠在这一阶段游走于东西方之间，已经不仅是一种简单的文化交流，而且是在为世界文明不被侵略者所践踏而奋力抗争，她是在扮演一个文明使者的角色。

---

① ［美］彼德·康：《赛珍珠传》，刘海平，等译，漓江出版社，1998 年，第 195 页。
② 同①，第 275 页。
③ 谢和赓：《赛珍珠与王莹》，刘龙《赛珍珠研究》，云南人民出版社，1992 年，第 310 页。
④ 同①，第 273 页。
⑤ 同①，第 273 页。

三、文学战士

作为作家,赛珍珠在这一时期的主要作品有:《爱国者》(1939)、《今天和永远》(1941)、《龙子》(1942)、《中国天空》(1943)、《诺言》(1943),包括二战之后的《群芳亭》(1946)和《同胞》(1949)。这些主要以长篇小说为主,其中《今天和永远》为短篇小说集。

由此,我们不难发现两点:第一,1939—1949年这11年,赛珍珠创作了大量的重要作品;第二,赛珍珠通过文学的方式,再现了中国人民的抗日战争。

比如,赛珍珠的长篇小说《龙子》是一部栩栩如生地深刻反映中国人民抗日战争历史的史诗般的著作,是最早向西方世界揭露二战期间侵华日军的残暴行径的英语文学作品,因此,具有很高的历史文献价值。另外,笔者以为,《龙子》的重要性还表现在以下两个方面:一方面,她具有深刻的人性关怀,挖掘了中国普通农民对战争的深入思考,深刻反省了战争扭曲人性所带来的严重恶果,反映了人们对于和平的深切渴望。另一方面,赛珍珠是把中国人民的抗日战争当作第二次世界大战的重要组成部分来描写的。这一点,与很多描写中国抗日战争的作品有所不同,也是赛珍珠具有国际眼光、写作具有过人之处的地方。

与历史文献资料及当时的新闻报道相比,文学作品的价值或许在于其更灵活地再现历史,更易于被后来人接受,更容易被当代人重新阅读。应该说,赛珍珠深知文学的传播与美学价值更久远,因此,无论任何时候,即便在她为战火纷飞中的中国人民送去现实的温暖(包括物资、金钱等)时,她从来都没有放下手中的笔。正是她的创作,不仅让我们看到了那个时代比历史与新闻更加翔实的战争场面，突出再现了战争给普通中国人民所造成的伤害，更展现了普通人在战争中所散发出的人性的光辉。从这个意义上，赛珍珠无愧于中国人民抗日战争时期与中国人民并肩作战的一名文学战士的称号。

前不久，8 月 27—30 日，美国纽约著名的林肯艺术中心上演了一部以赛珍珠的生平事迹改编的舞剧，名为《春江花月夜：珍珠》。这个作品，由中外舞蹈家联袂演出，以舞蹈的形式诠释了赛珍珠的个人经历及其所处的那个时代。该剧在美国引起了很大的反响，包括《纽约时报》《华盛顿邮报》《华尔街日报》在内的各大媒体都做了广泛的报道。这个事实告诉我们，美国，没有忘记赛珍珠。而在中国人民庆祝抗日战争暨世界反法西斯战争胜利 70 周年的历史时刻，纪念赛珍珠这位曾与中国人民并肩作战的美国作家，也就有了非同寻常的意义。

付出与回报

——赛珍珠支援中国抗战的原因及其自身发展探析

周卫京

中国人民从未忘记、也永远不会忘记在"那场历时八年、历史上最血腥、最艰难"①的战争中给中国人民帮助和支持的海外赤子和国际友人。其中最杰出的人物之一便是赛珍珠。她以公众演讲,小说、戏剧等文学手段和募捐筹资等社会机制,从道义和物质上极其卓越地声援、支持了中国内地的抗战,同时赛珍珠不懈的援华努力也帮助她自己完成了从知名作家到亚洲问题国际权威专家和杰出社会活动家的飞跃。本文通过回顾抗战期间赛珍珠的作品和相关传记,从她的援华抗战原因和自身发展需求两个方面,探析赛珍珠与中国抗战的关系,以期对赛珍珠有更客观和全面的了解,对其文、其行、其言及其背后的动因有更深入的解读。

一、乐土难觅,故园难忘

赛珍珠的援华抗日之义举始于 1934 年她回国后,一直延续到 1945 年抗战结束后。在这十几年间,她花大部分的时间和精力从事政治活动与战争救援活动。那么,是什么因素促使赛珍珠改变了她原先纯净的写作人生,投身于以援华抗战为核心的政治

---

① [美]彼德·康:《赛珍珠传》,刘海平、等译,漓江出版社,1998 年,第 224 – 225 页。

活动？

首先,赛珍珠最初对纯文学创作的偏离是她回美后文化不应期症状的具体表现。

赛珍珠从童年到中年一直生活在中国且因写中国题材而闻名,回到美国后便立刻陷入了"无根"的困境[1]和创作的危机。[2] 赛珍珠在回国之初虽笔耕不辍,但其作品以在《亚洲》杂志上刊登的非小说类随笔和述评为主,小说只是偶尔为之。她的小说题材要么是中国式的,且其雏形早在中国已形成,如《母亲》(1933)、《分家》(1935);要么是对自己亲身经历(不如意的婚姻、传教士父母等)的反思和挖掘,如《傻瓜的牺牲》(1934)、《正午时分》(1935 年写成,1967 年出版)、《异邦客》(1936)、《战斗的天使》(1936)。从相当程度上说,是中国世界和中国文化造就了荣膺诺贝尔文学奖的赛珍珠。对中国世界的再度关注,应该是赛珍珠克服回美后文化不应期的有效心理对策。

其次,1938—1945 年,赛珍珠明显的轻文重政倾向,是她对美国主流文学拒不接纳她后的无奈选择。1938 年 11 月,赛珍珠荣膺诺贝尔文学奖。这意外殊荣惹恼了 20 世纪 30 年代风靡美国的每一个文学阵营,使她陷入了美国主流文学的否定和嘲讽的漩涡之中,尤其是她熟悉或崇拜的美国知名男性作家的中伤和敌意。[3] 作为一名女作家,一名亚洲问题专家,赛珍珠不得不与美国主流文学保持谨慎的距离,转而回归亚洲世界寻求发展和突破,去从事她熟悉的亚洲政治文化活动。

最后,也是最根本的,援华抗战是赛珍珠对中国故乡至爱的表现和本能的捍卫。赛珍珠从小生活在中国,在中国度过了前半生,

① [美]彼德·康:《赛珍珠传》,刘海平,等译,漓江出版社,1998 年,第 184 页。
② 同①,第 204 页。
③ 同①,第 237 页。

是中国人民给予了她最大的快乐与兴趣①,所以"中国人民的生活始终是她生活的一部分"②,并永远成了她生活的一部分③。赛珍珠从小受到中国平民的养育和呵护,所以她爱中国平民,写中国平民,与他们息息相通是中国平民世界赋予她的秉性。竭尽全力解救中国平民于苦难,是她从事各类援华募捐活动的原始动力,也是她对深爱的中国故乡竭尽全力的回报。

除了物质上的援助,赛珍珠利用一切有效手段维护中国的利益并声援中国抗战,因为中国仍然是她心灵的故土。④ 1938 年,中国华北、江南、华中先后沦陷,日军气焰嚣张。危急时刻,赛珍珠为《红皮书》杂志撰文《中国必赢》。她坚信,崇尚和平和自由的中国人民一定会克服暂时的失利,以耐力、勇气和出奇制胜的游击战术最终击败日本。⑤ 当年年底,赛珍珠赴瑞典接受诺贝尔文学奖。在受奖演说中,她向全世界宣告:"中国——这个养育了我的国家,酷爱自由。这一点在当今的中国比以往任何时候都更真实。目前,中国举国上下正在举行着有史以来最伟大的战争——为自由而战。我从未像现在这样对中国充满了敬意。中国是不可征服的。"⑥通过《爱国者》,赛珍珠号召海外赤子抛却个人安逸,回国救亡;通过《龙子》,赛珍珠向美国公众揭示日本侵略者惨绝人寰的南京大屠杀,歌颂了平民百姓不顾一切代价反侵略、反压迫的决心和勇气。

此外,出于对中国的忠诚,赛珍珠始终以中国代言人的身份参

---

① [瑞典]佩尔·哈尔斯特龙:《授奖词》,[美]赛珍珠《大地三部曲》,王逢振,等译,漓江出版社,1998 年,第 947 页。

② [美]赛珍珠:《受奖演说》,《大地三部曲》,王逢振,等译,漓江出版社,1998 年,第 954 页。

③ Pearl S. Buck. China:Past and Present. John Day Company,1972:176.

④ [美]彼德·康:《赛珍珠传》,刘海平,等译,漓江出版社,1998 年,第 250 页。

⑤ Pearl S. Buck. China as I See It. John Day Company,1970:100 – 119.

⑥ [美]赛珍珠:《我的中国世界》,尚营林,等译,湖南文艺出版社,1991 年,第 5 页。

加美国外交政策大辩论。① 1933 年,赛珍珠在美国政治学院做的《中国与西方》演说中指出,在过去的几个世纪里,西方列强曾以不光彩的手段轰开了中国的大门,将不平等条约强加给中国政府。1943 年成立了没有中国人领导的全国性组织——废除排华法案公民委员会。由于她杰出的领导,1943 年 10 月 22 日,限制在美华人长达 60 多年的排华法案终于土崩瓦解。自此,中国人得以合法移民美国,成为美国合法公民。更可贵的是,赛珍珠借助民族平权运动,促使罗斯福总统同意废除对中国的不平等条约,并在新中国诞生前夕,宣布美国放弃在中国的治外法权的决定,并敦促英国也做了除香港之外的相同让步。

不难看出,赛珍珠在情感、道义、物质和外交上对中国的援助,都源自她对中国故乡至深的爱和本能的捍卫。作为中国人民终生的朋友,她为他们请愿,替他们说话!②

二、拓展自我,破茧化蝶

实用主义是赛珍珠崇尚的价值理念之一,也是她认为中美两个民族本质的相似处之一。③ 赛珍珠援华努力十余载,花费了大量的时间和精力。从中她赢得了什么呢? 这对她的文学创作又产生了怎样的影响?

其一,援华抗战为赛珍珠的文学创作提供了新的素材和养分。

在中国全面抗战期间,赛珍珠创作了八部小说,其中四部以中国抗战为主题或背景。它们是:《爱国者》(1939)、《今天和永远》(1941)、《龙子》(1942)和《诺言》(1943)。

---

① [美]彼德·康:《赛珍珠传》,刘海平,等译,漓江出版社,1998 年,第 248 页。
② Robert E. Park. The Marginal Man. Charles Scribner's Sons, 1937:173.
③ 同①,第 214 页。

故国战火使她抛开作家的国籍问题,再次回到熟悉的中国题材进行文学创作。《爱国者》是反映中国抗战的首篇作品,也是她获诺贝尔奖后出版的第一本畅销书。小说以清教徒般的虔诚,置主人公于1926—1938年中国真实的主要政治、军事事件之中,歌颂了中国青年面对日本入侵回国救亡的英雄事迹。小说结束在枪林弹雨中,中国前途未卜,主人公生死未定。故事的结局表达了赛珍珠对中国时局的担忧和对遭受战乱之苦的平民的同情。

1941年,为了尽早唤起美国人对中国慷慨解囊,从物质上救助中国,赛珍珠出版了新小说集《今天和永远》,里面分两部分收录了13篇故事。用大量的篇幅和凝重悲壮的笔触,刻画了一批中国抗战女英雄。《龙子》以1937—1941年南京城西的一个小村庄为背景,描述了林郯一家惨遭日军凌辱,奋起抗敌的感人故事。小说真实地反映了日本入侵给中国普通百姓带来的巨大灾难,特别是通过对惨绝人寰的南京大屠杀和日军丧心病狂的强奸恶行的描述,向世人昭示了日本帝国主义的累累罪恶和对全球和平的威胁。同时,通过林郯一家男儿的刚毅无畏、妇女的英勇机智和手无寸铁的村民的团结一致,向全世界传达了中国人民不惜一切代价反侵略的决心和勇气。《龙子》被《时代周刊》称为"第一部生动而感人地直接描写中国抗日的小说",并为每月图书俱乐部创下了29万册的销售纪录。①

《诺言》是在抗战胜利的曙光中完成的。小说以史实为依据,讲述了中英联盟作战,中方因英方背叛而惨遭失败的故事。赛珍珠以截然不同的叙述视角诠释了中国人民的主体抗战力量,同时也表达了她对英国出卖亚洲同盟的愤怒之情。

值得一提的是,赛珍珠对中国抗战主题的写作一直延续到战

---

① [美]彼德·康:《赛珍珠传》,刘海平,等译,漓江出版社,1998年,第285页。

后若干年,如以抗战为背景的《群芳亭》(1946)和直接歌颂海外赤子回国抗战的《同胞》(1949)等。纵观赛珍珠抗战期间的主要作品和在《柯利尔》杂志连载并在 1945 年改编成电影的剧本《中国天空》,我们可以从一定程度上说,中国抗战拯救了作为作家的赛珍珠。

其二,援华抗战,造就了赛珍珠亚洲问题专家、中国问题权威的形象和地位。

《大地》的声名鹊起使她有机会发表公众演讲。1935—1937年,赛珍珠频频受到美国著名大学邀请,就当时的国际焦点问题——中日关系、西方与亚洲的关系发表演讲和评论,这奠定了她作为走红作家和亚洲问题专家的基础。获诺贝尔文学奖为赛珍珠在国际舞台上赢得了一枚独一无二的"中国制造"商标。抗战全面爆发后,赛珍珠利用《亚洲》杂志对中国的抗战形势进行在线报道,并对每篇报道加以深入评析。出任联合援华会主席后,为筹集募捐资金,赛珍珠不断就中国时局发表公众演讲。上自总统,下至平民,无不折服于她对中国近千年历史文化的深入研究和对当时中国局势的细微发现。所以,抗战期间赛珍珠被频繁地召入白宫,要么对中美官员大谈阔论,要么向美国政府献计献策。欧亚战场每有风吹草动,罗斯福总统和夫人就会邀请赛珍珠发表评论和预测,并使其以亚洲问题专家、中国问题权威的身份主持重大的中西关系聚会和会议。珍珠港事件之后,美对日开战。受美国政府特别委托,赛珍珠对赴中作战的美国盟军做系统的战前中国文化集训①,并在《亚洲》杂志对美军的作战情况进行跟踪报道,对死伤家属进行精神抚慰。就对美国亚洲政策和民意的影响力度而言,能与赛珍珠匹敌者可谓前无古人,后无来者。所以,美国高层曾考虑

---

① Robert E. Park. The Marginal Man. Charles Scribner's Sons, 1937: 151 – 199.

请赛珍珠出任美国驻华大使,并说这是她自己赢得的殊荣。① 费正清在回顾中美历史时也证实,赛珍珠在抗战期间的言论影响了美国的对华政策。② 简言之,中国抗战造就了赛珍珠亚洲问题专家、中国问题权威的形象和地位。

其三,援华抗战,为赛珍珠的平民政治理想提供了实践舞台。

赛珍珠有着为平民效力的政治热情和渴望。她的政治信念孕育于母亲早年灌输给她的民主、自由的美国形象,孕育于孔子"天下一统"的儒家教义、中国平民"天高皇帝远"的自由生存状态和他们"风水轮流转"的个人时运信念。③ 赛珍珠的《大地》和译作《水浒传》,体现了她文学创作中的平民政治观。她对国民党政府的批评,源于蒋介石对日本入侵的不抵抗和对共产党的镇压失去了民众的支持;她对共产党抗日成就的认同,是出于毛泽东领导的全民抗日"是货真价实的农民运动"④,"是完全为老百姓的事业着想"⑤,是唯一与民众联盟的力量,只有他们才能有机会打败日本帝国主义。⑥ 无论是她对美国种族问题的关注,还是她竭力为中国民众募捐,无一不体现着她的平民政治。所不同的是,当她出任援华委员会、联合援华会和东西方协会负责人的时候,她明确地感受到自己找到了生而为之奋斗的事业。

其四,援华抗战,为赛珍珠实践女性的社会效能创造了条件。

"赛珍珠一生关注妇女,对女性的命运和遭遇始终保持敏感。"⑦女性应走出家庭,承担起社会责任,寻找能证明她们社会

① [美]彼德·康:《赛珍珠传》,刘海平,等译,漓江出版社,1998 年,第 287 页。
② 同①,第 306 页。
③ 同①,第 140 页。
④ 同①,第 228 页。
⑤ 同①,第 229 页。
⑥ 同①,第 248 页。
⑦ 同①,第 261 页。

价值的工作,寻找能拓展她们社会效用的途径——这是赛珍珠中青年时期蓬勃发展起来的女性主义理想。① 援华抗战为实践这一理想提供了空前的机遇。通过颇具争议的演说和评论,赛珍珠在美国的外交政治舞台不断掀起风浪,凸显女性的政治声音,展示女性的政治才能。这是她对有规有矩的男权文化的有效挑战和颠覆。

另外,作为一名杰出的女作家,赛珍珠自然不会放弃对战争中女性价值的探寻。1939 年上半年,她为《妇女天地》杂志写的《妇女能为和平做什么?》《母亲的自白》和为《哈泼》杂志写的《装满火药的美国妇女》就是典型的代表。同年,她创作了她的第一个剧本《慈禧太后》。这些无不寄托着赛珍珠对女性综合价值的思考和完美形象的构建,显现出极强的女权主义倾向。可以推断,赛珍珠对战争中女性价值的探求是她拓展女性定义的积极尝试。

最后,援华抗战,给赛珍珠带来了骄人的财政回报。

从财政收益看,以援华抗战为核心的政治活动,使赛珍珠为个人、《亚洲》杂志、《亚洲与美洲》杂志和东西方协会都赢得了巨额的经济收入,为她日后从事亚美儿童的谋福利事业奠定了坚实的经济基础。抗战结束后,美国对亚洲的兴趣锐减,东西方协会和《亚洲与美洲》立刻陷入了财政灾难。② 1946 年,《亚洲与美洲》杂志停止发行。不久,《亚洲》杂志和东西方协会也遭受了类似的命运。③ 不难推断,援华抗战为赛珍珠施展天才的经营才能创造了机遇。1932 年《大地》的畅销使赛珍珠年收入逾 10 万美元,使她有能力建

---

① [美]赛珍珠:《受奖演说》,《大地三部曲》,王逢振,等译,漓江出版社,1998 年,第 66 – 72 页。

② 同①,第 330 页。

③ 同①,第 338 页。

造起卡洛尔小屋，一次性地落实了智障女儿的余生①；抗战结束后，她营利数百万美元，建立了赛珍珠基金会和"欢迎之家"，先后收养了5000多名亚美孤儿。② 她用事实证明了自己是一个天才的组织者、目光敏锐的法官和头脑精明的商人。③ 她以骄人的商业成就再次向世人宣告，在男人的天下，她照样能闯能拼，不断地取得进步。④

① ［美］赛珍珠：《受奖演说》，《大地三部曲》，王逢振，等译，漓江出版社，1998 年，第 165 页。
② ［美］彼德·康：《赛珍珠传》，刘海平，等译，漓江出版社，1998 年，第 7 页。
③ 同②，第 310 页。
④ 同②，第 191 页。

战后重建与知识分子的主体性

——赛珍珠的"社会服务"论

朱 骅

赛珍珠终其一生都在探索中国如何振兴,但只要仔细梳理就会发现,从抗战爆发前发表的《大地》的第三部《分家》开始,她的注意力就转向探讨知识分子在振兴中华中的作用,而且她的观念伴随其社会身份和中外政治局势的变化而不断变化,从早先明显的"福音救华"的宗教意识逐步向知识分子"社会服务"的世俗化转变。

一、"社会福音"思想与赛珍珠对传教运动的反思

美国史学家葛兰·华克(Grant Wacker)认为,至 20 世纪 20 年代初,赛珍珠对基督教拯救中国的可能性深信不疑。[1] 然而,她在南宿州陪丈夫一起做农业经济调查期间,看到了中国农民凄惨的生活状况,这使她逐渐对纯粹的福音传教使命产生困惑。她在1918 年给妹妹格蕾丝(Grace Sydenstricker)的一封信中表达了自己对福音传教的看法:"从人的角度来讲,在中国的传教事业之所以不成功,是因为我们的工作方法从一开始就错了。面对那些饥寒

---

① Grant Wacker. Pearl S. Buck and the Waning of the Missionary Impulse. Church History, 2003 (72/4).

交迫、无家可归的人们,我们往往不是先伸出救援之手解决他们的温饱,而是想办法向他们宣讲福音。当一个人饿着肚子时,他对于自己的灵魂问题就不太感兴趣了。"①赛珍珠对美国新教在华传教策略的反思使她接受了美国宗教界新兴的"社会福音"(Social Gospel)思想,支持教会主导下的中国乡村建设运动,也导致她和保守的海外差会观念相左,最终辞去教职。

"社会福音"在 1900 年之前一般称为"社会基督教"(Social Christianity),首先出现在美国,既是一种神学理论,也是一项社会实践,是基督教对西方城市化和工业化带来的社会问题的积极回应,试图通过基督教的道德慈善力量缓和劳资冲突,改善城市穷人生活状况,提供必要的健康娱乐和帮助个体实现其潜能发展等。"社会福音"思想归纳起来主要有以下几个特点:(1)强调耶稣的慈善精神,并试图将此精神应用于社会的发展变化。"社会福音"虽然也关注个人灵魂的拯救,但更关注社会整体的改良。(2)受19 世纪社会主义学说的影响,"社会福音"抨击社会弊端,主张和平,反对战争,强调全社会的团结和全人类利益的一致性。(3)"社会福音"的思想核心是在现实世界建立"上帝之国",相信社会秩序的基督教化是解决社会问题的最佳途径,主张基督教对人类生活的全面介入,影响社会政治、经济、军事、文化和教育等方面。(4)"社会福音"论反对将宗教和科学对立的做法,试图把科学与信仰、文化与教会、民主与基督教、伦理与神学之间的对立化解,使之达到一种整体一致、有机共存。②

赛珍珠在《大地》(*The Good Earth*,1931)取得成功后不久就在

① Pearl S. Buck. Letter to Grace and Vincent Buck, 8 April, 1918, Randolph-Macon Woman's College Archives.

② 左芙蓉:《社会福音・社会服务与社会改造:北京基督教青年会历史研究,1906—1949》,宗教文化出版社,2005 年,第 19 页。

纽约发表《海外传教有必要吗?》(*Is There a Case for Foreign Missions?* 1931)的演讲,强调传教只关注个人得救和重生的福音是不够的,需要以基督教的伦理原则改造社会,并以此对海外传教策略提出批评。在随后的文章《复活节,1933》(*Easter*, 1933)中,她将其思想具体化为"耶稣的形象"(Christ figure)。她认为,将耶稣看作游荡在巴勒斯坦群山间的一个半人半神,实际上只是一种魔幻手法,也许那个名叫"耶稣"的历史人物根本就没有存在过,但这无关紧要,真正重要的是其精神,其性格,一句话,就是耶稣的形象。耶稣为人类服务的献身精神及他宽容慈悲的性格,代表着人类对最纯粹、最美好的仁爱的向往,凝聚着人类所能幻想出的最高价值。[①] 她继而提出,历史上耶稣的社会原则既是任何时代的个人生活的可靠指导,也是社会生活的指导,通过有善良愿望的人们的努力,可以在地上实现"上帝之国",实现社会的和谐、社会邪恶的消除。这是赛珍珠当时认为的拯救中国的唯一方法,也是海外传教的重点。

因为她本人当时就是传教士,同时又是知名作家,其观点遂引发全世界对传教手段和目标的热议,在一定程度上改变了海外差会的传教策略。赛珍珠在对海外传教状况做宏观评论之外,更多地将其思想具体化在小说书写中,并一直持续到 20 世纪 50 年代。

二、"社会福音"思想的基督教本位:《青年革命者》

《大地》刚发表,赛珍珠就推出一本供青少年阅读的宣教小说《青年革命者》(*The Young Revolutionist*, 1932)。由于不久辞去传教

---

① Pearl S. Buck. Easter. Cosmopolitan, 1933(5).

士职务,因此她很快和这本书划清界限,但从研究赛珍珠的思想发展来说,这是她思考如何拯救中国的开始,同时也包含了她早期最主要的几个创作思想:首先,中国激进知识分子脱离群众,宣扬暴力革命,不能救中国;其次,农业田园是中国稳定的基石,必须保持方能救中国;最后,耶稣形象所代表的"社会福音"可以救中国。

小说讲的是农家子高盛(Ko-sen)在民国南京政府建立前的经历。少年高盛患重病,其母许愿如果高盛康复就将其送入佛门剃度为僧。高盛在寺院做了几个月预备和尚后,不堪寺院的禁锢而出逃,参加革命军北伐,每日接受三民主义教育。他们这些年轻革命者一路砸教堂、毁寺庙,跋涉千里来到长江边的一个战场,然而在战斗中高盛的战友全部牺牲。他跟随白人传教士医生"耶稣"到了教会医院。在这里高盛看到一幕幕医生无私无畏拯救病患的感人场面,因此他不断问自己:这些医护人员不是我们的亲族,不是我们的同乡,甚至不是一个国家的人,他们为什么这么帮我们?战友临终前抱着那位被人称作"耶稣"的白人医生叫"父亲",并在医生的怀抱中安静地离世,这一幕让高盛的心灵很受触动。高盛对盲目的战争感到失望,决定千里还乡。经过无数磨难,高盛终于回到父母身边,但他仍然反思如何报效国家的问题。终于,他领悟到,服务国家不是战争,而是像救死扶伤的"耶稣"医生一样为人民大众谋福利,于是他决定带着妹妹投奔"耶稣"医生。小说以皈依基督教的寓言结尾:"我记得他们告诉过我,医院的主管叫耶稣,我将在他指引下报效祖国。"①

《青年革命者》是一部关注灵魂反思的宣教小说,通过少年高盛好奇的双眼和心理活动,首先指出革命只是一种盲目的狂热,并不能真正拯救中国。在行军途中,军官们将教堂里的所有字画撕

---

① Pearl S. Buck. The Young Revolutionist. G. Q. Le Sourd,1932:182.

毁,挂上孙中山像和三民主义标语,然后带领大家早晚学习三民主义,对遗像鞠躬,在高盛看来这和宗教膜拜无异。军官们就像狂热的教徒,煽动仇恨,措辞激烈如同圣战檄文:"年轻人,奋勇向前吧!服务你们的国家,参加革命军! 伟大领袖孙中山在召唤你们!"①当战场上只幸存高盛一人时,参军报国的号召不攻自破。

那么,中国如何振兴? 赛珍珠延续《大地》对农业中国的赞美,强调农村在社会变革中的稳定价值。高盛千里行军途中所见皆为田园风光,并因这似乎亘古不变的宁静,怀疑指挥官宣讲的革命教义的永恒性;及至战友全部阵亡,他在革命理想幻灭后的第一反应就是解甲归田。赛珍珠采用了中国白话小说中常见的游子远行和孝子思归的主题,同时结合宣教小说常用的心灵之旅,将高盛的身体旅行与心理旅行并置,让读者在巧妙而感人的结构中,领略中国以"恋土"为核心的传统价值之美。赛珍珠以此告诉读者,中国的未来在农村,而农村的未来在高盛代表的年轻一代的选择。

赛珍珠对中国农村重要性的发现和"社会福音"影响下的基督教农村建设运动同步,而且她就处在这一运动的心脏——金陵大学农学院,丈夫布克(John Lossing Buck)等人是这一运动最富有激情的倡导者,他们在江宁县淳化镇建立了农业示范中心,并在全中国开展了广泛的实验工作。曾担任燕京大学哲学系主任的传教士博晨光(Lucius Chapin Porter)在其著述《中国对基督教的挑战》中,也呼吁解决中国农村问题的新策略:"应该派传道者到农村去,去理解他们的生活,建立学校,了解畜牧、农耕问题,激发个体性的再生,组织社会生活,丰富他们的人生体验,扩大他们的个人发展……基督教的牧师们应该为农民们负起责任,不仅仅是灵魂上

---

① Pearl S. Buck. The Young Revolutionist. G. Q. Le Sourd, 1932:53.

的,而且是农业上的。"①在有识之士的号召之下,乡村重建计划受到整个传教界的关注,燕京大学和齐鲁大学等教会大学也都相继建立起农村服务中心。②

为了能给基督教乡村建设运动提供足够的神学支持,在华倡导"社会福音"的传教士们为耶稣塑造了一个新的形象——"农民的耶稣"。他们查考《圣经》,发现耶稣的历史背景完全是农村的。耶稣常用的比喻,如牧人、羊羔、阳光、雨露、撒种、收割、牧羊、亡羊、芥菜种等,也都为耶稣与乡村生活的联系提供了证据。而且,耶稣不仅具有乡村的背景,他更关怀农民,帮助农民解决饥饿、疾病和教育等问题。③ 曾领导江西黎川实验区的传教士牧恩波(G. W. Shepherd)认为:"如果耶稣基督今日在世,一定会在某个村庄找到他。"④吴雷川认为:"耶稣专和平民接近,专做于平民有益的工作……现时要复兴中华民族,尤其是注重乡村建设,或说是复兴农村,所需要的领袖人才,当然不能效法孔孟从容大雅的态度,而要效法耶稣的刻苦耐劳,奋不顾身,这岂不是基督教特殊的贡献么?"⑤这样一来,基督徒从事的乡村建设工作也就具备了和耶稣同工的合法性。

赛珍珠刻意突出田园中国疗治战争创伤的能力,意在引起传教差会对中国农村的重视,但赛珍珠必须在个人的表述意图和海外差会的要求之间达成妥协,因此回到家乡的高盛在叙事进程中并没有从此过上男耕女织的宁静生活,相反,他内心充满煎熬,这

---

① Lucius Chapin Porter. China's Challenge to Christianity. Missionary Education Movement of the United States and Canada,1924:102.

② Paul A. Varg. Missionaries, Chinese and Diplomats: The American Protestant Missionary Movement in China,1890—1952. Princeton University Press,1958:235.

③ 党美瑞编,刘廷芳校订:《基督教与农村生活》,广学会,1935 年,第 22 页。

④ G. W. Shepherd. The Church and Rural Reconstruction: A Symposium on the Tinghsien Rural Institute 1933. Christian Literature Society,1933:23.

⑤ 吴雷川:《基督教对于中华民族复兴能有什么贡献?》,《真理与生命》,1935 年第 2 期。

是宣教小说的写作程式,是个体灵魂升华必须有的痛苦前奏。在灵魂中上下求索也是混乱的新共和时代青年人的典型特征。这里,赛珍珠用了宗教小说惯用的神秘化套路——彷徨的灵魂在某个瞬间突然得到上帝的启示,于是皈依了基督教,找到了心灵的平静。在一个初夏的傍晚,高盛突然觉得他必须再次离开故土,去向"耶稣"医生学习如何报效祖国。

有一点需要指出的是,此时的高盛并没有说要皈依基督教,他似乎不知道那是一家教会医院,也不知道那位医生是传教士。他以为那位白人医生名字叫"耶稣"。在他的心目中,那家教会医院代表了崇高的"社会服务"(social service)精神,正是这种精神让他明白人类的博爱。赛珍珠借此表明只有"社会福音"才能让中国人真正明白基督教和现实生活的关联性,并能让中国人对基督教产生兴趣。找到"耶稣"的高盛,也许会接受现代教育,成为医生、教师或农业专家,也许仍然只是一个回乡种地的农民,但经过"社会服务"精神洗礼的他将成为一个"农民耶稣",带领其他农民兄弟进行乡村的重建。虽然小说的结尾句是"以耶稣之名报效祖国",但实际上他所皈依的未必是基督教,而是赛珍珠所强调的"耶稣形象",一种人格化的基督性与博爱精神。表面上看,赛珍珠似乎在迎合差会,实际上,她所写的耶稣是普通人,不是神。她故意弄出这个错误,迂回地表达对海外传教方式的不满。

三、"社会福音"思想的去宗教性:《群芳亭》

抗战一结束,赛珍珠就发表了《群芳亭》(*Pavilion of Women*,1946)。小说中的吴太太掌管着一个大家庭,40 岁后与丈夫分居,但儿子的家庭教师,一个不属于任何宗派的独立传教士安德烈,让她开阔了视野,并接受了为他人谋福利的思想。赛珍珠不仅仅展示一个旧式中国女人受到西方思想启蒙后的灵魂自修过程,更侧重展示安德烈所强调的"社会服务"精神如何在年轻一代身上生根发芽。

需要注意的是,《青年革命者》体现的"社会福音"理念只具有一种后革命时代的感召力,经历了战争创伤的高盛在"耶稣"医生的感召下决定"为人民服务",但读者并不清楚高盛的后续行为,这是宣教小说过度使用情感张力的局限。而在《群芳亭》中,赛珍珠的"社会福音"救中国思想更加明晰,有了具体的行动路线图。此时的赛珍珠已经意识到美国单方面援助的不可持续性,甚至可能引发中国人民的民族主义情绪。她的理想模式是以美国的"社会福音"思想感化一批有志的中国青年,这批人是否皈依基督教并不重要,重要的是接受"社会服务"理念,走向基层,从简单的识字、个人卫生、儿童养育、社区合作等启蒙教育做起,继而推进乡村民主。这批青年是中国人,理解中国人的实际需求,更能被中国百姓接受,因此也就可能被证明是最有效的。

吴太太的三儿子峰镆(Feng-mo)从美国留学归国,他对母亲说:"他(安德烈)让我了解到什么是真正的幸福。他让我看到了自己的灵魂,这就是我要回来的缘故。"①那么,他了解到自己的幸福是什么呢?这就是安德烈对他言传身教的社会服务理念,他告诉母亲:"我必须奉献我自己,安修士就是这么教我的,不奉献给此,就得奉献给彼。离开这里之后,我四处寻求奉献之道。母亲,宗教对我并不合适,我不是当牧师的料。安修士告诉我,人要充分施展抱负而不逾矩。"②这里可以看到赛珍珠不主张教会通过"社会福音"的方式吸收信徒,甚至不主张以基督教的名义开展"社会服务"。

---

① Pearl S. Buck. Pavilion of Women. The John Day Company,1946;286.
② 同①;291.

　　赛珍珠在安德烈身上隐喻地再现了耶稣的奉献故事。同耶稣一样,安德烈死在他想要拯救与帮助的人手中。他没有抱怨与诅咒,没有简单地将中国人定性为"异教徒"(heathen),也没有将这一切归咎为民族的劣根性,而是以更大的热情尽自己的最大可能去改变。他策略性地用耶稣以柔克刚、以退为进的方式予以改良,而不是像其他传教士那样激烈抨击或以强力改变。赛珍珠以一种不显山露水的方式向公众和传教界证明真正的耶稣是怎样传教的。

　　当然,同耶稣一样,安德烈也深深明白,个人的力量是有限的,当务之急是培养出可以燎原的星星之火,而且要保证有足够的信仰的力量不让寂寞的火种熄灭。耶稣努力从普通民众中发现能够理解他的信仰和推广他的信仰的门徒,安德烈也在做着同样的工作。他非常耐心地在中国年轻一辈知识分子中寻找这样的门徒。和耶稣的不同之处在于,安德烈不在形式和字面上强调宗教,而是将教义世俗化为具体可感的"奉献观",在赛珍珠看来这才是宗教演变的最终形式。

　　峰镆在赴美之前对安德烈的"社会服务"理念是持怀疑态度的。作为中国传统大家族的一员,峰镆所受的教育是以家族利益为核心的利己的伦理体系,但安德烈坚持不懈地敦促峰镆做形而上的自我反思,并身体力行示范,让峰镆逐渐看到关注一己之利的狭隘与浅薄。在峰镆从家族至上的伦理祖田"脱根"后,安德烈给他培以基督教的博爱之土,继而将其移植到"社会福音"源起地美国。在每一次精神危机中,安德烈的教诲都如同《圣经》一样指引着他做出最切适的决定,最后峰镆终于抵达安德烈的精神核心所在,获得了安德烈的真言:奉献人民。峰镆毅然放弃美国的爱情,奔赴千疮百孔的战后中国。

　　峰镆的工作并不是什么轰轰烈烈的壮举,甚至流于琐碎。他首先建农民识字班,引导农民形成良好的卫生习惯,建立经济合作社,建立具有初级医疗水平的社区诊所,等等,这些正是"社会福音"传教士们常做的,是安德烈一直在做却因财力不足而无法大规模开展的。不久,人们就看到了村里的变化,整个村庄干干净净,孩子们也整洁健康,学堂里的识字班生源不断。不可否认,这种变化来自晏阳初等华人基督徒的描述,有理想化的成分,但这正体现了赛珍珠对中国乡村未来的展望。在赛珍珠看来,为人民服务不需要奢谈形而上的神学理论,民智的启迪是渐进的改良而不是运动式的跃进,要让民众在过程中理解改良,在过程中享受改良,接受改良,以致最后主动推进改良。

四、世俗化的知识分子"社会服务":《同胞》

在《群芳亭》出版后不久,赛珍珠又出版了一部思考战后中国未来的鸿篇巨制《同胞》(Kinfolks,1949),讲述华人教授梁文华的四个孩子回国参加战后建设的故事。故事的核心是长子詹姆斯(James)和长女玛丽(Mary)。他们起初在北京的一家美国医院工作,不久觉得农村更需要他们,于是和另一位留美归国的医生刘成(Liu Cheng)一起转赴河北祖宅。他们在那儿开办诊所,培训乡村医生,开办农民识字班,建设公共卫生设施,取得不少成绩。值得注意的是,虽然故事中的年轻人热切地实践"社会福音"的教义,但这里没有一个人是基督徒,由此看出赛珍珠的社会服务思想已经完全世俗化了。

詹姆斯的梦想是开办一家医院,不是那种壮观的多层洋楼,而是低矮的土墙瓦屋,要让农村病人看到医院就像看到自己的家一样亲切。这个医院将是一个医疗和教育中心,除了救治病人,还要培训农村医生。但他们所到的乡村,条件非常艰苦,找房子开诊所、办识字班困难重重,而更大的困难在于村民们对他们的善行充满怀疑,不仅拒绝他们的服务,而且嘲笑他们。

农民出身的刘成在此起了关键作用,他提醒詹姆斯:"他们(农民)是我们民族的力量,不容易改变。不过我们为什么认为必须改变他们呢? 我们需要做的是证明某件事是正确的,那他们就会自己改变自己了。"①一席话坚定了詹姆斯留守农村的意志。他们终于获得村民的认可,医院规模扩大了,而且开始系统培训乡村医生。最后詹姆斯娶了一位善良能干、擅于与人沟通的农村女子。这种"社会服务"精英扎根农村的模式成了赛珍珠象征性寄托自己愿望的途径。

刘成是赛珍珠理想中真正能为中国农村带来现代性的那类知识精英的典型。他本身就是一个农家子,是一个传教士教他识字,助他上学和留美。他讲的英语有很浓的老家口音,外科技术也不见得很精湛,但他对病人十分关爱。他认为现在的中国需要那种能够看到真谛的人,那种不仅希望世界应该变得更美好,而且相信世界能够被改变得更美好的人,那种坚强而不愿苟活于世界上仅有的几个好地方的人。② 他对农村的艰苦环境有心理准备,始终做梁家兄妹和乡民们沟通的桥梁。在缺乏医疗器材的情况下,他自己动手造手术刀和消毒锅。在詹姆斯为幻灭感折磨之时,刘成却从小处做起,为村里建起了公共浴室,在村民的卫生观念上"成功进行了一次革命"。正是他的务实,想农民之所想,让农民接受了他们。赛珍珠将自己对新一代中国知识分子的希望全部寄托在这位其貌不扬但充满活力、有理想且脚踏实地的知识青年身上。

刘成在开导灰心丧气的詹姆斯时,用了"星星之火,可以燎原"的比喻。他希望占中国人口绝大多数的农民可以感受到他们点燃的微火的温暖,主动向这温暖聚拢。他祈愿饥寒交迫的农民能在这小小的火堆边舒展愁眉,消融彼此的隔膜。这火虽没有烈焰齐天的戏剧性,却能让每一个长期卑微苟活的农民发现生命的尊严,

---

① Pearl S. Buck. Kinfolks. The John Day Company,1949:326.

② 同①:251.

复燃生存的希望。刘成乐意成为这点火的人，守护这微火的人。农民的儿子刘成简直就是赛珍珠期望的中国的"农民耶稣"。

早在撰写《同胞》之前，赛珍珠就已经和晏阳初有了密切接触，并以对他的访谈为基础写成了《告语人民》（*Tell the People*，1945）。《同胞》可以说是赛珍珠对平民教育运动、乡建运动有了切实的了解后所写的一部理想化著作。这时的赛珍珠对中国未来的态度处于一种左右为难的境地，中国共产党实行的激进的土地改革让她产生疑虑，而国民党的独裁与腐败又让她失望，她的理想是有一个走折中路线的第三方领导中国。由于未受过教育的农民无力担负起领导责任，这副重担在想象中自然落到具有民主思想、走向基层的知识分子身上。刘成，这位结合了中国农村现实与美国奋斗精神的知识分子，这位既能体会中国民间疾苦，又了解西方民本主义的新青年，在赛珍珠看来正是未来中国的希望。中国读者可以很明显地从刘成身上看到晏阳初、陶行知等留美归国的平民教育家的影子。如果看一看当代中国农村有待改造的落后现实，她的想法未必没有远见。

五、结论

赛珍珠一直将中国看作自己的真正故乡，始终关注中国的发展。虽然《大地》流露出对即将逝去的农业时代的怀旧，但她很清楚现代性在中国不可阻挡的趋势，她需要思考什么发展模式既能加快中国现代性进程，又能避免时代变革带来的混乱和暴力。她有多个设想，其中之一就是"社会福音"救中国模式，但这一模式在赛珍珠的思想发展中逐渐摆脱神学框架，世俗化为年轻知识分子走向基层的"社会服务"。《青年革命者》《群芳亭》和《同胞》等作品体现了她的"社会福音"思想内涵的变化过程。

从赛珍珠《爱国者》管窥中日民族性之差异

史挥戈

1939 年,赛珍珠的小说《爱国者》①一经推出,便引起东西方世界对中国本土抗战动态的关注。此时,淞沪会战的硝烟早已散去,南京大屠杀的血腥气息仍在弥漫,但因太平洋战争尚未爆发,所以赛珍珠这部小说描情状物尚属平静,情绪的表达相对节制,小说通过一对中日夫妻的生活常态来感知战争,对战争双方的民族性差异进行了细致入微的对比、剖析,对别无选择承受战争灾难的普通民众寄予了深切的人道主义同情,透露了赛珍珠对这场战争的态度与预言,成为赛珍珠系列抗战题材小说的前奏和序曲,因而显得弥足珍贵。本文拟以中国银行家的儿子吴以璜与日本古董商人村木之女珠之间的婚恋生活为主线,观照赛珍珠对中日两个东方国家民族性的剖析和她的战争观。

小说的故事梗概如下:

第一部,讲述上海吴家三代人的传奇经历和发迹史。祖父吴将军被清朝皇帝派遣去德国柏林留学,回国后继承了巨大家产,在法租界过着三代同堂的幸福生活。两个孙子性格各异:以珂沉溺于声色犬马;以璜加入了革命党,奉命组织闸北丝厂工人暴动,因叛徒出卖,几乎全军覆灭。父亲匆忙间安排以璜去日本避难。

第二部,逃亡日本的以璜被父亲的老友、古董商人村木一家热

① [美]赛珍珠:《爱国者》,朱雯,等译,美商华盛顿印刷出版公司,1939 年。

情接纳,住在长崎的小岛上。以璜和村木的女儿珠相爱,而村木却要将女儿嫁给关将军。珠割腕逼父成全,他们的爱情终于得到了双方家长的允许。中日战争爆发后,以璜离开珠和两个儿子回国投入抗战。

第三部,以璜回国后,受蒋介石派遣去苏区开展工作。蒋介石与宋美龄讨论滇缅公路的事情,预示着更加艰苦的抗战工作即将全面展开。以璜去找父亲,他要游览一下祖传的田地。小说以开放性的结尾结束。

一、细节彰显文化差异

赛珍珠说过,一个人不论来自哪个国家,只有通过文化的相互了解,才可以促进相互了解。

你看,以璜与珠经过一番艰难抗争,迎来了在半和式半西式"奇怪而寒冷"的大门里举行的婚礼,这却让以璜觉得莫名其妙地寂寞了好一会儿。"静默而涂抹着脂粉","僵硬的披着绸"的珠已经不是那个熟悉的珠了,连声音、容貌举止都不像他一星期前所见所闻的了。当看到站在村木夫妇后面的"瘦小庄严而有礼貌"地注视着他的人们,他突然觉得"跟他结婚的不是珠只是个日本人"。"在这奇怪的难过的仪式中,他不知怎样好像做错了什么事,害了什么人。"以璜对日本婚俗的奇特感觉传递出背后文化的差异与身为流亡者的微妙心理。

婚后生活中这种文化差异愈发凸显出来,比如日本流行男女同浴,这是以璜很难接受的。"半传统半现代"的珠婚前专门向老艺妓学习取悦丈夫的手段,也让以璜不满。另外在日常生活的许多做法上,以璜都感觉自己与身边的这个女人"身上的泥土也不是来自同一的土壤"。①

但总体来说,以璜与珠过得还是舒适宁静的,珠具有传统日本女性的一切美德,她热衷于打理一切,每天忙忙碌碌,愉快地劳动着,连生孩子都不让以璜帮忙,以璜对家庭生活的满足溢于言表,"他希望不再做梦,只要珠是实在的就好了"。②

二、爱国成为双刃剑

以璜对待这场战争的态度经历了一个痛苦的转变过程,由开始的难以置信到闭目塞听不愿承认,但听说中国军民杀了300个日本人时,他的心里产生了波动,与珠发生了十分激烈的争吵,而一向温柔甜蜜的珠变得"正像黑夜一般的难测、顽强与不驯"。③ 情绪冲动中,他们彼此将对方当作对方国家的代表各不相让,直到孩子被珠的哭泣声惊醒才回到现实中。然而之后他们彼此失去了性的欲望,珠甚至把卧具搬出了他们二人的房间。万恶的战争拆开了一对有情人。

当新闻里说中国年轻机师因目标错误向上海闹市误投弹炸死几百名中国同胞时,日本人像打了胜仗一样地欣喜若狂,村木小儿子的公司里一名日本青年秀吉幸灾乐祸的表情刺痛了以璜的心。秀吉说他再也不能忍受中国人的侮辱了。阅读至此,笔者一时间竟产生了"谁是爱国者"的困惑。细细思忖,在这里爱国是双向的,以璜、恩来等热血的中国青年是爱国者,村木先生一家和那位日本青年秀吉显然也是爱国者,甚至珠对待关将军的态度也表现出国家利益至上的原则:若战事爆发就嫁给关。在以璜和珠这对特殊

---

① [美]赛珍珠:《爱国者》,朱雯,等译,美商华盛顿印刷出版公司,1939年,第202页。
② 同①,第239页。
③ 同①,第270-271页。

夫妻之间，这种旗帜鲜明的爱国情怀就成了一柄双刃剑，彼此既是敌人又是亲人，在利剑无情地刺向敌人的同时，也无可逃避地刺向自己，任谁也逃不脱。

三、如何对待战争与灾难

平时以璜被看作日本人时，他并没有什么不快的感觉，但中日一开战，他源自祖先的血脉便开始贲张，民族尊严便被唤醒。在码头上，他亲眼看到了触目惊心的一幕：从中国来的商船上既有战利品，显而易见是中国人的日常用品，也有日本士兵的骨灰盒——许多匣顶各有人名的小木匣。那些领取匣子的人们都"含有最深刻的悲哀"，但没有人高声哭泣，他们甚至还微笑着，"可是脸上却泪涌如泉了"。当以璜碰到一位怀抱着儿子骨灰盒的孤立着的日本老人时，不禁嗫嚅地说了几句宽慰的话，老人温和地答道："我们为什么要恨你呢？你和我们不相干的。况且，我国人民素有乐于为国牺牲的训练呢。"他说这话时，眼泪从眼中流出来，可是他只是紧紧地握着这只匣子，老苍的声音震颤地说道："是的——我快乐——我的独生子——"①

据统计，当时日本人口约有 7000 万，近 300 万人死于战争，包括约 200 万士兵和 100 万平民。与战争死亡毫无瓜葛的幸运者几乎找不到一个。可以说，每个日本人都以某种方式感知到了这场战争究竟意味着什么。

小说里那位日本老人的两句话"竟把光明带给了以璜"，使他冲破了以前生活中的阴暗和沉默，"他立刻想起了他以往的生活，是的，这是他以前梦想着他的国家，努力使她合于理想的时候的生

---

① ［美］赛珍珠：《爱国者》，朱雯，等译，美商华盛顿印刷出版公司，1939 年，第 278 页。

活"。在他眼中，"这班人民怎样地爱国啊！闪耀在这位老人脸上的爱国的光辉——这是世界上最美丽的爱情"。这位长期远离祖国，在珠为他营造的温柔乡里沉醉的龙之子终于从梦中醒来。想到本国人民在战争中所受的损失不知该有多少，以璜决定回到祖国，而促成这一决定，竟源自侵略者一方丧子老人的一番话，这本身就意味深长。

小说此前还细腻地描写了一场翻江倒海的大地震来临时的恐怖，以及地震过后亲人离去、损失惨重的日本人的集体沉默，"这种沉默以璜是永远不会忘掉的"。

在这里，以璜不自然地想到了自己国家人民的悲伤"会不是这样有规律的，他们的悲伤一定充溢着号恸和诅咒"。究竟事实如何，很快就有了答案。那时以璜已回国，在日本飞机的狂轰滥炸后，以璜和父亲一处处地走访上海全市，看着四处残毁的痕迹。"可是在一处城边，他们看见一个农夫正在播种着绿碧的椰菜，工作的时候，看他很平静地蹲踞下来。他的家已经被毁了。只有一个陋劣地盖着的茅棚。"当以璜的父亲对此表示同情时，农夫的态度却是出乎他们意料的："'好的，我们本想要一个水池，现在我们竟有一个水池了！'说着，农夫便大笑了起来。"

赛珍珠在江淮大地上接触过许多目不识丁的农夫，对中国农民的勤劳、善良、智慧、俭朴深有体会，更深刻地了解他们因悠久历史传承而生发出来的朴素哲学。在这位乐观、通达又不乏幽默的中国农夫身上，我们真切地感受到一种隐忍、乐天知命和顽强不屈的精神，在满目疮痍的废墟旁显得格外耀目。它让读者有理由相信，拥有这样的人民的民族是任何力量也无法摧垮的。

《爱国者》采用了婚恋生活与战争进程双线发展时而交织的结构方式。一条主线是以璜与珠的痛苦而又浪漫的异国恋，与中国五四青年争取婚姻自主的经历别无二致，最终以幸福的结合落下帷幕。一条是战争的线索时隐时现,如影随形,珠与关将军的婚事起伏预示着战争阴谋正紧锣密鼓地筹划着。最终珠以她的意志和鲜血捍卫了与以璜的爱情。此后二人结婚生子,享受着平静的家庭生活。但随着战事的推进,以璜回国参战,战争将灾难和痛苦带给了这个特殊的家庭。

在小说中,赛珍珠以对人类的大爱来反映战争背景下中日两国人民丰富的人性、美好的情感、迥异的文化,对人性进行了深层次的开拓。通过描写人在战争中特有的细微心理感受,揭示人类普遍的和平心愿与对幸福生活的向往和追求,具有极强的人性昭示作用与艺术感染力。

世界名著中很多反映战争的优秀作品,无不是在战争的大背景下,以人物悲欢离合的经历控诉战争带来的人道主义灾难。反观我们20世纪三四十年代乃至五六十年代的战争文学,革命的英雄主义、乐观主义一统天下,两军对垒的结构形式风行一时,多少遮蔽了严酷战争造成的心灵创伤及对战争的深沉反思。当下影视剧更置中国人民抗战的艰苦卓绝于不顾,以臆想的狂欢过度消费抗战主题,不仅贬低了对手,低估了这场民族战争的艰巨性和中国人民的巨大牺牲,也有辱先烈的英名。

麻省理工学院历史系教授约翰·道尔(John W. Dower),在他屡获殊荣的著作《拥抱战败:第二次世界大战后的日本》中剖析了战败者既希望忘记过去又想要超越以往的复杂心态。他认为,无论怎样,对日本人民而言,这是一场恐惧惊人的战争,他们不仅仅输掉了战争,还失去了身边无数的生命。施暴者与受害者可以是同样的人群,这是非常复杂的问题。

纵观20世纪的人类世界,这样致力于文化与种族方面的沟通,以生动的艺术形象启发世人以同情、悲悯的目光来观照战争,使战争双方不仅铭记历史更须躬身自省的作家,赛珍珠堪称第一人了。

　　从战争叙事转向人性关怀，以细微的观察剖析不同民族人性、文化的复杂性，是摒弃先入为主的立场和观点、避免一叶障目的有效途径，也是赛珍珠的抗战题材文学至今依然生命力鲜活的奥秘所在。

《爱国者》:侵华战争期间日本人形象还原与批判

孙宗广

《爱国者》(1939)是赛珍珠第一部支持中国抗战的长篇小说,在和平年代,重温这部经典有着特别重要的意义。受限于篇幅,本文仅讨论该作品中的日本人形象。

一、半是天使半是魔

出生在上海的富家子弟吴以璜,曾经有过短暂的革命经历——秘密加入一个倾向共产党的组织,与来自北方的、穷苦人家出身的刘恩来结识,准备迎接北伐军。不料蒋介石集团对共产党和工人群众举起屠刀,大开杀戒,吴以璜最终在家庭的帮助下出逃日本,寓居他父亲的朋友村木先生家。日久天长,他与村木的女儿珠产生感情并最终结合。卢沟桥事变之后,吴以璜在亲情与国恨之间挣扎、纠结。除了他自身的爱国激情,日本民众的诸种表现也是刺激他毅然抛妻别子回国效力的重要原因。

赛珍珠借助吴以璜的视角,首先让我们看到日本人的真实生活。这个国家如此洁净、卫生,环境十分优美;没有明显的贫富分化与仇视;每个人举止高雅、待人彬彬有礼;他们是那样坚韧与勇敢,在地震、海啸甚至死亡面前,人人都显得很镇静。赛珍珠一直视日本为其"第三祖国",在十几年后的自传《我的中国世界》中她还深情地说过:"我想用我的笔为日本人民树一座碑,一座普普通通的碑,因为除此之外我无能为力。我要说的是,在我一贫如洗时,我毫无矫饰地在他们中间真正生活过一段时间,我发现她行为独特,是我所知道的世上最优秀的民族,相比之下,别的民族更善辩,更坦率,友好的情感也更外露。……我最崇拜生活在危机四伏的岛上的日本人的刚毅。他们知道强烈的地震随时都会摧毁他们的房屋,台风随时都会袭击他们,巨浪随时都会卷走他们坐落在海边的渔村。他们每天都在面对死亡。这一点他们很清楚,然而他们仍然镇静地生活着。"①她对日本人民的真挚感情由此可见一斑。

但是,我们必须看到,《爱国者》对岛国民众的正面描写并不影响其对日本发动侵华战争的揭露和批判。战事发生时,整个日本陷入狂热的浪潮之中,那些原本如天使般的日本人,一旦上了战场,便表现出恶魔一般的特质,或者说,简直就是恶魔。

文治在国内时酒量很小,自中国战场归来后就豪饮无度,他邀约以璜后就哭诉自己奸杀一个中国少女的罪恶,令人不寒而栗。本来他是极力抗拒这种行为的,但当看到顶头上司的联队长也做这事后,便失去了自己。他哭诉着自己也是所有日本侵略者的罪行:

> "这样,以璜,我问你,为什么他也许干这件事呢?我亲眼看见的,——他叫他们带一个女人进他帐里去。她哭着挣着,可是不管,他仍旧走上去——我是疯了。我奔到街上——我——我看见的第一个女人——一个孩子——大概十二岁——也许只有十岁——或是十五岁——总之她还没有长成咧——我把她拖进一条狭弄。"②

---

① [美]赛珍珠:《我的中国世界——美国著名女作家赛珍珠自传》,尚营林,等译,湖南文艺出版社,1991年,第250-251页。

② [美]赛珍珠:《爱国者》,朱雯,等译,美商华盛顿印刷出版公司,1939年,第229页。

赛珍珠将日本士兵的在华罪行与岛国民众的日常生活穿插在一起加以描写,虽未有惨烈战场的全景呈现,但那些独具匠心的细节与心理描写,却收到了事半功倍的艺术奇效,揭示出日本民族性格中所谓的"菊与刀"兼而有之的矛盾性。美国著名的人类文化学者本尼迪克特的《菊与刀》突出强调了日本人的双重性格,即一方面喜欢菊的高洁,另一方面又有刀一般的残忍。《爱国者》已经写出了这种双重性:那些正直、善良的普通民众面对别的国家被肆意轰炸的惨景却童叟无别挑灯庆祝;温文尔雅的村木先生,是众口称道的模范公民,但他对从中国掠夺的文物三缄其口,明知不是取之有道,照样心安理得;甚至个性独立又温柔体贴的女性珠都有为了国家自愿献身关将军的内心冲动。菊花高洁自然流芳百世,屠刀杀人罪恶罄竹难书,这岂是任何后世的涂脂抹粉、百般抵赖所能掩盖的。因此,《爱国者》塑造的日本人群像,不仅真实可信,充满人性与兽性的矛盾,而且有助于理解日本人的民族性格与心理,具有跨文化、跨学科的重要意义。

二、舆论操控下的全民狂欢

赛珍珠在作品中令人信服地揭示了绅士向强盗、爱国者向施暴者转化的内在逻辑。如果说日本普通民众也是受害者的话,那主导全面侵华罪案的主犯之一正是日本军国主义。

一直以来,日本军国主义的宣传机器颠倒黑白,引导着普通民众的仇中情绪和献身精神。早在"九一八"事变时,日本政府就意识到国家通讯社的重要性,并于1936年年初确立了控制日本大众传媒的体制,开始对国内报道进行控制,力图强化对外宣传和国内的外电业务。1937年8月,为了从精神上加强总动员体制,日本政府制定了国民精神总动员纲要,并于10月创立了国民精神总动员中央联盟。众所周知的"南京大屠杀",根据《出版警察报》统计结果,有关南京事件被禁止刊登的文章,1938 年 1 月为 25 件,2 月为 109 件,3 月为 48 件。记者们不仅不能报道日军的暴行,还得歌颂它的"仁慈功德",粉饰南京的"太平景象"。对此,当时《朝日新闻》从军记者守山义雄十分不满,他感慨地写道:"对于那样惨无人道的暴行,我们记者还必须作虚伪的报道,歌颂'皇军'、'圣战',使我们对于新闻记者的职业感到绝望,以致每天都陷入苦恼之中,想要摔掉笔杆,回日本去算了。"①当战后赛珍珠与一位日本人谈论军国主义者发动的侵略战争时,那位妇女叹道:"我们被军国主义者欺骗了。所以现在我们仍有余悸,唯恐再次受骗。人民没有办法得知事情的真相,找不到可以信赖的人。"②

　　《爱国者》真实再现了日本传媒对本国国民精神的操纵与控制。书中有太多这样的细节描写:日本的报章对于日军在华的罪行,进行正面宣传或者淡化处理,而一旦中国军民稍加反抗,造成自己一些损失,便连篇累牍地报道,把自己打扮成十足的受害者,宣泄"无辜"受难的悲情,却无视他们侵略践踏别国的前提。在"通州事件"中,冀东保安队的成员反抗并杀死了几百名日本侨民。日本的报纸进行煽动性报道:"三百个日本人——男子、女子和孩童——在北平附近某小城中为中国兵士所杀……大标题上写着,这是报复,这是对于日本兵士和平保安北平的报复!"③

　　关于"通州事件"的来龙去脉,中日两国历史学家的描述因各自立场不同而迥然有别,本文无意展开详述。当年巴金先生还就此与自称为社会主义者、大骂中国人是"鬼畜以上的东西"的日本

---

① 高兴祖:《南京大屠杀与日本战争罪责——高兴祖文集》,南京大学出版社,2005 年,第 11 页。
② [美]赛珍珠:《我的中国世界——美国著名女作家赛珍珠自传》,尚营林,等译,湖南文艺出版社,1991 年,第 250 页。
③ [美]赛珍珠:《爱国者》,朱雯,等译,美商华盛顿印刷出版公司,1939 年,第 263 – 264 页。

作家山川均进行过激烈论争,回敬他只看见别人眼中的刺而忘记自己眼中的梁木。

在舆论鼓动下,《爱国者》里的日本民众同样只看见别人眼中的刺,天使摇身一变,成为恶魔。如村木一家,文治接到入伍的命令,义无反顾地投身战场,向中国的孩子举起屠刀;村木给那些无人供给的士兵家庭每周发一笔津贴,以鼓舞前方将士的士气;即使是以璜的妻子珠,也只记住了日本人在中国遭受不幸的事件,而不问背后的是非曲直,她甚至决绝地对丈夫声称,如果发生战争,她就不属于自己,而是属于祖国。日本民众的“爱国激情”令置身岛国的以璜不寒而栗。中国空军误炸上海,日本报章则流露出不加掩饰的狂喜和轻蔑——“中国人帮助日本!”“中国空军轰炸上海!”①以璜的耳畔充满着发自肺腑的可憎笑声。“两天以后,报上又载着新消息了。秀吉的头探进以璜的办公室。‘现在我们在上海轰炸了’,他郑重地说道,他的牙齿在狞笑中全发着光。‘今天你看过大阪《每日新闻》吗?”②

恰恰是这种日复一日对“胜利”的强化与虚构,压抑了整个日本民族精神的理性发育,这是一种畸形的民族主义的欺骗方式,是一种扭曲的媒体暴力。甚至到了战争后期,日军明明在太平洋战场上节节败退,而舆论工具还在大肆宣扬辉煌的“战绩”,最终纸里包不住火,演绎了一出日本版的“柏林之围”。一个民族的自我欺骗、掩耳盗铃该有多么可怕。爱国本无罪,但营养不良、畸形发育的爱国主义却会将整个国家推落悬崖,害人终害己,其罪不可恕。

---

① [美]赛珍珠:《爱国者》,朱雯,等译,美商华盛顿印刷出版公司,1939 年,第 274 页。
② 同①,第 276 页。

三、悬崖边的"爱国主义"

对日本民族性格的论述可谓多矣，一般认为，日本人重视全民一致的统一行动，不以自律性、个性为中心，在团体中不存在自我，经常是自我否定、自我批评、集体优先。相近的论述不乏其例。

其实，赛珍珠早就拷问过日本民众的这种盲从心理或曰"集团主义"。全面抗日战争爆发之后，赛珍珠于 1938 年 1 月在《亚洲》杂志上刊登日本皇家海军少校平本道尧文章的译文《小访南京》。这篇文章写的是日本战斗机轰炸南京以掩护南京大屠杀的事情。平本道尧的文章充满杀气，通篇洋溢着屠夫般的兴奋。接到轰炸命令的那一刻，他"激动不已"；炸弹落下后，"古城笼罩着一片肃杀之气"。炸弹爆炸时，"夜空中仿佛绽开了朵朵绚丽无比的鲜花"。与之相比，"东京丰五香桥上一年一度的焰火盛会只能算火柴快熄灭时令人生厌的弱光"。飞回日本途中，"日本雄鹰一切安好"。赛珍珠对于曾经生活过多年的南京充满感情，她在平本道尧的文章后附上一则题为《军国主义的思想》的短评，对文中的事实提出质疑，责骂平本的兴奋心情令人作呕。另外，赛珍珠怀着沉重的心情承认，文章如实地反映了"日本人的思想"，日本惯有盲从命令的作风，正是它引发了异常残酷的后果。①

《爱国者》里的文治之所以最终突破善良的底线，是因为他的长官带头犯罪；贤淑文静的珠在战前绝对不会嫁给自己十分憎恶的关将军，如果父母逼迫宁愿自刎，但即将与中国开战时，珠的内心世界掀起狂涛巨浪，基于对中国的仇恨，她甚至打算嫁给关将军。这一选择实际上有着丰富的隐喻，选择以璜意味着选择爱情，

---

① ［美］彼德·康：《赛珍珠传》，刘海平，等译，漓江出版社，1998 年，第 225 页。

选择个人的幸福；而选择关将军则意味着献身国家，献身军国主义的政策。珠最终还是选择了以璜，这寄寓了赛珍珠的美好期望，但二战时期的历史事实证明，以各种方式"献身"国家的日本女性实在不胜枚举。当然，作品还塑造了反战的秋雄和隅江，但毕竟他们的呼喊太微弱，群体狂欢才是日本当时的主旋律。在迎接战死者骨灰的仪式上，一位失去独生子的老人的表现让以璜倍感震惊：

> "……我国人民素有乐为国家牺牲的训练呢。"他说这话时，眼泪从眼中流出来，可是他只是紧紧地握着这只匣子，老苍的声音震颤地说道，"是的——我快乐——我的独生子——"①

这是一群多么可怕的"爱国者"，只不过其驾驶的"爱国号"战车南辕北辙，走得愈远，给他国带来的危害愈大，同时也将自己的国家带近悬崖边。一位学者说得好："一般而言，为死去的亲人悲伤乃是人之常情，何以会有人对亲人战死而感到喜悦呢？原来，近代国家通过'感情的炼金术'，塑造了国民的生死观和世界意识。'靖国信仰'隐瞒了战死的悲惨和恐怖，在将死神圣化的同时，向陷入悲哀、无奈和怨天尤人的情绪中的遗属们提供'光荣战死'的意义，从而剥夺了遗属作为普通人对亲人之死抱有的悲痛情感。"②二战结束几十年后，日本左翼学者田津道夫认为普通日本人必须承担道义上的责任："最大战争罪犯当然无疑是以裕仁天皇为中心的天皇制帝国主义的统治集团，但是那场战争是每个国民都被作为战争的执行主体动员起来的，即使作为和战争领导层另一个层面的问题，日本大众的战争责任也应该被追究。……在平常情况下'普通的家庭成员'、'正直的劳动者'、'平凡的大众'等等的日本

---

① ［美］彼德·康：《赛珍珠传》，刘海平，等译，漓江出版社，1998 年，第 278 页。
② 孙江：《解构靖国神社的政治话语》，《读书》，2006 年第 3 期。

男性,一旦被套上军服开赴中国战场,为什么就会变得那么残虐?单把它作为战场的异常心理问题处理当然是不够的,还必须从日本大众的日常意识中探索。"①这是清醒而深刻的认识。然而时至今日,日本仍有部分政客还在粉饰与狡辩战争责任问题,这无疑说明了赛珍珠的《爱国者》从根本上考察战争起因的重要性与前瞻性。

四、结语

1931—1945 年,日本发动的侵华战争给中国造成了 3500 万人的死亡,直接经济损失 1000 亿美元,间接损失 5000 亿美元。从损失的角度说,抗战的胜利的确是令人痛心的"惨胜"。回顾那段血与火的历史,我们不会忘记中国人民所付出的巨大牺牲,也不会忘记国际社会一切正义力量给予我们的坚定支持,其中赛珍珠就是我们应该永远感谢的真挚朋友。由于她独特的跨文化经历与跨文化比较的思维方式,她的抗战写作的最大特点,就是站在一个世界公民的制高点上,从中日双方的政治文化、民族性格等方面进行有意识的比较,借助一个个形象来表达她对中国抗日战争胜利的期盼,对经历血与火洗礼的民族国家意识进行大胆想象和预言。她的《爱国者》并不像国内抗日神剧那样有意矮化或丑化日本人形象,而是既还原他们的本来面目,也追踪其走火入魔的路径,值得学界予以高度重视与深思。

---

① [日]津田道夫:《南京大屠杀和日本人的精神构造》,程兆奇,等译,新星出版社,2005 年。

试论《爱国者》中的民族国家意识

周小英　李秀梅

　　1937 年,抗日战争全面爆发,当时,赛珍珠才返回美国定居不久,中国的命运危在旦夕,将中国当作自己故乡的她到处奔走,几乎倾尽全力参加各项援华活动,同时创作了一大批反映中国抗战的文学作品,其中最受国内学者关注的莫过于《龙子》(*The Dragon Seed*,1942)。然而,在《龙子》之前,赛珍珠还发表了一部抗战小说《爱国者》(*The Patriot*,1939),这是赛珍珠 1938 年获诺贝尔文学奖后创作的第一部叙事体小说。作品一经发表,便受到国内学者关注,众多翻译家纷纷抢译,仅在 1939 年就出现 3 种中文版本,其中最引人注目的是上海的朱雯,因为此前她专门撰文批判赛珍珠,以至于巴金愤而质问:"我不明白赛珍珠女士的《爱国者》为什么会被中国(上海)著作家和出版家注意。我更不明白为什么会有那么多的'文化人'抛开别的有意义的工作,抢着翻译一本虚伪的书。"[1]其后,该书几乎无人问津,直至近代,随着国内赛珍珠研究的蓬勃发展,《爱国者》才再次进入研究者们的视野。汪应果给它非常高的评价:"在抗战之始,即能出现这样一部站在中日双方、国共双方战略制高点上统揽全局的作品,不论当时还是现在,都是不多见的。"[2]

---

① 姚君伟:《赛珍珠在中国的接受》,《江苏大学学报(社会科学版)》,2008 年第 6 期。

② 汪应果:《论赛珍珠的第三只眼:兼谈赛珍珠小说〈爱国者〉》,许晓霞、赵珏《赛珍珠纪念文集》(第二辑),广西师范大学出版社,2006 年,第 12 页。

而陆行良则从比较文学的角度将它与《龙子》进行比较研究。① 但由于各方面原因,除此二人外,便再无他人撰文对其进行专门的论述。然而,经过细读该作,笔者认为正如多伊尔所说,"《爱国者》对现代中国历史所做的深刻的观察和分析而具有相当重要的价值,它对重大的政治和社会事件做了历史的阐述"②,通过该书,我们能更好地把握赛珍珠本人的抗战思想脉络。

一、民族国家意识的成长

《爱国者》以第三人称的叙事手法,细致真实地描写了主人公以璜的国家民族意识逐渐增强的历程。以璜是上海一家银行经理吴先生的第二个儿子,是一名思想激进的大学生。他在一次爱国运动中被捕入狱,由此认识了年轻的革命者恩来,在他的影响下成长为一名学生领袖。和当时许多年轻人一样,以璜梦想着"推翻刚刚建立的中华民国,建立一个更新型的共和国"。③ 然而,他的梦想在一场睡梦中被父亲摇醒。为了保命,父亲将以璜送往日本,让他效力于其日本朋友村木先生的一家进出口公司。万念俱灰来到日本的以璜娶了村木先生的女儿珠为妻,打算就此安稳度过余生。当时,日本正对中国发动军事攻击,而日本的报纸经过层层严格审查,对内宣传说,日本人要对付的只是那些制造混乱的叛徒和土匪,他们只是为中国人恢复秩序和安全。然而,从中国参战回来的妻舅文治在一次酒后却向以璜吐露了真相。日本军国主义者关将军的态度也让以璜激愤万分。在一次目睹了一位日本父亲捧着独

---

① 陆行良:《赛珍珠的抗战文学:对长篇小说〈爱国者〉〈龙子〉的述评》,许晓霞、赵珏《赛珍珠纪念文集》(第二辑),广西师范大学出版社,2006 年,第 90 – 102 页。
② [美]保罗·A. 多伊尔:《赛珍珠》,张晓胜,等译,春风文艺出版社,1991 年,第 109 页。
③ Pearl S. Buck. The patriot. The John Day Company,1939:14.

子的骨灰盒泪流满面却觉得异常光荣时，以璜终于唤醒了那个沉睡中的自我，意识到"一个人能为国家献身是甜蜜和自豪的"①，在爱国思想和民族意识的驱使下，他毅然抛妻别子返回中国。彼时，蒋介石和共产党已达成协议要共同抗日，在一次以璜代表蒋介石和共产党谈判时，他遇见了原来的老朋友恩来。尽管蒋介石和恩来的种种做法让他不满意，但他对中国抗战胜利依旧充满了希望。

从上文我们可以看出，推动以璜国家情怀、民族意识成长的力量，正是当时和中国交战的日本民族。其中，以以璜的岳父村木先生一家为代表。其中，以璜的妻子珠的形象最为出彩。珠是村木先生最小的女儿，美丽、大方、热情、善良，接受了西方思想和文化的洗礼，被她哥哥文治戏称是一个在父母面前害羞守礼，在大学里却是个"勇敢、无畏，喜欢和年轻男子高谈阔论的现代女性"。② 她思想敏锐，充满个人见地，在第一次和以璜见面时，她即提到"女性在任何一个家庭都不能像男人那样平等"。③ 她的美好让以璜几乎对她一见钟情。然而，当心灰意冷的以璜下决心将日本这个秩序井然的国家作为自己的避难所时，他却从珠明亮叛逆的眼睛里感受到了她内心的委屈与不自由。果然，等珠从女子学校毕业，就被父母关起来去训练一些和家庭丈夫有关的技能，他们希望通过这些训练能让她忘记脑子里的现代思想，之后便要将她嫁给年过半百的关将军，只因为这个关将军是当地的英雄。以璜此刻意识到，珠是"一个集个人主见与责任为一体的奇怪矛盾体"。④ 一方面，她机智、勇敢，充满见地；另一方面，她却觉得为国家战死是自己的责任。于是，当以璜劝她不要应允婚事时，她的回答非常坚定："我谁

---

① Pearl S. Buck. The patriot. The John Day Company, 1939:299.
② 同①:119.
③ 同①:120.
④ 同①:139.

也不想嫁。但我的父亲告诉我中日马上就要交战。一切都不一样
了。连我的母亲也说嫁给关将军是我的责任,因为他将亲赴战场
为国而战。她不会再拖了。我明白我的责任。这就是我的命。"①
显然,在她内心深处,个人的爱情与国家相比太过渺小,一旦战争
来临,她完全可以舍弃个人情感。而以璜则依旧活在自己的个人
世界里。狭隘的中国知识分子式明哲保身的意识让他听到日本关
将军自负地说中国不敢抵抗、中日之间不会有任何战争时,感觉到
的竟是前所未有的兴奋。因为他所能想到的只是:没有战争,珠就
可以不用嫁给关将军,自己可以和心爱的人在一起,过上平和充实
的生活,"至于国人,让他们自己管自己吧。在这个世界里,知识分
子没有活着的希望,除非他把自己封闭在个人世界里"。② 他甚至
幼稚地劝说珠:"那么,我们逃走,逃到一个没有战争的地方,没有
人可以找到我们,那样即使你是日本人我是中国人也没有关系。"
至此,赛珍珠终于忍不住通过珠的口大声喊出:"可世界上没有那
样的地方。"③珠是那样的务实、坚定,当以璜沉浸于个人想象,想去
创造一个没有种族差异、没有国家界限的新世界时,珠提醒他,人
在那样的新世界根本活不下去;当以璜陶醉于二人世界的美好时,
珠冷静地说:"如果战争来临,我就不属于自己,而属于我的国家。
在战时,每个人都属于国家。"④显然,在以璜成长的历程中,珠完全
充当了警醒者,时时刻刻在提醒着两个人之间的民族差异,让陷入
幻想的以璜日益走上"爱国者"的道路。

如果说,珠是以璜走向"爱国者"道路的督促者,那么珠的哥哥
文治则是其前进道路上的催化剂。文治原是个热情善良的日本小

---

① Pearl S. Buck. The patriot. The John Day Company,1939:187.
② 同①:200.
③ 同①:194.
④ 同①:211.

伙子。可是中日战争爆发后,他应征入伍,前往中国上海。等他从上海回来后,以璜立刻看出来,战争彻底改变了一个人。他的整个脸不再明朗、开阔,变得"冷冰冰的,过去那张笑呵呵的脸如今看起来非常粗鲁甚至冷酷"。① 他再也不是原来那个友善的青年,他开始成天酗酒,在一次酒醉后,他泪流满面地向以璜诉说自己在中国奸杀了一位 12 岁少女的罪过。文治的忏悔让以璜从梦想国中彻底苏醒。他内心涌起强烈的民族和国家意识,第一次,他为相信日本报纸粉饰太平的报道鄙视自己,"报纸报道说天皇的士兵在中国秩序井然。他居然相信了,他是个中国人啊! 他鄙视自己"。② 这样的痛苦在听闻 300 多个日本人在北京附近一个小村子里被中国士兵杀害后燃烧到了极点。面对周围日本人对他敌视的眼神,他心里"又羞愧又生气,不过生气更强烈些。他想朝他们所有人大喊:'为什么你们摆出一副受伤而无辜的表情? 我告诉你们,我们中国人从不会以杀人为乐子。'"③他无法理解日本人生来就为战争准备的坚忍,更无法理解日本狂热的爱国主义。周围的日本人依旧对他谦恭有礼,但他感觉到人们不再像以前那样和他打招呼,也不再随意地开玩笑。在这片黑暗中,他唯一能伸手触及的光明就是他那个小小的家。然而,妻子和儿子的一场对话让他最终醒悟,他们之间的中日民族裂痕是难以弥合的。他感觉到"过去的一切慢慢从身体里剥离了,而他们各自祖先的意志已经将他们彻底分开"。④ 战争依旧在继续,为了报复,在中国的日本兵使了诡计,导致一位年轻的中国飞行员将自己的炸弹误投在上海街头,炸死了成百上千的中国人,然而,日本民众谈起来时却眉飞色舞,那么多

① Pearl S. Buck. The patriot. The John Day Company,1939:232.
② 同①:245.
③ 同①:283.
④ 同①:291.

人命在他们眼里似乎一文不值,他们只一味地效忠天皇,狂热的爱国主义让他们视战争为乐趣。但是,战争是要付出代价的,他们也付出了应有的代价。以璜心里突然没有了憎恨,他陡然明白"一个人对另一个人的爱是渺小的。另外有一种无限大的爱,为此,他愿意付出完整的自我";"那个抱着小小骨灰盒的老人让我明白为自己的国家而死是甜蜜的"。① 就此,以璜彻底完成了人生的蜕变,他毅然返回中国参加抗日战争。就这样,在赛珍珠一步步的精心设计下,以璜走上了爱国者的道路。这条成长之路艰辛、漫长,有时甚至让读者绝望,但赛珍珠一直没有放弃希望,就犹如她对所有中国人都充满希望一样。在抗战初期,她曾在《亚洲》杂志上表达了这样的想法:"在物质上,或许在心理上,日本人必然可以打败中国。尽管为时已晚,但中国人在精神上仍有希望。日本压倒性的黑色威胁将会恢复中国依旧存在的精神。中国的年轻人将会在这场战争中团结起来,夺回并拯救他们的国家"②;"我仍然相信中国可以获胜。也许,目前这种可怕的安静不过是中国决心战胜日本的另一个表示,它证明中国决不会屈服。"③

二、民族主义和人道主义之间

以璜意识的觉醒,实际上是让赛珍珠欣慰的,也如实反映了当时中国知识分子抗战意识慢慢苏醒的过程。不过,尽管赛珍珠一直在为中国抗战到处奔走,并为之宣传,但她并没有忘记战争对人的影响,尤其关注战争对人们心理的影响。在她众多的抗战作品中,这一点非常明显,《爱国者》也不例外。这部小说行笔到三分之

---

① Pearl S. Buck. The patriot. The John Day Company,1939:299.
② Pearl S. Buck. China against Japan. Asia,1936:80.
③ 同②:80.

二章节时,主人公以璜依旧沉浸于自己幻想的新世界里,让读者不得不为之着急。然而,和当时中国抗战初期文学"'公式化概念化的倾向',作家们满足于'廉价地发泄感情或传达政治立场'"①的总体特征迥异的是,在全书中,赛珍珠并不一味地呐喊,更多时候,她细致地从心理层面来描述这场战争对中日两国人民造成的影响。

在剖析中国战争小说时,陈思和认为:"因为战争往往使复杂的现象变得简单,整个世界被看作是一个黑白分明、正邪对立的两极分化体:活着或者死去;我军或者敌军;战斗或者投降;前进或者后退;胜利或者失败;立功或者受罚;烈士或者俘虏,等等,两者必须选一,不允许兼而得之。这种由战场上养成的思维习惯支配了文学创作,就产生了'二元对立'的艺术模式,具体表现在艺术创作里,就形成了两大语言系统:'我军'系统和'敌军'系统。……这两大语言系统归根结底可以用'好人一切都好'、'坏人一切都坏'的模式来概括。"②从这点来分析《爱国者》,我们无疑看到了赛珍珠的现代性和超前性。因为在她笔下,没有绝对的好坏。我们看到更多的是她对战争摧残人性的思考。在小说中,以璜第一次见到珠的二哥秋雄时,是在秋雄的同居女友隅江家。隅江温和、善良而迷人。当男人们热烈地谈起战争时,隅江强烈地表达了反战的情绪。她央求着他们:"不,不要战争! 在我出生前,我爷爷就在中日一次战争中死去了,之后我们变得越来越穷。尽管后来日本赢得了胜利,但爷爷再也不会回来了。当所有人跑到街上去欢迎返乡的士兵时,我奶奶躲在家里把窗帘拉上痛哭失声……看,如今你们喝着酒我唱着歌,愉快地生活多好!"③果然,当中日战争爆发,秋雄

---

① 胡风:《民族革命战争与文艺》,胡风《胡风评论集》(中册),人民文学出版社,1984 年,第 78 页。
② 陈思和:《中国当代文学史教程》,复旦大学出版社,1999 年,第 57 页。
③ Pearl S. Buck. The patriot. The John Day Company,1939:164.

应征入伍时,在报到的途中,他和隈江携手双双在富士山自杀。临死前秋雄留言:"我知道我为什么要应征入伍。我们要前往中国。但是,实在没有什么值得我为之战斗。而且,我也不希望参与屠杀任何无辜民族的战争。"①很明显,赛珍珠并没有将人物进行绝对的脸谱化,秋雄和隈江代表了一批热爱和平的日本人。除了如此鲜明地表达出日本民众个人反战的决心外,赛珍珠也用了更多的笔墨来描写战争对人性的影响。在该小说中,我们看到了狂热的日本军国主义者,其中最具代表性的是关将军。整篇小说中,他只出场过一次,然而,他的出场却让以璜对日本这个国家有了恨意。当他咄咄逼人地问以璜北京离哈尔滨有多远遭到拒绝时,他是那么不屑,他甚至狂妄地声称,中日之间根本不可能有真正的战争,只要三个礼拜就可以制服所有反叛的中国人。偌大的中国,在关将军眼里,是那么的不堪一击。这种狂妄自大的情绪同样反映在村木先生的大儿子身上。作为进出口公司的真正经营人,他发了疯一样不择手段地从中国东北偷运珠宝,并宣称"这些东西是属于日本的。只有我们日本人才会欣赏它们"。② 受到这种狂热的"爱国主义"和"本民族优秀论"的影响,日本大部分民众都奉行随时准备战争的哲学。因为"作为一个被大国包围着的小国,我们必须在各方面随时做好准备……我们日本人一直都在期望战争,至少我们一直是接受这样的教育"。③ 这种强烈的民族意识和国家意识让日本普通民众在听说中国人误杀了中国人时高兴得发了狂。在他们眼里,相较于日本的胜利,中国人的生命似乎一钱不值。然而,和《龙子》中大量揭露日本人在中国大地上的暴行不一样的是,《爱国者》以更细腻的手法向我们展现了另一个层面,即她让读者看到了

---

① Pearl S. Buck. The patriot. The John Day Company, 1939:190.
② 同①:182.
③ 同①:171.

那些一旦失控便如野兽般的人的痛苦。显然,战争带给这些所谓的胜利者的也不只是光荣和梦想,还有失去、痛苦和永恒的苦难。以璜在迎接一条来自中国的日本轮船时,他看到的不只是日本人从中国掠夺而来的战利品,还看到了"许许多多小小的木盒子。每个盒子上面写着名字。有个人站起来念着上面的每个名字,每次他叫到一个名字,就有一小群人走上前来把盒子领走……他站在那儿,静静地观看着那些小小的盒子被领走。没有大声的哭闹声。人们甚至都是带着微笑迎接去世的亲人。当他们深爱的人战死沙场时,他们应该保持微笑,他们受到的教育就是如此。然而,所有的人都泪流满面"。①

众所周知,战争几乎贯穿了中国 20 世纪的前几十年。中国当代对战争文化心理的研究,首推陈思和。在他的《中国当代文学关键词十讲》中,他写道:"从抗战爆发到'文化大革命'结束的 40 年是中国现代文化发展的一个特殊阶段,是战争因素深深锚入人们的意识结构之中、影响着人们的思维形态和思维方式的阶段。当带着满身硝烟的人们从事和平建设事业以后,文化心理上依然保留着战争时代的痕迹:实用理性与非理性的奇特结合,民族主义情绪的极度高涨,对外来文化的本能排斥,以及因战争的胜利而陶醉于军事生活、把战时军队生活方式视作最完美的理想境界等,这一切均可称之为'战争文化心理'。"②应该说,赛珍珠并未落入其中的窠臼,而是从心理层面上,以强烈的"哭—笑"反差的对比描写让我们深切地感受到一个被战争异化民族的真实面貌,且似乎以此来提醒日本当局不能一味地鼓吹爱国主义和民族意识,而应该开始去反思普通民众在战争中所遭受的痛苦,从而重新思考这场战

① Pearl S. Buck. The patriot. The John Day Company,1939:296.
② 陈思和:《中国当代文学关键词十讲》,复旦大学出版社,2002 年,第 2 页。

争的意义。诚如赛珍珠曾专门撰文所言:"日本注定失败,尽管在武力上她取得了胜利。她失败不仅因为她正把大量的人力物力投入战争,更是因为她牺牲了大量日本年轻人的生命。如果继续这样下去的话,日本将无法从战争中恢复过来。"①

三、结束语

综上所述,尽管《爱国者》这部小说有陆行良所提到的"由于赛珍珠本人思想认识上的不足或缺乏实际的切身体会,在反映具体的革命斗争生活,描写具体的事件与人物,那问题就暴露出来了,乃至会出现败笔"的缺憾②,然而,在抗战初期,赛珍珠即能从心理层面站在中日两国人民的立场上来反思战争给人带来的影响,让读者进一步去思考中日战争的意义,尽管这可能会引起一些中国读者的非议,但笔者以为,这也正是这部小说引人入胜之处,其价值还有待进一步挖掘!

---

① Pearl S. Buck. He who lives,wins. Asia,1939:635.
② 陆行良:《赛珍珠的抗战文学:对长篇小说〈爱国者〉〈龙子〉的述评》,许晓霞、赵珏《赛珍珠纪念文集》(第二辑),广西师范大学出版社,2006年,第99页。

置身域外的抗战观照

——从《爱国者》看赛珍珠眼中的"爱国者"形象

刘 蓓

1939 年,赛珍珠出版了小说《爱国者》,正面描写中国的抗日战争。她在《爱国者》中,将目光投向被卷入战争的中日两国人民,刻画了两个国家多种形态"爱国者"的心态与命运,凸显了战争给两国人民物质命运与精神意识带来的深刻影响,启发读者去思索不同"爱国者"形象与各自国民性之间的关系。横跨三个民族的空间距离、差异化的陌生化叙事方法,使作家对小说的处理获得了一种空间上的延伸感,也给读者带来了独特的审美体验。

一、陌生化叙事:战争描写

《爱国者》的主人公以璜出身于资产阶级化的封建家庭,是大银行家的儿子、清末留洋将军的孙子,同时也是一个有人道主义思想的知识青年。以璜同情贫苦大众,羞于自己的出身,渴望投身民主革命运动。为此,他参加了共产党的地下组织,深入工厂贫民区,组织工人起来反抗。革命失败,众多同仁被逮捕暗杀,以璜在父亲一手安排下无奈远渡日本,在父亲熟识的日本商人村木的商铺做管理工作,后与村木的女儿珠相爱结婚。日本侵华战争激烈之际,以璜毅然只身回到上海。在父亲的介绍下,被蒋介石任用,作为国民党一方的代表,赴延安与共产党代表商议战事。适逢对方代表正是指引自己走上革命道路的学长恩来。以璠最后又与蒋介石部队一起转战缅甸战场。

小说中,赛珍珠采用了她喜欢的单线情节推进形式,以璠作为主要人物贯穿始终,并作为叙述主体担负着言说的任务。而在叙述视角上,笔者认为,《爱国者》一反中国小说常用的全知全能的叙述视角,采用了陌生化的叙述方式。小说中,作家先后赋予了以璠多种身份,这其中,除了封建资产阶级大家庭的成员外,其他身份对以璠而言都是全新的体验。作品里,以璠穿行在无产阶级革命运动、中日民族战争及国共斗争中。诸多全新、陌生的世界逐一呈现在他的面前。以璠在陌生的情境中逐步加深对各种人和事物的了解,读者也借助以璠的眼睛和感受,一步步了解战争时期人们的想法与生活状态。这种对读者固有的先入为主的阅读模式的突破,使读者也获得了一种独特的阅读体验。如文中有一段描写上海码头上以璠看到的情景:

> 外滩拥挤着许多惶乱地奔到轮船和码头上去的人。黄包车上高高地堆放着家具和寝具,拉过他前面。男男女女的人,抱着正在哭泣的孩子,叱骂着正要拉车的汗流浃背的车夫。汽车满载着髹漆的箱笼、雕刻的家具静静地坐着容颜白皙衣服丽都的人,急急地奔驰着。远远地望过去,在闸北的上空,浮着一团不是云朵的乌黑的烟雾……①以璠第一次看见掷下的炸弹。当炸弹飘落到中国城市里去的时候,只见一颗修长银色的东西在阳光下闪耀着。那是不必恐怖的,然而在每颗炸弹消失以后,总有一秒钟的沉静,然后爆炸,于是一缕烟尘从远处直冒起

① ［美］赛珍珠:《爱国者》,朱雯,等译,美商华盛顿印刷出版公司,1939年,第288页。

来。飞机又升了上去,向西飞去了。①

在这段文字里,作者对人们在码头上的逃难与日军空中轰炸不吝笔墨地进行详细描摹。许多部分都得到了细微刻画:箱笼是"髹漆的",家具是"雕刻的",车夫拉着的是"容颜白皙衣服丽都的人",炸弹是"修长银色的",甚至,作者在这里像动画片一样一帧帧缓慢地放炸弹爆炸的动程。没有任何与现实和批判联系的心理刻画,有的只是主观的"我"与现实的疏离而造成的与作品的疏离。战争是残酷和血腥的,抗日战争尤其给中国人民带来了惨痛而深刻的记忆。但赛珍珠在这里对战争的描写,既没有血淋淋的身临其境的纪实描写,也没有令人触目惊心的死亡数字,有的只是对战争充满距离感的恍若幻境的描述,令人乍读之下产生几分迷惑。但联系主人公以璋此时的处境,我们以上的迷惑便有所释然,也更能体认到赛珍珠当时的创作选择。以璋在日本与妻子、儿女享受宁静安乐的生活已经多年,由于日本媒体蒙蔽性的宣传,根本难以获得国内一丝一毫的消息。如今从外轮踏上中国码头,看到的却是一片极其混乱的战争场面,这种巨大的反差所产生的陌生化效应,猛烈地冲击着主人公以璋的神经,距离感与幻失感必然裹挟了他。在这种情况下,赛珍珠运用陌生化叙事无疑是一种很契合主人公思想心态的描写手法。

另外,从赛珍珠所掌握的创作材料来看,她似乎也只能采用这种陌生化叙事方式。抗日战争爆发时,赛珍珠远在美国,这就意味着赛珍珠构思这部作品时,很多素材可能只是二手材料。战争作为一个非常的政治事件,如果一个作家不是亲身参与其中,是无法深切理解战争的残酷性与复杂性的,也无法同频共振地感受战争给予内心的强大震动。可以想象,如果赛珍珠当时身在中国国内,

---

① [美]赛珍珠:《爱国者》,朱雯、等译,美商华盛顿印刷出版公司,1939 年,第 291 – 292 页。

特别是在她生活过的南京,那笔下必然是不同的呈现。由于赛珍珠身处域外的写作状态、二手资料的素材积累,陌生化叙事方式是她能弥补自身对战争了解不足的最好选择。

主人公看不到听不到的东西除了战争的残酷外还有很多。赛珍珠横跨两个民族来描述抗日战争,这种空间距离使其小说获得了多种文化背景的观照。尽管赛珍珠"在表面化叙述和心理深度之间选择前者……手法上采用自然主义"①,但读者会思考表面现象后面的历史文化成因,这就给读者创造了一个巨大的想象空间。作品的艺术张力也会由此而产生。

二、日本"爱国者":集体意识下的无条件服从

赛珍珠将这部描写中国抗日战争的小说命名为"爱国者",许多人可能会以为小说主要描写的是中国抗日战争中的爱国仁人志士。事实上,赛珍珠不仅塑造了以璠、恩来这些人物,还塑造了日本的一些青年形象,如珠、文治等人,他们表现出的对日本天皇的无限忠心,充分体现出他们的"爱国"特质。进一步仔细分析,中国的"爱国者"与日本的"爱国者"表现出不同的特征。

在以璠的眼中,我们看到了日本的"爱国者"呈现出绝对信仰崇拜下无条件服从的特征。无论男女老少,军人还是非军人,无论受过传统熏习的青年还是接受过现代教育的青年,无不如此。他们将为"国"牺牲视为一种无上的光荣,把为天皇而战视为必须践行的责任,而并不关心这场战争是正义的还是非正义的,他们甚至在看到某些令人怀疑、痛苦的事实之后,还是选择服从"国家"需要。

---

① [美]彼德·康:《赛珍珠传》,刘海平,等译,漓江出版社,1998 年,第 157 页。

珠，尽管受过"摩登"教育，她表示，如果战争发生，她仍有责任和义务与关将军结婚。文治，这样一个被战争毁掉的年轻人尤其令人印象深刻。他乐观开朗，但在上司与集体的压力下，也参与了对中国人的各种烧杀抢掠，甚至奸杀妇女。回国后他彻底变成了另外一个人，原不胜酒力的他，也终日酗酒买醉。尽管痛苦自己的所作所为，当天皇再次招用时，他仍加入军队，最后在台儿庄战役中结束了自己痛苦的一生。

为什么珠和文治身上会表现出这样的特质？这需要深入日本民众的民族心理去探究。中国人自孔子就强调"仁"，"仁"处于儒家学说的核心地位。就日本而言，"仁"在其伦理体系里却远在"忠孝"之后。日本人强调"忠君爱国"，自我往往可以尽数抑制甚至放弃，去无条件地服从天皇和国家。为天皇统治集团尽忠，已成为渗入日本民族民众血液里的强制性意识。① 由此，诸多日本青年像文治一样，"为天皇陛下而战，为东亚共荣而战，为圣战而战"，拿起了武器。他们的自我意识已处于一种缺失状态，成为"集体"中的一员。上司的命令代表着天皇的要求，脱离集体、违抗命令或没有很好地完成命令，会产生一生洗刷不尽的"羞耻感"，许多人甚至要以一种惨烈的自决方式来洗刷自己的羞耻感。文治曾在酒后对以璜痛苦地回忆自己第一次杀人的场景："人们到处在抢女人呢，——，老的、小的。我对队长说'容许他们这样吗？'……你看他是我的上司咧，叫我说什么话啊。我从此不再注意这班人，专注意他一个，我说，'只要他没有'。"他重又战栗着，"……我亲眼看见的，他叫他们带一个女人进他帐里去。她哭着挣着，可是不管，他仍旧走上去——我是疯了，我奔到街上——看见的第一个女人——一个女

---

① 郝志刚：《赛珍珠传》，时代文艺出版社，2012 年，第 69 页。

孩……"①从这段讲述里,我们可以清晰地看到,这种不能脱离集体的战争刺激,是如何使人性中的"恶"爆发出来。这种对侵华战争加害者心理的探索与刻画,在当时的抗战小说里是不多见的。由此,我们也就能解释,为什么在爱情、信仰(佛教)与"圣战"间纠结的秋雄,最后不是逃走,而是选择与爱人葬身于富士山下。

日本民族意识中的"忠孝"观念,除了表现在军人无条件服从"集体"的行为外,还在日本普通民众身上表现为一种隐忍与沉默。日本人认为亲人战死战场是件荣誉的事情,有悲伤也尽量隐忍,羞于表现自己的痛苦。小说后面曾描述了一个令人印象深刻的画面:以璜在码头上看到许多战死中国战场的日本军人的骨灰盒抵达时,日本人是那样的沉默,甚至是微笑着接过骨灰盒。一个老人就是如此抱过自己独子的骨灰盒,尽管两行泪水已经滑下面颊。赛珍珠以一个宽厚包容的人文主义者的笔触,深入这些人物的内心深处,细腻地凸显这种隐忍的悲伤与痛苦,让人为之动容。日本自古在频繁的火山、地震等自然灾害下生活,逐步形成了一种顺从接受任何灾难命运的心态。这是日本民族在漫长的民族发展过程中逐步形成的独特精神气质。

这种精神气质使《爱国者》里的日本"爱国者"形象更具有一种悲剧性特质。这种顺从沉默与隐忍、无条件地服从,被热衷于侵略别国的日本军国主义者利用,更增其悲剧性。在日本看不见、听不到任何关于这场战争的实际情况的报道,充斥报端的不是中国的军队自己用炮弹打自己人的笑话,就是中国军队报复地杀害众多在中国的日本商人等。受蒙蔽的日本民众对以璜这个中国人投以一种异样的眼光。在这些民众看来,他们倒成了受害者。谁是加害者,谁又是被害者,天皇集团用蒙蔽欺诈的手段混淆了人们对真

---

① 〔美〕赛珍珠:《爱国者》,朱雯,等译,美商华盛顿印刷出版公司,1939 年,第 229 页。

理的认知。

赛珍珠从不同国家不同人物的生存、心理的角度切入对战争残酷的反思,显现出赛珍珠作为一个人道主义作家的人文眼光。作为一个基督教传教士的女儿,赛珍珠也力图站在基督教"爱"和"理解"的角度,力图让敌对国家的人们相互理解。[①] 正如瑞典文学院于 1938 年授予赛珍珠诺贝尔文学奖的授奖词里所提及的:"一般说来,她的观点保持着深沉与亲切的人性","由于她的著名作品为人类的同情铺路,这种同情跨越了远远分开的种族边界"。[②]

三、中国"爱国者":充满激情的理想主义者

赛珍珠的《爱国者》里,中国"爱国者"形象总体特征是有着奔放的理想主义,有激情,但不免有些盲目。

首先是表现为盲目的伟人崇拜,主要是以以瑛这类知识分子青年为代表。以瑛崇拜恩来与蒋介石,觉得两人身上都有着一种伟人的特质——"眼睛里同样充满着勇毅清澈的光芒",他觉得蒋介石领导的军队一来,一个新的时代就会到来。为此,他热情积极地按照恩来的布置,在工人中策划宣传罢工;自身也已做好随时离开自己家庭的准备。然而上海工人与革命者翘首以盼等来的却是大资本家与蒋介石集团达成了协议,蒋介石对共产党人和工农大众实行了大屠杀。腥风血雨下,以瑛在痛苦、迷失与彷徨中被身为银行家的父亲安排登上了开往日本的轮船。这段内容描写的实际上就是"四一二"大屠杀。蒋介石与当时国民党的阶级实质,赛珍珠向我们一针见血地进行了揭示。

---

① 姚君伟:《文化相对主义:赛珍珠的中西文化观》,东南大学出版社,2013 年,第 69 页。
② [瑞典]佩尔·哈尔斯特尼:《授奖词》,裕康译,[美]赛珍珠《大地三部曲》,王逢振,等译,漓江出版社,2001 年,第 953 页。

当以璜在战争白热化的时候毅然回到上海,父亲说"委员长打算要召你去呢"时,以璜想到的是"蒋介石,他曾经逃避过一次的那个人,也许就是杀死恩来的。然而一切都改变了,安知那也不是已经改变了呢?"于是跟父亲一口应允了"很好"。那样一个差点夺取他的生命、后来又令他放逐到另一个国家的人,那样一个手上沾满了共产党人与工农大众鲜血的人,当以璜再一次站在蒋介石面前时,以璜却在感慨,认为蒋介石"坚强自制,充满着主义的力量",跟蒋介石相比,恩来不过是一个热情的孩子而已。

以璜的这种充满激情又不免带有盲目色彩的个人崇拜,乍看起来,似乎令人难以理解。仔细思考之后,还是能窥见其思想的内核。以璜竭力想脱离自己氤氲着鸦片腐臭的资产阶级化的封建家庭,积极投身激情澎湃的革命斗争,渴望为"建设一个新世界"贡献自己的青春与一腔热血。但我们也看到,以璜虽然同情贫苦人民,但并不能真正决绝地脱离自己的家庭。虽有人道主义思想,但从没有想过与贫苦大众平起平坐。他还是自顾自地享受着大家庭舒适、奢侈的生活,享受着牡丹作为一个女仆对其无微不至的照顾。恩来有一次到以璜家里来,建议牡丹跟他们一起吃午餐时,以璜很不适应。以璜心里知道牡丹爱他,却佯装不知,从未考虑过会与牡丹在一起。以璜默然接受着父亲为他安排的一切。在骨子里,他还不能完全脱离其资产阶级化的封建家庭,不能脱离资产阶级统治意识的影响。在潜意识里,他是与其崇拜的蒋介石所代表的阶级站在一起的。

其次,中国"爱国者"形象还表现为盲目的革命激情,满足于自己小农式自由的无政府主义者,主要以恩来及他所带领的一支共产党的游击队为代表。恩来本来也是蒋介石的崇拜者,为了革命将生死置之度外,理想幻灭后开始憎恨任何的领袖,只满足于用乔装、游击的形式给日本侵略军以小规模的打击。他们拒绝接受蒋介石的资助,寻求的是他们所要的自由,即"有饭一起吃、有衣一起穿,一切都公平"。但透过以璜的眼睛,我们竟然看到,在恩来的队伍里面,有游击士兵用手指戳入日军俘虏眼中报复取乐的残忍行径。对此,以璜是不能接受的,他觉得战后谁来建设这个国家呢?法律将怎样制定,其内容又怎样呢? 他现在知道,恩来绝不能治理那个他所不能了解的国家。文明与知识、秩序和仪态,这些都是生活上必需的东西,可是恩来绝不会知道的。

对于恩来这个人物形象的刻画,笔者觉得这反映了赛珍珠思想认识方面的不足。这样描写共产党的军队是不符合史实的。我们所熟知的"三大纪律八项注意",在共产党的部队里一开始就实行了。关键是,赛珍珠是将一些散兵游勇的农民游击战过程中的一些事情,都写成是共产党行为。赛珍珠在中国了解最多的是中国农民的生活状况与精神世界,给她留下深刻印象的还是农民的自给自足、思想狭隘,描写中国农民生活的长篇小说《大地》使她获得了诺贝尔文学奖。但构成中国共产党军队的并不只是农民,对中国的其他阶层,赛珍珠了解得并不那么深刻,因而不可避免地在描写中国共产党队伍上就带有某种局限性。

再次,中国"爱国者"形象还表现为其他几种形态,如在爱国主义下旗帜下,带有个人感情的报复或叛变革命,这在以珂、彭留、约克·林(美籍华人,回国参战)等人身上表现得比较充分。还有不研究科学的战术、徒让士兵当炮灰的军队指挥者,如以蒋介石为代表的国民党军队指挥官等。

综合来看,中国"爱国者"形象体现出的共同特征就是激情的理想主义。遇到国家与民族处于危难之时,"爱国感情"就被激发了出来。但这种情感在赛珍珠笔下只是处于"激情"状态,相较于日本人那种无条件地服从天皇和国家的"爱国狂热",这种"激情"遇到诸多因素就会发生各种改变。以璜可以在国家危难之时,一个人在日本自我安慰地享受起娇妻爱子的桃源式生活。恩来,一个对中国战后工人农民何去何从有那么透彻分析的革命者,在革命幻灭之际也满足于局部搞搞游击战,享受大家平分劳动成果的无政府状态。更有如以珂、彭留、约克·林之类的叛徒形象,为了各种理由背叛了自己的理想信念。

中国社会自给自足的小农经济维持了相当漫长的历史,在此基础上建立的是家族人伦社会结构。中国人长久以来不管从事何种职业、处于何种地位,对外产生联系都是以"家"或"家族"为中介,直接同国家民族产生联系的很少。在其眼中,国家只是抽象的、缥缈的存在,远不如眼前一家一族来得实际。这使得中国人的家族观念更甚于国家民族观念,在此基础上就很难发展起强烈的国家观念与民族观念。只有到了国家危难之际,危及各自家庭、家族时,国民才从麻木中有所警觉。因此,在赛珍珠的《爱国者》里,我们看到的是各方力量各自为政,老百姓也没有充分动员起来,导致日本一个东亚岛国的铁蹄在中国大地上任意践踏,给数以千万计的中国老百姓带来了深重的灾难。更出现了诸多的叛徒汉奸,竟然置国家利益与民族利益于不顾,为虎作伥,助纣为虐,给自己的同胞带来残酷的伤害。在新时期的今天,倡导大家为了共同的"中国梦"而携手努力前行,确乎是非常必要的。

综上所述,相较于当时国内许多作家笔下存在重大战争的缺席、抗日战争几大战役在中国文学作品中都没能得到很好地展现的情况,赛珍珠身在域外,出于一个作家的敏感与责任心,在抗日战争爆发后及时拿起笔来,寻找特殊的角度切入描写中国的抗日战争,体现出了一个作家人道主义的精神境界。《爱国者》以其独特的艺术个性融入中国抗战小说的洪流,在刻画中日两国"爱国者"时所表现出的对两国国民性的理解与把握,以及运用陌生化叙事为我们带来的语言陌生化阅读体验,都进一步丰富了中国抗战小说的题材和表现形式。

《龙子》和《一个人的遭遇》

——兼议战争与人性的描写

陆行良

一、漫议赛珍珠对我国抗日战争的贡献

在纪念抗日战争暨世界反法西斯战争胜利70周年之际,从电视上观看北京"九三"大阅兵宏伟壮丽的场面,兴奋之余,笔者不止一次地想过,如果赛珍珠女士活到今天,那么,在这次阅兵盛典的天安门城楼一侧的国际友人观礼台上,肯定会有赛珍珠的一席之地。因为越来越多的国人知道,在70年前,这位国际友人对我国抗日战争所做出的贡献是巨大的、多方面的,而且无不取得实效。在我国抗日战争最为艰难的日子里,她从我国回归美国不久,就获得了诺贝尔文学奖,当时,她把她的一张能说会道的嘴巴,一个机敏而灵活的脑子,特别把她那支神奇的笔杆子几乎全部用在支持我国的抗日事业上。多么的难能可贵,多么的不可多得,在全世界也很难找出第二人。

诚然,赛珍珠不像斯诺或史沫特莱女士,她没有机会受聘到中国,深入敌后抗日根据地,前往延安,与我党我军领袖和将帅们进行长期的接触和交谈,相互建立深厚而真挚的友谊,成为革命佳话载入史册;连同他们用那支神笔写就的一篇篇一部部绝妙佳作,在美国和西方报刊登载和出版,为世人打开眼界,了解了当年的中国

和中国革命,以及革命领导人和将帅的崇高风范和丰功伟绩。赛珍珠比之斯诺们的贡献有其特殊性,这里所指,她不仅以反映中国农村及其历史演变的长篇小说《大地三部曲》和其他中国题材作品,让美国和西方的人们感知一个真实的东方大国——中国,并由此于1938年荣获诺贝尔文学奖。而且在于:赛珍珠在中国抗日战争关系到我们国家和民族生死存亡的特定历史时期,尤其在我们处境最艰难的日子里,向我们伸出强有力的臂膀,带给苦难的人们以温暖和支持。特别是她以诺贝尔文学奖获得者的地位和名义,在国际舞台上发出最强音,为中国人民抗日战争大声呐喊和叫好,并明确预言,战争的最终胜利必将属于中国。与此同时,赛珍珠不仅以犀利的言辞,而且以生动的形象,揭露日本侵略者的狂妄野心和滔天罪行,帮助世人识别其真实面目。从这样的意义上看待和评估赛珍珠的历史贡献,无疑是无与伦比的。领导我国抗日战争的伟大领袖毛主席讲过:"纤笔一枝谁与似,三千毛瑟精兵",也说过"一张报纸,就是一个方面军"。这并非是虚辞。赛珍珠从1939年至1945年,以中国抗日战争为题材的文学创作,计长篇小说五部,散文短篇集四部,剧本七部。如果以同样的标尺,把赛珍珠这批作品的社会影响和战斗力也加以量化和具体化,那又该是怎样呢? 要知道精神的力量是可以转化为物质力量的。

诚然,赛珍珠也没有像陈纳德将军或史迪威将军那样受当时美国政府的派遣来到中国,帮助我们组建空军,和中国空军并肩战斗,把一颗颗炸弹扔在日寇部队的头上,直接消灭其有生力量;或者充当蒋介石的军事顾问,协助组建中国远征军,指挥千军万马,跨出国门,在缅甸等战场,打败一批批的日本侵略军。将军们建立的不朽功勋,我们当然永世铭记不忘。在同样的历史节点上,赛珍珠却活跃在另一个抗日战场上。抗日战争是全面进行的。首先当然是火与血的军事斗争,武器的批判对克敌制胜的决定性作用永远不可低估。抗战进程表明,除了"武"的战斗,还必须有与之相适应的"文"的战斗。文化战线上的抗日战争同样是必不可少的。武器的批判绝不能代替文化的批判。日本侵略军伴随一支以笔为凶器的部队,其使命即为掩盖日军罪行,歪曲事实,颠倒黑白,以欺骗世人包括日本人民。当然,这支以笔为凶器的侵略军在国际上是孤立无援的。而与之对抗的我国文化抗日战线却因日寇的步步逼进而从崛起至壮大,从"九一八"事变到"七七"事变,再到上海"八一三"事变,直至日寇攻占我国实施南京大屠杀,在这期间文化抗日的各个方面无不风起云涌,国防文学、救亡歌曲、抗日电影、抗日戏曲、抗日美术等,一浪高过一浪,形成一股股抗日洪流,席卷祖国大地,陷敌于无望之境。而且在国际上赢得广泛的声誉与支持,特别是在反法西斯同盟国家那里。在美国和西方文化战线上,赛珍珠无愧为一员骁将。当然,赛珍珠也绝不是一个人在战斗,除了与我国的文化抗战组合为交响曲之强音外,还有众多的同盟国文化战线的配合。因为,中国抗日战争是世界反法西斯战争的重要组成部分,而且是东方主战场。可资相提并论的唯有伟大的苏联卫国战争。苏联文化界当然是我国文化抗战的同盟军,代表人物无疑是享誉世界的肖洛霍夫。在这样的意义上,不管人们的主观意图如何,赛珍珠和肖洛霍夫在当年是同个战壕里反对德日法西斯的战友。两位文学大师的立场和目标是一致的,客观事实也是如此。两位作家当年的创作实践也有力地证明了这一点。

　　肖洛霍夫在战争开始的第二天就主动报名参军充当前线战地记者。随苏联红军从战略退却至战略反攻直至攻克柏林,取得最后胜利,在战争的这四年间,他一天也没有离开战场。除了撰写大量战斗报道和通讯外,又创作了优秀短篇小说《学会仇恨》,并开始长篇小说创作《他们为祖国而战》。战争结束后,十年过去了,肖洛霍夫仍然用他那支胜似钢枪的笔,无情鞭打德寇对苏联人民犯下的滔天罪行,并热情歌颂苏联军民在战胜法西斯过程中表现出来的顽强不屈、勇于战斗的革命精神,这便是不朽之作《一个人的遭遇》问世的背景和动力。同样在战争进行时,赛珍珠虽然身在美国,但她的心却在战火纷飞的中国。因为她从出生后几个月起有长达三四十年的岁月一直生活在中国这片热土上,她吃的是中国老农王源和林郊种植的粒粒皆辛苦的大米和小麦;她喝的是长江水;她在这里学习和工作;她在这里结婚和生育。她离开可爱的中国不过短短的几年,这里却将进入最为黑暗的年代。她作为中国人民别样的好女儿,怎么能不对养育了她半辈子的中国人民和中国文化的不幸遭遇而牵肠挂肚呢? 这里也是她亲生父母和同胞弟妹的埋葬之地啊! 尤其是镇江和南京的人气、地气、热气和灵气早就化为赛珍珠的一部分,而如今她的旧居故地却遭到日寇铁蹄的残暴践踏,赛珍珠通过各种渠道获知其惨状,怎会不食无味、寝不安而痛心疾首呢? 赛珍珠对中国命运的关注与肖洛霍夫对苏联国家命运的关注是有其相似性的。当然,她也像肖洛霍夫一样,把她对中国人民的深切怀念和难以言明的感情倾注于笔端,并且一发不可收拾地创作了一大批抗日文学作品,以示她与中国人民始终站在一起战斗。1939 年写出的《爱国者》,是她获诺贝尔文学奖后的第一部长篇,写一位年轻有为的爱国者,在抗日战争全面爆发后,坚决摆脱在日本经营多年的安乐小家庭,挥泪告别妻儿,毅然回到中国,与爱国同胞们一起投入抗日战争洪流的故事。作品形象地展示:中国不会亡。并被美国报刊誉为现实和历史"文献"。[①]继之,1941 年,即美国政府被迫宣布对日作战之年,赛珍珠又不失时机地推出又一部写中国抗日题材的长篇小说《龙子》,描写日寇攻占南京后,南京近郊农村一个普通的农民家庭投入抗日斗争的

---

① [美]彼德·康:《赛珍珠传》,刘海平,等译,漓江出版社,1998 年,第 240 页。

故事。小说刚问世就被誉为"来自中国前线的真实报告"。① 作品形象地告诉美国和西方的人们，美英国家开辟反法西斯的第二战场，不过是步中国人民抗日的后尘，应该急起直追，与中国人民结成联盟，共同反对日本、德国法西斯。作品果然收获奇效，在第二年就被改编为好莱坞抗日电影《龙种》，而且选取了最能充分表达中国人民斗争精神的、早就唱遍大江南北的抗日歌曲《义勇军进行曲》作为电影的主题歌，使这首日后成为我国国歌的抗日歌曲在当年就与电影《龙种》连接在一起。电影放映到哪里，哪里的观众就不能不感受领悟中国人民的抗日斗争精神。由此可见，小说《龙子》所表达的内容与《义勇军进行曲》所表达的时代最强音是非常吻合的。当抗日战争暨世界反法西斯战争进入反攻阶段，并且初现胜利曙光之时，赛珍珠又写就《龙子》续篇、新的长篇小说《希望》即《诺言》，写《龙子》中的那位主人公老农的第三个儿子成长为一名年轻军事指挥官后，又去西南加入国民党抗日军队，并率领一支远征军，跨出国门，在缅甸新的战场上，与盟军英国部队联合作战，共同讨伐在那里的日本侵略军。这部小说的意义在于，中国抗日战争是世界反法西斯战争的一个重要组成部分，而且是持续时间最长、战斗最为惨烈的东方主战场。对此，罗斯福总统曾深有感触地说，中国的抗日战争拖住了日本的几百万军队，要不，美英为主的第二战场会承受更大的军事压力。中国的大国地位不是谁赐予的，而是中国军民自己打出来的。赛珍珠创作上述的抗日战争三部曲，不仅反映了中国抗日战争艰难而曲折的全过程，而且有力地证明，中国军民是抗日战争暨世界反法西斯战争的主力军，中国是屹立于世界之林的大国。

———————————

① ［美］彼德·康：《赛珍珠传》，刘海平，等译，漓江出版社，1998年，第285页。

二、描写战争与人性关系的精彩篇章

毫无疑问,赛珍珠与肖洛霍夫是 20 世纪全球文坛的现实主义大师,两人分别于 1938 年、1965 年荣获诺贝尔文学奖。如果说,肖洛霍夫是 19 世纪老托尔斯泰文学传统的忠诚继承者,那么赛珍珠则是 19 世纪以狄更斯为代表的英国文学传统的优秀传人。老托尔斯泰和狄更斯的文学创作无不以颂扬人道主义的特色而著称于世,并成为现实主义文学的基本原则。他们的继承者们亦秉承并发扬这个创作原则,在战争文学创作中表现得尤为突出。

赛珍珠的《龙子》和肖洛霍夫的《一个人的遭遇》有个共同的特点,那就是在战争环境下,让人的本性即人性自然地展现,甚至发挥到极致,从而把人道主义精神提升到新高度。

第二次世界大战是极其残酷的,仅中国和苏联两个主战场所牺牲的军民就超过五千万。据说,苏联的每个家庭几乎都是烈军属。《一个人的遭遇》的译者——草婴先生在新近出版的反映二战的译著的前言中说:"在苏联几乎没有一个家庭没有亲人牺牲,因此他们的餐桌上总有一个或不止一个位置空着,而空位置仍摆一副餐具,以表示没有忘记他们。这是一幅多么悲惨的景象!"①这种悲惨景象在中国的敌占区,特别是日寇大屠杀南京及其近郊一带,包括《龙子》所设的背景地区,人们的不幸遭遇同样悲惨。所以,经过战争的国家和地区的人们,在战后都将面临一个共同的社会问题,即一个个原本美好幸福的家庭被战争摧毁、家破人亡后,在战后将如何重建家园,再组建新的家庭? 即使在战争期间,同样有着一个家庭由合到破再到合的现象,这类极具人性的社会问题,正是

---

① [苏]肖洛霍夫:《二战记忆——〈一个人的遭遇〉》,草婴译,人民文学出版社,2015 年,前言。

赛珍珠和肖洛霍夫在《龙子》和《一个人的遭遇》中所竭尽全力地加以艺术概括的创作题材。

《龙子》和《一个人的遭遇》中所写的"一个人"，都为中苏两国的普通人，一个是中国农民林郯，一个是苏联的驾驶员索科洛夫。难以预测的战争来了，万恶的法西斯把战争机器强加于他们的身上，个人无法抵挡。两个普通家庭的日子原本过得好好的，如今被战争摧毁得家破人亡、妻离子散、惨不忍睹。林郯一家十口中，由于日寇的进犯和践踏，大儿子和三儿子被迫上山参军，年轻貌美的大儿媳被五个日本鬼子盯住惨遭不幸。两个孙子因缺医少药而夭折。小女儿也因逃生而被好心的外国女人带去西南学校上学。二儿子也不得已带着有孕在身的妻子玉儿离乡背井，投入西去的人流，奔向"自由"国土。家中只有林郯老夫妻俩坚守土地，坚守这个破碎的家园。索科洛夫应征参军，在火车站上与妻儿告别，并且违心地把哭泣成泪人的妻子用手推开后上车远去。入伍后在一次运送军货到前线时不幸被俘。在此后的四年中，饱尝德国士兵的残暴对待，吃不饱、穿不暖、苦活、脏活、重活，干起来没完没了。在胜利的前夕，他聪明过人地驾着一辆高级小轿车，"押"着一名德寇军官当俘虏，奔回自己的部队。随后，"喜"获抵万金的"家书"却是一个噩耗，可爱的妻子和两个女儿连同他与妻子营造多年的家园，在一次德寇的飞机轰炸中化为灰烬。所幸的是大儿子有事外出而避过此难。大儿子立志参军为亲人报仇，成为一名优秀的炮兵指挥官。可惜在攻克柏林途中被敌人的一颗流弹击中身亡。所以索科洛夫在战争胜利来临之际奉命前去与子见面时，一桩喜事就变为了丧事，参加了白发人送别黑发人的隆重的送葬仪式。战争给索科洛夫一家带来的是如此灭绝人性的摧残。战后，索科洛夫复员成为一个无家可归的流浪汉，他和中国的难兄难弟林郯，共同面临着要不要重建家园，怎样重建家庭，以再次享受人间天伦之乐的难题。这是直击人性的一道命题。如果说，林郯和索科洛夫在战争中的各种不幸遭遇暴露了德日法西斯对人性、人道主义的摧残和灭绝，是负面的、消极的、极具破坏性的，那么，在废墟之上重建家园、重组新家庭，则是正面的、积极的、富有建设性的。作为现实主义大师，赛珍珠和肖洛霍夫绝不回避而敢于担当，敢于付诸创作实践，大力弘扬人道主义精神，并且大获成功，堪称精彩。

索科洛夫复员后寄身于朋友之家，扬其所长，重操旧业，继续从事开车运送粮食的工作。一天在停车场边看到一个小孩孤零零的，并且衣衫褴褛，满脸污垢，索科洛夫对此并不在意，他注视的"可是他那双小眼睛呀，却亮得像雨后黑夜的星星！他那么的惹我喜爱，说也奇怪，从此我就开始想念他了。每次跑了长途回来，总是急于想看见他。他就是在茶馆附近靠人家给他的东西过活的"①。那个孤儿的父母都是在前线战场上牺牲的，他热爱生命，渴望有个新的家庭，有对新的父母。同样地，索科洛夫在战争中落得一无所有，但他同所有热爱和平的人们一样，渴望幸福生活，渴望有个新的家庭，有个新的传人。鳏夫和孤儿，由于双方的需要和渴望，互补所缺，惺惺相惜，拥抱一团，组成了新的父子关系。肖洛霍夫写人性、人道主义的笔触并没有到此为止，而是继续挖掘并展示更深层更动人的内容。孤儿从此就不想念在战争中牺牲的亲生父母了吗？人性并非如此简单。就索科洛夫而言，他尽管拥有了新的儿子，难道就完全满足了吗？不是的，小说写道，索科洛夫"还有一件痛苦的事：差不多天天夜里都梦见死去的亲人……可是夜里醒来，整个枕头总是给泪水浸透了……"②索科洛夫喜得新儿子是人性的体现，与此同时，他又深切怀念死去的亲人，这也是人性的

---

① ［苏］肖洛霍夫：《一个人的遭遇》，草婴译，人民文学出版社，2001 年，第 443－444 页。
② 同①，第 448 页。

体现。

赛珍珠在《龙子》中同样拥有描写重组和更新家庭的精彩篇什，这就是小说第十章。作者在这里以更多的篇幅，描写林郯夫妻在一个夜晚，听到门外有人发声而战战兢兢，唯恐半夜有鬼来敲门，他俩小心翼翼地点亮油灯，打开门缝一探究竟。却是喜出望外：二儿子带着老婆玉儿，在3000里外的"自由国土"上，收到家信后赶回家来，经过长途跋涉，终于回到出生地，陪伴身处困境的父母。亲人久别重逢，这当然是大喜。更为喜上加喜的是，在好媳妇玉儿的背包中，隐藏着一个在一阵阵闹声中醒来的新生的小宝宝。这是一个足以补缺的林家第三代唯一的龙的传人。"再说，他还是我们大家的'心头肉'呢。"作者以纤细的笔触，细致地描绘林家那个夜晚前所未有的欢乐和喜悦。把父子之情、婆媳之情、母子之情、祖孙之情等亲情，熔于一炉。一瞬间，林家成为欢乐的天堂。作者把祖孙三代人的家庭由破而重圆的亲情浓墨重彩地尽情展现。这不是在为人性之美而放声歌唱吗？喜悦和欢笑把战争的雾霾冲到了九霄之外。作者的高明之处还在于把林家的亲情又延伸和扩大到浓浓的乡情。林郯原本想把老二夫妇当作私家宝贝不予公开露面。但作者又写林家老头的思想转变，林郯再想，要藏也是藏不住的，而且也是对乡亲们的不信任。他自己作为林家村进行抗日斗争的头头，应该把儿子从"自由国土"带回来的种种关于斗争的好故事，和盘托出，与乡亲们共享。作者写出人物的这一"转变"，不愧为高招。林郯带着儿子在全体村民大会上做报告，老二讲的在"自由国土"那里的所见所闻，无不赢得乡亲们的称赞和叫好，连思想落后的老夫子也附和着称好。

赛珍珠在不惜笔墨大写林家亲情和乡情的背后，还隐藏着一个深刻的思想，聪明的读者是不会放过不计的。老二夫妇从何处回归？他们是从3000里外的"自由国土"说白了即我党我军领导的抗日根据地上回来的,他们至少半年前奔向那里,表面上是避敌逃难,实际上是投身抗日斗争的大课堂,在那里如饥似渴地接受抗日教育。如今回到家乡,夫妻俩不再是原来的农二代,而是成为有新思想武装的抗日新战士。那晚夜深的回归,两人与父母重逢,家庭由破而圆。在家庭重建的同时又在阵阵欢笑声中完成家庭更新。其更新的思想基础,不只有浓浓亲情,更有儿子、媳妇从"自由国土"带回来的全民抗战的思想武器。父子、婆媳之间的一拍即合,便证明家庭更新的胜利完成。并且由此而进,林家二儿子在父亲的引领下在乡亲大会上介绍"自由国土"的见闻,实际上何止于此,应该说,这是林家村抗日斗争进入新阶段的动员报告,具有里程碑式的重大意义。林家村的抗日斗争,就由敌人暴行激起的农民兄弟的自发抗争,转入自觉的全民抗战的新阶段。还有,实现这个重要转变的领导者,不再是老一代的林郊了,他已经完成了前期的抗日使命,接他班的人正是面貌焕然一新的二儿子及其背后辅佐的妻子玉儿——她是林家村抗日斗争的先知先觉者,丈夫的进步与成长,也离不开她的启迪和引领。

赛珍珠参与由小说改编的好莱坞电影的编辑,把小说《龙子》第十章内容分化开来,把小说中其他好内容、好情节收纳其中,重新调整情节故事,特别是把林家父子、婆媳的重逢和家庭更新等内容作为电影的重头戏,以此标志林家村抗日斗争新高潮的掀起,足以鼓舞人心,颇具象征意义。这是电影高明的一着。这样即把小说中有所淹没的精彩之处凸现于人们的眼前。相比之下,根据同名小说改编的苏联电影《一个人的遭遇》虽然扩大了小说的社会影响力,在笔者印象中似乎缺少美国编导的那种神来之笔。也许因为肖洛霍夫的小说本身就是一部内容丰富、结构完美的文学经典吧。

三、《龙子》描写战争与人性关系的
缺陷及与相关论者的争鸣

小说《龙子》在战争与人性、人道主义关系的描写方面亮点颇多,以上所言如林郯之家在战争中由圆而破,再由破而圆的第十章仅为一例。与此同时,这一方面并不是没有缺陷,下面笔者仅就自己认为比较明显的,略述己见。

小说主人公老农林郯在抗日战争中有个成长过程,这是对的;但仅仅指出这一点还不够,还应当指出:林郯成长为林村率众进行抗日斗争的一把手以后不久,他就倒退了,成为一个抗日之路上的迷途者,开始起着退化作用,几乎成为林村抗战的绊脚石。林郯的倒退开始于一次规模不小的抗日战役胜利结束之时。那个夏天,来犯之敌有八九个,敌人刚进林村就被林郯发现,他随即发出暗号,村民们立即全副武装,火速出击,向敌群勇猛扑击,一举把这群野兽扫个精光。林郯在为取得这场胜利兴奋之余,发现还有个残兵败将如同丧家犬般地向他乞求活命。此时此刻的林郯在行动上毫不手软,一枪将他置于死地,但他在心理上却仁慈了。特别是当他从死者的口袋里掏出一只纸盒,他打开一看,里面是几张照片。照片上有个漂亮女人和四个 8 到 14 岁的孩子。林郯端详了一会儿,心想:"他们再也见不到他们属于的这个人","他曾经有过多软的心肠哟","我不喜欢杀生","可是我到底是怎样会杀人了呢?""我再也不杀人了","杀人是最邪恶的","无缘无故地,他在村里不再做杀人的暗示"。①

小说中大段写林郯再三表明他"不杀人"的描述,这里有着诸

---

① [美]赛珍珠:《龙子》,丁国华,等译,漓江出版社,1998 年,第 212 页。

多问题可供思考和讨论。首先,这个敌弱我强的小环境的真实性如何。双方力量对比悬殊是产生同情心理的必要条件。当然,在战争生活中,即使在敌进我退的抗日第一阶段,这种敌弱我强的生活真实性可能是不必怀疑的。问题在于生活的真实不等于艺术的真实,艺术的真实要求典型性。缺乏典型性的真实,即使在生活中存在过,实际上也是不真实的,生活的真实不能混同于艺术的真实。

其次,林郯面对死者和那张家庭合影产生了心理变化,即"恻隐之心",这种潜意识可谓人皆有之,并不奇怪。赛珍珠写出人物特定环境中这种一瞬间的内心变化,这是写出作家的人生体验,是勇敢而细致的。打开《辞海》"恻隐"条目,援引《孟子·公孙丑上》:"今人乍见孺子将入于井,皆有怵惕恻隐之心。"[1]孟夫子还绝对地讲:"由是观之,无恻隐之心,非人也。"[2]又引杜甫《梦李白》:"死别已吞声,生别常恻恻。"[3]

作家或诗人在作品中描写人物在特定情景之中产生的"恻隐之心",即是一闪念,也都是无可非议的。问题是对这种富有情感色彩的心理态势必须伴以理性的思考和分析。因为"恻隐之心"之于"将入于井"的孺子当然无可非议,如果是之于敌人,那就非伴以理性分析,区别其是非、区别其真实与虚假,并将其虚假的成分加以抛弃和克服。而且要求作家把这个抛弃和克服的过程能真切地描述出来或者用人物的实际行动表现出来,让读者能体会和感悟到,这是尤为重要的。例如林郯在日寇来犯之初,他以善人之心去度狼心狗肺之腹,结果惨遭不幸。血淋淋的教训,改变了他的善良之心,迫使林郯成长为村民抗日的领头人。又如,林郯原本想把二

---

① 《辞海》,上海辞书出版社,1989年,第2809页。
② 梁适:《成语法典》,上海古籍出版社,1998年,第64页。
③ 同①。

儿子及其媳妇从抗日根据地回家后密藏于密室，不予公开。小说写出林郯那种自私心态和狭窄之见，是很容易理解的。好在作家又接着写他不只陪着儿子公开露面，而且直接到村民大会上去做报告。读者为林郯的一个个进步而心服口服，并感到完整而亲切。

作品中写林郯对敌之死而产生的"恻隐之心"，不仅没有适可而止并加以克服，反而给予延伸和渲染，这就更值得研究了。最为突出的例子是写林郯目睹了大儿子从山上回家，正当吃饭之时杀死了一个"正在他的小本本上记着什么"的鬼子兵，林郯对大儿子这个英勇杀敌的行为予以无声的谴责。老大对日本兵恨得要命是由他的不幸遭遇决定的。他的妻子被一帮鬼子兵轮奸致死，两个未成年的孩儿的不幸夭折也与敌人来犯有关。他怀着满腔仇恨投奔游击队，学会一套杀敌本领。他用在敌人出入的交通要道下面挖掘大坑的办法杀死了不少鬼子兵。林郯对大儿子的勇敢杀敌行为不是予以理解和支持，而是站在一边冷嘲热讽，说什么杀死敌人之后"你连手都没有洗一洗了吗？"在林郯看来，大儿子"起初，他迫不得已杀人，是违反他的天性的。后来，他真的杀了人，他的天性就变了"。林郯甚至可笑地自问：大儿子"他能变回来吗？""等天下太平了，我的儿子还能像往日一样文静吗？"①儿子抗日杀敌和他自己"再也不杀人"之间，有着大是大非的根本区别，但在林郯的心目中，把这个是非完全颠倒了。更可悲的是，林郯还自以为是，不以为耻，反以为荣，盲目地自我欣赏，这是极其危险的，无异于对敌人的暴行宽容而只能缚手待毙。更大的问题在于作者对林郯这种停止抗日和倒退言行采取肯定而欣赏的态度，还误以为写出"人性回归"呢。

① ［美］赛珍珠：《龙子》，丁国华，等译，漓江出版社，1998年，第213页。

小说中对林郯陷于迷途的描写有所扩大渲染,还表现在对林村抗日先锋二儿子之妻玉儿的个别细节之中。玉儿在抗日根据地经过半年光景的抗日洗礼后,随夫携子回到家乡便马不停蹄地投入新的战斗,她智勇双全,以一当十,深入虎穴,利用两只涂有毒药的鸭子,一举杀伤 20 多个鬼子兵,其中包括五个"大人物"丧命。日寇举办宴会庆祝他们攻克南京周年之际,不料庆祝宴会被我们这位抗日女战士单枪匹马地杀了个血流成河,创造了林村村民抗战一年多来最为辉煌的战果。简直可与《林海雪原》中杨子荣闯入"百鸡宴"活捉座山雕相媲美。可是,小说中写道,当玉儿听到这个大喜讯时,她居然毫无积极的思想反应,反而产生一派消极而可悲的思想情绪。"毒药那事",她咕嘟道:"有时我一觉醒来,想到那件事,我就恨自己。"①玉儿所产生的这般悲观情绪是多么的不可思议。很明显,玉儿和她的公公林郯一样,对群敌死于自己之手而产生怜悯和同情之心理。她不自觉地在抗日大道上止步不前和倒退了。其直接原因在于,作者违心地硬写人物的"良心发现"和"人性回归"。其结果呢?把一个抗日英雄形象大大地伤害了。所谓"良心""人性"岂不成了抗日斗争的腐蚀剂?它们如同另一种毒药,消磨了抗日英雄的坚强意志,客观上帮助了万恶不赦的日本侵略者。

林郯抗日的止步不前和倒退,在小说中也只写出是他的个人行为,而且主要表现在他的心理态势方面。玉儿虽然出现了同样的问题,但读者可以相信,她那一闪念的"恨自己",在丈夫的开导下可以很快克服。因为丈夫当即就鼓励她说:"你干得勇敢极了,我真弄不明白,一个女人家,怎么有你这么勇敢。"所以,林郯的倒退言行,即使一时之间改不了,也无碍林家村抗日的大局。因为掌

① [美]赛珍珠:《龙子》,丁国华,等译,漓江出版社,1998 年,第 231 页。

控林家村抗日大局的不再是林郊,而是具有强烈全民抗战意识的二儿子。其他两个儿子老大和老三也是旗帜鲜明地反对林老头的倒退行为。当老大把父亲的异常表现如实地向老三讲起时,老三情不自禁责之为"老糊涂"。此言未必击中其要害,但也足以表明,兄弟俩的共同态度:反对倒退,坚定抗日。小说写明这一点甚为重要。这也许表明,作家描写林郊之变只是一种艺术尝试,所以也很注意分寸,把握其度。

小说《一个人的遭遇》中又有可供比较对照的故事情节。索科洛夫被俘的后期,苏联红军反攻战斗打响。他被派去为一个少校级的德国工程师驾驶小汽车。小汽车外面的大环境当然仍为敌强我弱。但在小小的汽车里的小环境中却为敌弱我强。因为那个德国兵"矮身材,大肚子,横里竖里一样长,屁股大得像个胖太太","走起路来呼哧呼哧,赛过火车头"。而索科洛夫近来随战争形势变化而慢慢恢复人样,变得身强力壮,要在这个车子上把那个矮胖的家伙置于死地,根本不在话下。请注意,那个胖家伙对索科洛夫还曾有点"人性"味,给过白兰地,又给过香肠和咸肉。索科洛夫却从不领他的那种虚情假意,敌人就是敌人,对付敌人就要采取应有的态度和办法,在战争时期是含糊不得的。索科洛夫精心设计了一套置敌于死地的方案。首先,他用电线把正在呼呼大睡的对手绑在车座架上,然后用早就准备好的砝码当武器重击他的头部而不致使其死亡。索科洛夫之所以刀下留情,并不是因为他的人道主义情感大爆发,而是因为在他内心深处隐藏着更为深远的图谋:他要抓一个活的俘虏回到自己的部队去废物利用。他处处想的是战争的胜利和祖国人民的利益。当索科洛夫投入自己部队的怀抱后,首长接见他时说:"谢谢你,兵士,为了你那从德国人的地方带回来的宝贵礼物。你那个少校,加上他的皮包,对我们来说,可比二十个俘虏更宝贵。"索科洛夫身处敌弱我强的小环境,面对那个矮胖家伙行将死亡,他并没有产生"恻隐之心",更没有想起那些婆婆妈妈的东西。我们是否可由此而说,索科洛夫式的英雄人物丧失了人性和人道主义?!苏联卫国战争仅用四年时间,不仅把敌人赶出本国国土,而且拟将剩勇追穷寇,跨过东欧诸国去攻克柏林,直捣希特勒皇宫,取得这场正义战争的彻底胜利,这是全体苏联军民,包括千千万万个索科洛夫及其全家英勇奋战的伟大历程和不朽功绩。如果索科洛夫也像中国农民林郯那样在抗战中摇摇晃晃,他所举起的人道主义旗帜实际上也许会变成一面示弱的白旗。

赛珍珠在《龙子》中描写战争与人性关系的并不成功的创作尝试,并不是第一次。在此前的《爱国者》中也有过。作品写爱国青年吴以璜在"七七"事变后奉命回国投入抗日洪流,被蒋介石委派去延安工作,不料在那里与昔日在上海的老领导刘恩来重逢。她借写吴以璜无端指责八路军虐待日本俘虏,以表现其人性和人道主义的精神。而且,因此事与我军领导者刘恩来之间的矛盾发展到剑拔弩张的地步。这个内容在十年前笔者所写的《赛珍珠的抗战文学》中已有评述,在这里不再重复,只是稍作提及。由此笔者还想说的是,赛珍珠的抗日文学在写战争与人性关系上一而再地没有取得成功,其根本原因还在于她没有战争生活的实践经验。她不能像肖洛霍夫那样描写战争生活游刃有余,俯拾皆是,真切动心。文学创作少不了大胆想象,没有想象就难以进行文学创作。但想象的翅膀翱翔得再高也得根系于现实土壤。脱离了生活,仅凭某种理念去想象,那肯定是难以取得成功的。

《龙子》中写林郯在抗日途中倒退以示他"人性回归"只占局部的一小块,或可视为一个插曲,它并未影响作品总的思想倾向,读者可以采取知其有而不必当作问题提及它的策略。现在出现的一个现象是:有些论者把作品中的这些描写当作一个抗日文学创作上的重大原则问题单独提出,设置专门章节,或者撰写专文加以论述。更让人难以理解的是还把它当作正面论题,不吝赞词地加以肯定和推崇。有的还据此贬低我国抗日文学作品的成就。笔者所拜读的三篇文章,均是如此。这就引起笔者的兴趣和注意了。为了表明本文不只表达对《龙子》小说的个人之见,而且还有其针对性,以发难而引出争鸣。至于三篇大作的篇名和论点及是怎样阐述的,恕笔者在此不再浪费篇幅,且可免去断章取义之弊。记得有位文学前辈,曾写过一篇《没有批评,就不能前进》的长篇论文并出书。当下可言:没有争鸣,就不能前进!

《龙子》中《水浒传》植入的意义分析

龚舒琴

　　正如赛珍珠本人所说,她写作的初衷只是为了给智障的卡洛儿筹集未来的保障经费。如果说,赛珍珠是一个写故事的高手,那么无疑,赛珍珠对自己作品的经营也有她的独到之处。在《龙子》中,被植入的有两本书,一本是《水浒传》,这也是作者唯一翻译过的一部中国古典小说,讲的是中国英雄的故事。另一本是《保罗·里维尔的骑乘》,讲的是美国英雄的故事。前者备受作者青睐,在书中多次出现,书中人物之精神成了主人公的引路人。而后者则被作者轻视。

一、《龙子》的写作背景

　　《龙子》是赛珍珠为支持中国抗战临时改变写作计划而创作的一本书。1941 年年底,在中国抗战极为艰难之际,美国政府终于对日宣战。一个月后,《龙子》出版,此书立即引起美国社会的广泛关注。美国《时代周刊》称之为"美国第一部直接描写被占领的中国抵抗日军的、生动而感人的小说"。小说中,赛珍珠为全世界读者,尤其是美国读者塑造了一群奋勇杀敌的中国英雄群像。中国乡村自给自足的纯自然生存状态因为日本侵略者的入侵而彻底被毁,中国人民在自己的国土上开始了如火如荼的抗击日寇的战争,并最终注定要打败日本侵略者。

二、《水浒传》的翻译情况

赛珍珠为《水浒传》的翻译倾注了无限心力。《龙子》出版的年代，距离 1933 年《水浒传》的出版已经过去了九年的时间。那时，《水浒传》已经有了多种英文译本，但公认的是，赛珍珠译本是最早、最具有影响力的一种。全书有 100 回，赛珍珠因为不喜欢最终水浒英雄被招安的结局而选择了金圣叹 70 回的版本"大团圆"结局。翻译工作始于 19 世纪 20 年代中后期，大约 60 万字，由她和她的中国助手龙墨芗共同完成。译本 1933 年在美国纽约和英国伦敦同时出版，在欧美风靡一时。1937 年、1948 年、1957 年在英美连续再版。这是赛珍珠试图沟通中西方文化的一次大胆而认真的尝试，突出体现了赛珍珠汇通中西的文化观的确立。从翻译出版的社会效应来看，也是赛珍珠研究中国古典小说最透彻的一本。

翻译《水浒传》是赛珍珠重温或者了解中国历史的重要载体。在翻译的四年中，赛珍珠"好像重温了中国历史，她从小说中看到了现实中共产党的影子，她一直认为毛泽东的战略战术是该书的重演，向西北挺进的军队在她眼里也是中国古代对朝政不满揭竿而起的叛民"。[1]

赛珍珠认为《水浒传》对中国革命的进程有重要影响。一是赛珍珠本人的观点。在赛珍珠一生中的最后一本书《中国的过去与现在》中，赛珍珠甚至认为："毛泽东总是随身携带《水浒传》，他的战略战术也是该书游击战术的再现。"[2]二是赛珍珠周围的人也产生了这样的观点。费正清在他的《美国与中国》中也提到，赛珍珠

---

① Nora Stirling. Pearl Buck：A Woman in Conflict. New Century Publishers，1983：100.

② Pearl S. Buck. China：Past and Present. John Day Company，1972：19.

的第二任丈夫沃尔什在《四海之内皆兄弟》的新书发布会上,曾提醒人们要注意中国共产党利用这部小说。美国的其他作家也在描写毛泽东的书中提到,早在 1917 年毛泽东就曾经奉劝他的同窗向《水浒传》中的英雄学习。毛泽东 1927 年在江西建立的根据地和小说中好汉们的山寨之间有着相似之处。可见,当时很多人认为《水浒传》和共产党领导下的抗日有着天然的联系。①

《水浒传》的英译本书名被确定为 *All Men Are Brothers*(《四海之内皆兄弟》)。这样的书名,无论是在内涵还是外延上都体现了绿林好汉的侠义精神。事实上,这一句话虽然来自于中国的古代经典,但也有浓厚的西方文化特别是基督教的思想渊源,可以说是中西文化交融的结果。赛珍珠把《水浒传》理解为:官府的不义不公,激发了个人英雄主义的反抗,而这种个人主义又是以众好汉集成的群体而体现的。个人为了复仇而产生的杀戮行为并没有削弱个人的英雄气概,反倒成了她眼中的行帮道德了。她对水浒传的翻译,是想让西方读者了解原汁原味的中华文化,她尽可能地采用了直译的方式,也因此遭到了中国翻译界的批判。②

三、《水浒传》的植入情况

《水浒传》被巧妙植入《龙子》的情况,总共出现了四次。

第一次,“书”的出现便是促成小说男女主人公首次相互表露心迹的引子。男主人公老二劳动归来,不见女主人公玉儿,焦急,责怪,后来他发现玉儿剪了自己的头发,很不开心。玉儿羞涩地说只是想买耳环。其实她内心对书的渴望很久,但受“女子无才便是德"的桎梏,玉儿没有勇气说出对书的渴望。"你愿意给我买本书吗? 我不要耳环,给我买本书! 我把头发剪掉就是为的这个。我要把头发卖了去买书。"①这是玉儿对老二的请求。老二不解,她坚持道:"我只要一本书。"当他答应给她买书的时候,她紧紧地靠近了他,老二感到"这是他生活中最甜蜜的时刻,因为这是她第一次出自内心自愿地靠近他"。② 对一本书的渴望,让他们实现了彼此的第一次真正靠近。

　　第二次,老二买书。当老二去向识字的姐夫询问买书的时候,吴廉巧妙地询问了自己的老婆,一个不认字但嫁到城里的女人。而她的记忆居然也是在乡下听说书时候的场景,就如同赛珍珠刚开始翻译时候的认知,"住在湖边的一群强盗的故事。他讲的时候,无论大人,小孩,男的,女的,一个个都听得非常专心"③,这不仅反映了这本书对中国普通百姓的影响,也为玉儿受启发而萌生革命的念头埋下伏笔。这是一本关于强盗的故事。"这是一本又厚又旧的书,因为看的人多,已经弄得很脏。"④老二觉得这样脏的书肯定很便宜,没想到"要是早几天就便宜了,可是这两天好多学生都来买这本书"。⑤ 在中国,学生往往被当作社会的风向标。小说中最先砸买卖日货的吴廉家就是学生。书店老板拿起、老二腋下夹着的都是这本《水浒传》。当老二买进这本书的时候,老大却在考虑不应该把孩子送进学堂,因为在他的心里,"男人就该呆在家里。假如他呆在自己家里,干自己会干的活,只要自己不管闲事,谁会去惹他? 假如人人都这样,什么敌人能战胜这个国家?"⑥其实

---

① [美]赛珍珠:《龙子》,丁国华,等译,漓江出版社,1998 年,第 22 页。
② 同①,第 23 页。
③ 同①,第 28 页。
④ 同①,第 30 页。
⑤ 同①,第 31 页。
⑥ 同①,第 31 页。

这也是大多数中国人的想法,他们过着自得其乐的日子。但此刻,还是有人觉醒了,比如玉儿和老二。"晚上,玉儿打开书本,借着豆油的微弱灯光,慢慢地大声念着,老二静静地听着。她柔声地读着,像说书人一样大声地讲着。"①在知识的激励下,老二终于说出了爱玉儿的话,他们真正地有遇到知音的激动。他们相见恨晚。而窗外,天空中金钩似的月亮照耀着水田,照耀着这宁静的屋子,千百年来,无论是望月还是亏月,它都是这么静静地照耀着。但在这宁静中,因为一本书,两个觉醒的年轻人,注定了要开始他们不再宁静的世界生活。

第三次,没想到,这本书的到来,却引起了林嫂的恐慌,在抱怨了大媳妇以后,林嫂说:"还有那个玉儿,脑子里整天就想着老二给她买回来的那本书……""我不晓得,到她生孩子的时候还没有看完那本劳什子书该怎么办?自从这本书进了这个家门,这日子就不安宁了。没有什么事比女人识字更坏的了"。②林嫂甚至情愿玉儿抽鸦片也不愿意她看书识字。此刻将鸦片和识字相提并论,这也为日本人给中国人吸食鸦片提供方便埋下伏笔。日本人就是用这样阴毒的计划毒害着中国人的身心。

第四次,也因此,当日本人的飞机轰炸这个城市的时候,玉儿觉醒了,大声地责问:"为什么世界上别人有的我们没有?"玉儿一直哭到深夜,"为什么我们没有枪炮、飞机和城堡?""不过,要是全世界都在玩这种该死的玩具,那我们也必须学会如何玩"③,她最后说。对入侵者的仇恨和对革命渴望的种子就此萌发。这一天,老二和玉儿相约在门前的那棵柳树下,但眼前山谷中的这片世界竟会不再像它先前的模样了。"从她丈夫给她买回来的书中,玉儿开

---

① [美]赛珍珠:《龙子》,丁国华,等译,漓江出版社,1998 年,第 34 页。
② 同①,第 40 页。
③ 同①,第 59 页。

始懂得了人与人之间的和平和安宁是怎样失去的,失去和平后人们又是怎样相互对待的。人们在战争中露出了贪婪的本性,他们相互争斗,互相残杀,甚至拷打折磨,吃人肉,一旦和平丧失,人们就会干出这种种野蛮的、禽兽般的事情来。"①所以,他们不甘心坐以待毙,老二决定跑反,到鬼子去不了的地方。玉儿说:"不管你要我干什么,我都听你的。""我会和你一块干的。"②在遭到再一次空袭时候,玉儿和老二更加坚定了跑反的信念。玉儿坚定了和丈夫共同抵抗的决心。他们一起跟着学生去了远方,革命的地方。③

四、《龙子》中《水浒传》植入的意义

首先,赛珍珠理解并认同中国人民对日本入侵的抵抗是正义的,这和她一贯对中国农民命运的关注和同情是分不开的。《水浒传》具有平民情结,在政府不抵抗主义政策的背景下,面对列强的入侵,农民只能自发地保护自己的家园。农民们不是天性喜欢战争,就如同梁山上的好汉们,一个个都是被逼着走上反抗的道路。他们并非存心造反,只是被环境所迫,万般无奈之下才揭竿而起。而且他们足智多谋,英勇善战,所反抗的都是邪恶势力和无道的社会。

其次,赛珍珠认为《水浒传》对中国革命产生了深远影响,同时也表达了她对共产党人乃至中国抗战必胜的信念。赛珍珠曾经说:"尽管这本书写在五个世纪以前,但书中所描写的壮观场景仍可以在现实生活中找到。从逃往西北的共产党身上,我们似乎看

---

① [美]赛珍珠:《龙子》,丁国华,等译,漓江出版社,1998 年,第 60 页。
② 同①,第 61 页。
③ 同①,第 22 页。

到了古代帝国年间那些聚啸山林,反抗官府的绿林好汉们。"①她通过《水浒传》的植入,寄托了对中国革命的美好祝愿。正如伦敦大学美籍教授斯图尔特·施拉姆在政治传记《毛泽东》中写的:"他自幼就崇拜中国通俗小说中的草莽英雄,虽然他的世界观并不仅仅处在农民起义的水平,但是他对马克思主义的信仰并没有否定他少年时代的热情。"②

最后,真实体现了赛珍珠一贯推崇的世界主义的理性状态。赛珍珠在众多中国古代小说中选取《水浒传》翻译是有其用意的,她认可官逼民反是有其合理性的,也是正当的,但她从内心深处是反对杀戮和战争的。因此,赛珍珠并不完全地认同农民的血腥抵抗,她希望中国农民等战争结束后还是回到自己的家园里安静地过好自己的日子。

---

① [美]赛珍珠:《我的中国世界》,尚营林,等译,湖南文艺出版社,1991年,第281页。
② [美]斯图尔特·施拉姆:《毛泽东》,红旗出版社,1995年,第116–117页。

从"家庭主义"到"民族主义"
——赛珍珠抗战题材小说《龙子》中的家国情怀

张　宇

　　1938 年,赛珍珠凭借《母亲》《大地》等一系列中国题材小说荣膺诺贝尔文学奖,她也因此被推上舆论的风口浪尖。文学性不足①,以及其作品丰富的话题性和敏感的政治性,引发了包括威廉·福克纳和罗伯特·弗罗斯特在内的美国主流作家的普遍质疑和责难。翌年,赛珍珠首部抗战题材小说《爱国者》问世,沿袭了其一以贯之的现实主义表现手法和"白描"式创作风格。尽管远离硝烟弥漫的中国战场,赛珍珠从未放弃她作为社会活动家的人道主义信念和作为文学创作者的人文主义理想,先后推出长篇小说《中国天空》(1941 年)和《龙子》(1942 年),声援中国和中国人民的抗战事业。在中国遭受日本军国主义铁蹄蹂躏与践踏的生死存亡之际,赛珍珠用自己的方式为抗战奔走呼告。

　　赛珍珠坚信,中国人在任何时候都不会屈服。在诺贝尔文学奖的颁奖典礼上,她向全世界掷地有声地宣布:"我现在对中国的敬仰胜似以往任何时候,因为我看见她空前团结,与威胁着她的自

---

① 　如果说文学性不足是赛珍珠的硬伤,小说《母亲》则是个例外。作为赛珍珠的代表作之一,《母亲》在文学界获得了很高的评价。《纽约时报》书评指出:"《母亲》是赛珍珠至今创作的所有作品中,最具有建筑统一性和简洁有力特征的作品。简洁和力度几乎具备了强大的特质。不仅如此,赛珍珠的成就还表现在她从人类普遍价值观的角度来描述与我们自己相异的民族。"伦敦的《时代》文学增刊也认为:"赛珍珠从未曾写过比《母亲》还好的书,她凭借敏锐直觉的天赋,深入中国农村妇女的思想、内心和精神之中,揭示了生命永恒的价值。"参见李云雷:《赛珍珠:如何讲述中国的故事》,《南方文坛》,2014 年第 3 期。

由的敌人进行着斗争。由于有着这种为自由而奋斗的决心,而这在一种极其深刻的意义上又是她的天性中的根本性质,我知道她是不可征服的。"①事实上,早在 1935 年,赛珍珠就曾发表过一篇题为《东方和西方——我们不同吗?》的演讲,在剖析文化心理差异所造成的东西方之间隔阂与误解的同时,阐述了中国人淳厚的文化品格和坚忍的民族精神。赛珍珠认为,相似的自然地理环境(如幅员辽阔和物产丰富等)决定了中美两国人民的情感体验和民族性格大同小异。生活方式纵有千差万别,沟通与理解将是最终归宿。对比之下,日本与英国同属岛国,发展空间的制约决定了其寻求领土扩张的必然性,从而滋生出"对于普通法则的绝对忠诚、匹夫之勇、爱国主义、对帝国的向往"②等狭隘民族主义情绪。一年之后,赛珍珠在美国华盛顿宪法大厅发表演讲。面对 2500 名听众,她再次强调中美两国人民在民族性格上的高度相似性,其中包括"务实求是、不受约束以及与生俱来的民主意识"。③ 同时,她认为日本和英国是"专治、封闭、崇尚王权贵族以及帝国情结"④的代名词。

赛珍珠用自然地理环境解释民族性格的成因显然有失偏颇,但考虑到演讲发表时的政治氛围和历史背景,其深层动机不言而喻。彼德·康指出,赛珍珠就亚洲战争爆发的观察和理解"显然受到她中国因素的影响"⑤,因为在其自传《我的中国世界》中,赛珍珠对日本民族性的溢美之词不胜枚举,认为"他们对痛苦的感知细腻,约束力强,富有同情心"⑥,尽管她也意识到对权威的绝对服从

---

① Pearl S. Buck. Banquet speech at the nobel banquet at the city hall in stockholm. [2015 – 08 – 10]. http://www. nobelprize. org/nobel_prizes/literature/laureates/1938/buck – speech. html.

② Pearl S. Buck. East and west-are we different? // China as I See it. Methuen and Co. Ltd. , 1971:78.

③ CONN P. Pearl S. Buck:A Cultural Biography. Cambridge University Press,1996:188.

④ 同③:188.

⑤ 同③:222.

⑥ Pearl S. Buck. My Several Worlds. The John Day Company,1954:226.

易使这个民族陷入军国主义的泥潭。

正是带着这样一种深切的人文主义关怀,赛珍珠在小说《龙子》中试图挖掘出中国人,特别是中国农民千百年来质朴刚健、百折不挠的民族"天性"。和《大地》一样,《龙子》自始至终都弥漫着乡土中国的浓郁气息。清新秀美、闲适恬静的田园风从小说伊始就扑面而来:"林郯和他的两个儿子在祖辈传下来的稻田里插秧,两个儿子一边干活一边亲密地说笑;最小的儿子懒洋洋地坐在牛背上,在长满青草的山脚下放牧;小女儿在屋里织布,林嫂在家里做饭,两个儿媳也各忙各的事。"①

赛珍珠对中国农民"面朝黄土背朝天"的生存状态和"日出而作,日落而息"的生活节奏情有独钟。《大地》中春耕秋收、四季轮回的生命图景在《龙子》中再一次得到淋漓尽致的展现。赛珍珠善于触摸中国农民的深层文化心理:土地不仅是他们的基本生存资料和主要生活来源,更是持久的情感纽带和强大的精神依托。以土地为核心的家庭则是农业中国一切经济和社会活动的中心。由于"文化主义"(Culturalism)②及由此衍生而来的"家庭主义"(Familism)一直是先秦以来中国人的主导意识形态,因此,在中国

---

① Pearl S. Buck. Dragon Seed. The John Day Company,1949:1.

② 文化学者詹姆斯·哈里森(James Harrison)认为:"文化主义又称为天下主义(universalism),它含有两个基本要素:一是文化原则,中国文化是天下唯一的、真正的文明,其完美的内在结构使其具有无与伦比的优越性和自足性,其价值系统具有无可争议的'普适性'和不可挑战性。二是政治原则。文化主义确认中国是'天下'的主体,其他国家或民族与中国的关系就是'华'(文明)与'夷'(野蛮)的关系。政治精英所忠诚的是儒家(也是中国)的统治方式和原则,而不是某一个特定的政权或民族,也即'华''夷'的边界不是固定的,而是动态的,一旦'夷'人接受了儒家文化,他们也就成了中国人,甚至可以合法地入主中国('进于中国则中国之'),反之亦然。"钱穆先生认为:"中国人常把民族观念消融在人类观念里,也常把国家观念消融在天下或世界的观念里。他们只把民族和国家当作一个文化机体,并不存有狭义的民族观与狭义的国家观。民族和国家都只是为文化而存在。"详见许纪霖:《剖析中国的民族主义:一个巨大而空洞的符号》,出自乐山主编《潜流:对狭隘民族主义的批判与反思》,华东师范大学出版社,2004 年。因此,这种文化主义的基础"是对共同的历史遗产和信仰的接受,而不是基于现代民族国家概念的民族主义"。详见崔玉军:《西方关于中国民族主义的研究:范式与主题》,《国外社会科学》,2009 年第 5 期,第 114 – 121 页。这就是文化主义向民族主义的转化,或曰民族主义在中国的近代起源。

人的脑海中,家的概念是清晰的,国的概念是模糊的。然而,随着近代中国生存危机日益加重,中国知识分子对传统文化根深蒂固的优越感土崩瓦解。中西文化优劣之辩逐渐转向中西民族强弱之争,中西关系不在于"中国与西方国家文明程度如何,而在于中国与西方国家地位如何"。① 抗日战争更是将现代民族国家的意识普及到社会底层,从这个意义上来说,《龙子》揭示的正是这一历史转型期中国人的心理特征、文化积淀和精神风貌。

当战争的阴霾逐渐逼近这片静谧的"世外桃源",小说主人公林郯却表现得异常镇定自若。尽管并不清楚威胁来自何方,岁月的积淀和生活的阅历告诉他,在任何时候,每个人都应安守本分,恪尽其职,以不变应万变。只要坚守脚下的这片土地和身边的这座家园,困难自会迎刃而解。即使整个村庄都已成为敌人轰炸的目标,他仍然告诫自己的家人不必慌张,除了必要的防护之外,生活一切照旧。和《大地》中的王龙一样,林郯对于土地的眷恋与不舍溢于言表:"如果我能将土地卷起来随身带着,那我就走。可是我的地深入地表之下,深入我的内心,不管谁来,我都要留下,守住我的地。"②

赛珍珠并没有回避这一事实:千百年来,中国农民听天由命的生活态度所衍生出的民族文化心理是迟滞僵化的。对于战争的残酷、血腥及同胞们正在遭受的灭顶之灾,林郯无法感同身受。他甚至幻想着与敌人握手言和,用礼节与理性感化他们:"我们应该彬彬有礼地迎接我们的征服者,不是假意欢迎,而是告诉他们,我们通情达理,接受生活中的一切。"③

然而,赛珍珠在《龙子》中刻意淡化了农耕文明的闭目塞听,甚

---

① 崔玉军:《西方关于中国民族主义的研究:范式与主题》,《国外社会科学》,2009年第5期。
② Pearl S. Buck. Dragon Seed. The John Day Company,1949:116 – 117.
③ 同②:118 – 119.

至是愚昧无知,她想着力渲染的是在这样的民族文化心理背后中国人天性中的隐忍与包容、忠诚与执着。这样的宽厚与博大源于中国农民根深蒂固的土地情结和家庭观念。虽然无法站在民族国家的高度解释现代战争的缘由,林郯对人性的洞察却一针见血:"土地是人们骨子里想要的。如果有人地多,有人地少,就会有战争。土地给了我们粮食和住所。如果土地少、食物差、居住面积小,人的眼界和心胸也会变得狭隘。"①

同样,对于民族这个全新的政治意识形态和国族观念,林郯的理解完全基于个人的生活体验。在他看来,民族就是由一个个活生生的人构成的:"根据祖先的记载,我们在这片土地上已经生活了成千上万年,比其他任何民族都长。人们活在和平年代,死于战乱。人们活着,民族就活着,人们死了,民族也死了。"②

作为提出"中华民族"③称谓的第一人,梁启超认为,"唯有共同的民族意识和民族情感是一个民族得以确立和长久并保持其民族特性的关键"。④ 在《龙子》中,林郯之所以不愿意离开故土,是因为他生于斯,长于斯,血脉和灵魂深深扎根于此:"不管是什么,不管城市是否会倒下,或是民族会像有些路人说的要灭亡,我都将留在这里。"⑤这便是中国人共同的民族意识和民族情感。在20世纪40年代一篇题为《中国的土地和人民》的演讲中,赛珍珠指出,中国的文化传统决定了其核心凝聚力来自于对土地的坚守和家庭的依赖,与现代政治生活相去甚远:"中国的核心凝聚力不在于其政治生活,政治生活直到当代才显示出其重要性。中国的凝聚力

---

① Pearl S. Buck. Dragon Seed. The John Day Company,1949:89 – 90.
② 同①:251.
③ 针对中国人普遍存在的一种相对狭隘的朴素的种族意识,1901年梁启超发表《中国史绪论》一文,首次提出了"中华民族"的概念。
④ 安静波:《论梁启超的民族观》,《近代史研究》,1999年第3期。
⑤ 同①:84.

比美国深厚得多。中国人在世界的这片土地上繁衍生息了几千年,形成了强大的历史与习惯。对于这样一个有着深厚凝聚力的民族,由一个短暂的政府促成的凝聚力几乎可以忽略不计。他们都是中国人,这就足够了。"①

对于孙中山所领导的辛亥革命,即试图将西方的民主宪政思想以自上而下的方式移植到传统观念根深蒂固的中国,赛珍珠颇有微词:"孙逸仙由于在国外生活了这么多年,以致成了自己国家的陌生人,在革命目标上犯了错误。通过观察西方国家,他断定一个有力的中央政府将带来他希望中国发生的所有变化。对于他们来说,最重要的一步是改变政府形式。这点他做到了,这是他所完成的重要业绩。他不理解的是,中国的中央政府不如其他许多国家那样重要,而且从来都不重要。人民的生活及生活准则不是出自中央政府,而是出自他们自己,源于他们的家庭和群体生活。"②

在《龙子》中,赛珍珠对自诩为"爱国主义者"和"民族主义者"的西化知识分子极尽揶揄讽刺之能事。他们"戴着西式眼镜,身穿蓝色衬衫和西裤"③,四体不勤,五谷不分,但却以盛气凌人的口吻教导他们眼中的"无知"村民:"敌人正在向你们逼近,你们应该知道他们来之后会发生什么。不要幻想和平,和平是不存在的。他们会骑在你们头上,让你们为奴,用鸦片腐蚀你们,夺走你们的一切。他们入室抢劫,不管是民宅还是商店,侵犯了很多女性。"④

然而,当村民们本能地认为外族入侵的切肤之痛与他们所遭受的来自本国政府的压迫并无二致时,这些对民族文化心理一无所知的年轻人立即失去了耐心,变得狂躁不安,开始指责起村民的

---

① Pearl S. Buck. The land and the people of China // China as I See it. Methuen and Co. Ltd., 1971:1 - 9.

② Pearl S. Buck. Fighting Angel:Portrait of a Soul. 1936:501.

③ Pearl S. Buck. Dragon Seed. The John Day Company,1949:116.

④ 同③:110.

"卖国"思想。对此，林郯百思不得其解："我不爱这片土地吗？这片土地难道不是我的国家？年轻人离开了这片土地去保卫他们自己，就像玉和我的儿子。但我也正是因为太爱我的国家才不愿意离开。我死也要死在这里，这难道不算爱国吗？"①

针对当时知识界普遍存在的只有通过战争才能唤醒民众"民族意识"的观点，赛珍珠不以为然。② 在她看来，中国人的乐观、睿智、沉稳、内敛的人生哲学所包含的"精神之火"和对"生命永恒价值"③的笃信使得他们无论是面对贫困抑或战争都能岿然不动，坚若磐石。赛珍珠笔下的中国农村就是中国人生生不息的文化精神和社会品格的真实写照。一方面，它在诗情画意中承载着祖辈的稳健与凝重；另一方面，它在默然沉寂中蕴含着磅礴的精神与力量："当暮夏的黄昏转为黑夜，田野中的房屋就如同祖先的坟墓一般沉寂。但它不是坟墓。它充满活力地矗立着，沉睡但永恒。古老的弯月照在田野的水面和寂静的房屋，千百年来，它年轻而冰冷，并没有光芒。"④

在《龙子》中，赛珍珠凭借她对中国传统家族社会的深刻观察提炼出了强大的精神内核。尽管"民族主义"并非中国文化的基本特征，而是近现代中国社会和历史发展的产物，但通过赛珍珠充满浓厚理想主义的笔触，由血缘关系构建出的"仁、义、礼、智、信"等为代表的家庭价值体系却足以让一个中国农民完成从"个人小义"到"民族大义"的思想蜕变。"家庭主义"所孕育出的道德准则衍生

---

① Pearl S. Buck. Dragon Seed. The John Day Company,1949:111.
② 在一篇题为《中国反抗日本》的文章中，赛珍珠抨击了当时一位年轻民族主义者的言论。痛心于中国民族主义意识的匮乏，这位民族主义者在日本攻击上海时说："我希望战争不要停止，只有恐惧与侵略继续，才能促使我们精神上的觉醒和团结。"详见 Pearl S. Buck. China against Japan, Asia,1936(June):79 – 80。
③ Pearl S. Buck. China against Japan. Asia,1936(June):79 – 80.
④ 同①:41.

为"民族主义"所需要的政治理想。以土地和人为基本出发点的传统意义上的"家国"情怀奠定了现代中国人"民族意识"的基础,即由种族、地理、文化和历史纽带联系在一起的民族共同体。因此,小说《龙子》不仅是赛珍珠基于人道主义立场对中国抗日战争的援助与颂扬,更是她透过人文主义视角对中国人精神谱系的审视与讴歌。

《龙子》中的人性深度

——从林郯形象的反思特征考察

侯郅玥

赛珍珠小说《龙子》(1942)是反映中国人民抗战的一部力作。研究认识战争给人类带来灾难和教训,是历史、政治、法学等社会学科的任务,文学则侧重表现普通人在战争中的遭遇、命运和思想等,如《伊利亚特》《战争与和平》中人物的勇敢、正义和深刻丰富的思想人性。《龙子》亦然:描写情节真实可历史联系追证和现实关系警醒,描写人物行为可拷问文明底线和追问人性程度。《龙子》超越时空的认识价值和描写人物的人性深度,正是通过林郯的形象完整地体现。

基本形象:勤劳务实并有可贵好奇心的农民

林郯是东部靠近沿江大城市的乡村农民,小说写战争到了第五个年头他无心 60 岁生日,据此推断他应该经历了清末、北洋、民国和日占,"这位林郯是个生活阅历很丰富的人"①。

林郯是一位勤劳的农民。对于农民来说,没有什么是比勤劳更为可贵、更为优先的品质。勤劳是一种敬业精神,其中包括善良、活力、责任。小说开头就是林郯出场,其时他已是三个成家成

---

① [美]赛珍珠:《龙子》,丁国华,等译,漓江出版社,1998 年,第35 页。

年儿子及两个成家快成年女儿的父亲、几个孙子孙女的祖父,但他
依然生命不息劳作不止——

> 林郯抬起头来。他站在水深没膝的稻田里,听见他
> 的老婆在大声叫唤。下午刚过一半,又不是吃晚饭,又不
> 是睡觉的时候,这婆娘为啥叫他呢? 在地的那头,他的两
> 个儿子正弯着腰插秧,只见他们的右手一同插下,就像是
> 一个人的胳膊在插秧。①

这就是 50 多岁的林郯,而其后几年因为沦陷区环境艰难恶劣,劳
动强度更大。

田里农活要做,收成要买卖,林郯在行能干,并且已经传给老
大老二。因此,这两个"年轻人"在父亲离开稻田后"又弯下腰去干
起活来,他们的手飞快地向暖烘烘的泥水中插去,一棵棵碧绿的稻
苗便直立而起"②,老二还擅长同城里人打交道买卖农产品。务农
之本是土地和劳力,同意老二跑反的林郯,居然拗不过老伴,非让
已在自由区的老二夫妇回乡,为的是传宗接代和土地。自然,带回
来的新生小男娃儿"圆滚滚的""敦敦实实""方方正正"的结实样,
给他们鼓劲、生气、振作:"家是这样子下去,敌人能拿我们怎
么着?"③

特别值得一提的是,虽然"林郯自己是一个大字不识的老大
粗","没送儿子去上学",但"对此他从不后悔"。④ 他有阅历,故他
有自信;从知识的角度看,开始时他对国家、世界、地球的认识近乎
无知;但"这个林郯,尽管和他的祖先一样生活在这个山沟里,可他
的思想却是敏锐的"。⑤ 他很坚强,但并不固执;所以他能适应、应

---

① [美]赛珍珠:《龙子》,丁国华,等译,漓江出版社,1998 年,第 3 页。
② 同①,第 4 页。
③ 同①,第 183 页。
④ 同①,第 9 页。
⑤ 同①,第 74 页。

变。小说第三章详细地描写了林郯爱思考的特性——

> 林郯过去常常对属于他家的这片土地,这份财产进
> 行过深入的思考。每当他驾着犁耕耘的时候,或是在秧
> 苗间锄草时,他就会问自己:在这黑油油的、松软的表土
> 下面有些什么呢?①

而且,对待财产和祖先天地,林郯以后者为重;他有敬畏感。小说
中两次写到林郯挖地挖出了从没见过的古老银币和陶瓷碎片,他
都说是祖宗用的,让它们回归祖坟或土地。而敬畏感又连带引出
了他的好奇心——

> 林郯曾听人说地球是圆的。……但是,叫他无法理
> 解的是地球真是圆的,那么在地球那边的人是怎么走路
> 的呢。……林郯想,假如星星在他土地的上空,他就想知
> 道有朝一日他能不能到达天顶,摘一颗星星下来,握在手
> 掌中,星星会不会烧起来?②

这些描述不是闲笔,而是和人物角色和性格发展内在需要相关。
对没有思想或反思能力的人物如此用笔就是败笔。这为林郯后面
的行动和变化、所具人性深度表现的反思,做了铺垫和准备。因
为,人性从来就不是一个孤立的概念:"人类本性中的一个光荣是,
我们对没有直接使用价值的东西怀有好奇心。还在人认识到星辰
可以对农民或航海者具有实际用处以前很久,人早就对星辰抱有
好奇心了。假如他没有这种无私的好奇心,没有这种分明是人的、
超越于动物之上的对待宇宙的态度,那么使用价值也就不会接踵
而至了。"③

---

① [美]赛珍珠:《龙子》,丁国华,等译,漓江出版社,1998 年,第 35 页。
② 同①,第 36 – 39 页。
③ [英]阿诺德·汤因比:《汤因比论汤因比》,田汝康、金重远选编《现代西方史学流派文选》,
上海人民出版社,1982 年,第 141 页。

性格发展:战乱中认清世界和敌友的国人

本来,林郯们对世界的认知是极有限乃至愚不可及的,但在极艰难的沦陷区求生存并自发组织抵抗的过程中,他们终于逐渐认识了当下这个亟须辨清敌友的世界。

林郯和家人及村民们眼中的世界,原来“就是这片河谷这么大……这个世界的中心便是林村”,“甚至那座大城市也只是他们卖东西的大集市而已”。① 农民们这种关于世界关于国家的意识,一方面固然是和不识字文盲多、现代文化教育不普及相关联,但也与漫长专制统治文化的世界、以我为中心四方皆来朝贡的愚昧守旧,以及政府实施愚民术有关;至乡村村民,也无不患上集体无意识封闭自大症。

然而,农民们虽书本文化知识阙如,但并不妨碍他们做出将生存和人生智慧自觉移用于国家战争的起因的见解。一段写林郯和准备西迁内地窑洞居住的学生们的一番谈话,竟让学生们“显得很尊敬他”,因为,“当他听说敌人垂涎他的国家辽阔的土地时,他马上就明白了整个战争及其原因”——

> “土地,”他顿了顿,环顾一下一张张年轻的面孔,将水烟盒装满烟,继续说,“土地是人们打心底里喜欢的东西。要是谁的土地太多,而另一些人的又太少,那就要打仗。”②

这样的见解可谓无懈可击:“土地”,延伸开来不就是国土人口资源主权嘛!

---

① [美]赛珍珠:《龙子》,丁国华,等译,漓江出版社,1998年,第4页。
② 同①,第74页。

　　但这种认知只是第一步,因为这是和他们自己的根本利益(土地)攸关的。而关于国家的意识仍模糊不清乃至缺乏、空白。作品对此有完整的描述:林郯和农民们,对当年(1937)夏天卖布商贩告知和学生来村里放幻灯片宣传北方在打仗、东洋鬼子打到我们国家华北来了的消息竟麻木不仁,令满怀抗战激情的学生大失所望。农民们对沿海大会战中撤退下来的国军士兵有的只是埋怨,甚至对附近"那些护城的士兵来问他们要稻草打地铺,或者请他们帮助挖战壕时,这些庄稼人都粗暴地说:'我们讨厌当兵的,你们不种田,全靠我们养活。你们的事你们自己去干吧,我们还有自己的事。'""这个士兵遭到老乡的拒绝后,突然哭了起来⋯⋯'要是我们守不住这片土地,我们不敢想象这里会发生什么,因为我们亲眼看到在敌人占领下的沦陷区的同胞们受的苦。'可是人们仍然对他无动于衷,这个士兵只好怏怏地走开了。"[1]村民们在后来日寇占领下的灾难果然被士兵言中,而村民们"在希望和恐惧中等待着敌人到来的那一天","他们带来的,只是和平和秩序"[2]的幻想,残酷地彻底破灭了。经历了无法忍受的恐惧和死亡、屈辱和愤怒,直到儿子从自由区带来了抵抗的消息,这才让林郯的——

　　　　劲头给提上来了。在他看来,不论是什么样的鬼子,他都能永远跟他拼下去。他走进外面的秋夜里,看着天上的星星。他感觉到了脚下的土地。他平生第一次这么想道:"这个山谷不是整个世界,只是世界的一部分。"⋯⋯这是他最深的慰藉。他再也不是孤身战斗。在别的地方,也有像他一样热爱和平、渴望美好生活的人们。

---

　　① [美]赛珍珠:《龙子》,丁国华,等译,漓江出版社,1998 年,第 85 页。
　　② 同①,第 99、102 页。

他似乎感受到了某种力量环行着吹遍世界。①

有着这样的国家意识和世界观，纵使"战争的第五个年头挨近秋天"，"他的希望也渐渐破灭了"②的时候，林郯和他的家人、乡亲们终能在无线电波传来世界反法西斯同盟国的声音中，看到、找到"和我们站在一边"的朋友、力量，以及"尽头就是光明"③，坚持抵抗到最后就是胜利的希望。

人性深度：杀敌自卫中不断反思的行动者

在和平时期的种田务农及敌占时期的周旋反抗中，林郯的形象在逐步发展深化；而在和敌人一次生死相搏后，林郯的性格发生突然变化——对自己和家人的杀敌行为不断进行反思。这一突变令林郯的形象达到人性的相当深度。

前叙林郯是一位勤劳开朗并有可贵好奇心的农民，这是他能认识世界和深入反思的基础。林郯又是一位沉着冷静并有领导能力的庄主。在战争灾难中，他认识了原来懵懂无知的严重后果，警醒到必须付诸行动、进行反击才能生存；因为，他见到的东洋鬼子，"正在追求着一团鬼火，这团鬼火只是在把他们诱向一个无益的仇恨的泥坑而使他们可耻地灭亡"，只有这时，他们原来的和平"世界才可能被挽救"。因为，林郯和他的家人、村民们的"希望""不但有一个过去而且能有一个未来"④，而要保有这样的希望，必须在有效的反抗中才能实现。小说写林郯一次在"仔细斟酌了鬼子的情况后"，"给了大家暗号。村民们一齐跳出来，扑向敌人，鬼子们又一

---

① [美]赛珍珠：《龙子》，丁国华，等译，漓江出版社，1998年，第248－249页。

② 同①，第328页。

③ 同①，第330页。

④ [英]伯特兰·罗素：《历史作为一种艺术》，张文杰译，张文杰等编译《现代西方历史哲学译文集》，上海译文出版社，1984年，第148页。

扫而光,只有一个人还活着,他是被林郯的四筒枪打伤的"。①

林郯还是一位受人尊敬、有阅历见识的家长和有良知人性的长者。林郯与家人和谐,与老伴恩爱如初,家和丁旺、教子有方;林郯与村民融洽,大敌当前他组织牵头,和敌人斗智斗勇。在传统祥和田园生活的乡村世界里,他以为即将到来的东洋鬼子像过去的统治者一样,却不料来的尽是吃人喝血的豺狼。觉醒过来的林郯认清了鬼子禽兽不如的本性。因此,"启蒙了的人民在恢复自己有处置自己的生命和财富的权利时,就一点一点地学会了把战争看成是最致命的灾难,是最大的罪行"。② 因此,林郯和他的家人及村民们,为了保卫自己的生命和财产,与凶残的敌人展开了殊死的抗争。

但当某个特别时刻、情节发生了逆转——受伤的敌人向林郯求饶并说自己有老婆孩子,"可是,林郯伸手从那人的腰间抽出了一把随身携带的短刀,毫不犹豫地——不过的的确确,他比杀一条蛇或一只狐狸时多想了一下——戳进了那人的腹部。那人脸色阴沉、凄惨地看着他,死了"。"他和林郯的年纪差不多","'他的脸一点也不邪恶,这个鬼子'"。林郯想起这个敌人求饶时说的话和手指口袋的动作,于是他发现了"一个漂亮女人和四个 8 到 12 岁不等的孩子"的照片。他知道自己所干的是什么,并且"要是机会明天又找上他,他还会干的"。③ 但他的心却再也安宁不下来,他不断反思着自己、老伴、儿子、媳妇,个个都适应了、习惯了杀人,身上的人性是否正在失去? "鬼子走了以后,我们还能把过去的自我找回来吗?"④大儿子吃饭—杀敌—吃饭,杀人如平常下地;三儿子是游击分队长,视杀人为乐趣,以至于林郯希望他死了倒好,因为他将来会是一个"暴君"。

---

① [美]赛珍珠:《龙子》,丁国华,等译,漓江出版社,1998 年,第 211 页。

② [法]孔多塞:《人类精神进步史表纲要》,何兆武,等译,生活·读书·新知三联书店,1998年,第 197 页。

③ 同①,第 211 页。

④ 同①,第 212 页。

　　林郊这种因一特别时刻所生恻隐之心（心路历程），可用文化人类学关于"战争与野蛮"的"义愤"观点（"一种冷静的愤怒。""极其冷静和慎重的义愤。它植根于对自由的热爱，对正义的社会和政治的热爱，对文明所带来的精神幸福的热爱，最后，是对人类的博爱，甚至没有忘记误入歧途的敌人。"①）来考察，这体现了我们抗战题材的作品少见的复杂性和丰富性。已有研究讨论了作家所写人物的"这种思考是既超越了时代，也超越了时空"②，"赛珍珠提出的理想化的人性概念无助殖民地民众摆脱'臣属'状态"。③ 考察角度虽不同，但近代以来的世界文学史，基于这样丰富人性的人物形象所体现的人道主义思想，已是我们予以肯定的思想财富。更何况我们在历史的实际进程中做的已为世界所公认的人道和人性（抗战中和抗战后的优待俘虏、放弃赔偿、日裔遗孤抚养和战犯改造）。

　　综上，赛珍珠《龙子》的人性深度主要体现在林郊形象的演进过程中，而这一过程又是在林郊性格突变后的反思特征中得以实现。"反思就是在思维着思维的行动。""反思的活动就是我们知道在其中我们想要做的是什么事的一种活动。"④反思是林郊人性形象的制高点，是他性格基点和发展的必然，也是赛珍珠以"龙子"形象融入世界共同价值的思想蕴含。通观作家展现的中华民族祖先的英雄传人形象，当与"人类未来状态的希望"同一个方向："废除各个国家之间的不平等、同一个民族内部平等的进步和最后是人类真正的完善化。"⑤

---

　　① ［英］马雷特：《心理学与民俗学》，张颖凡，等译，山东人民出版社，1988 年，第 40 - 41 页。

　　② 郭英剑，郝素玲：《一部真实再现中国人民抗日战争历史的扛鼎之作——论赛珍珠的长篇小说〈龙子〉》，《江苏大学学报（社会科学版）》，2005 年第 3 期。

　　③ 陈亮：《从后殖民者视角看〈龙子〉——兼评赛珍珠的战争观》，《江苏大学学报（社会科学版）》，2005 年第 2 期。

　　④ ［英］柯林武德：《历史的观念》，何兆武，等译，中国社会科学出版社，1986 年，第 348 - 349 页。

　　⑤ ［法］孔多塞：《人类精神进步史表纲要》，何兆武，等译，生活·读书·新知三联书店，1998年，第 177 页。

《共产党员》的女性书写与革命叙事

——兼与"革命＋恋爱"小说比较

徐 清

赛珍珠的短篇小说集《元配夫人》(*The First Wife and Other Stories*,1933),收入了一部短篇小说《共产党员》(*The Communist*)。虽然无法判定这部小说写作的具体年份,但可以肯定的是,小说写于 20 世纪 20 年代末 30 年代初,以北伐战争和国共分裂为历史背景,描写了一位女共产党员秀梅短暂的一生。这是赛珍珠创作的唯一一部以共产党员为主人公的小说①,凝聚着她对中国动荡的社会现实的认知与思考,是赛珍珠为现代中国历史发展进程之见证人的又一佐证。小说创作的年代,正值中国现代文坛"革命＋恋爱"小说②盛行的时期。我们没有足够的资料证明赛珍珠受过这一类小说的影响,但是,从小说的情节设置来看,革命叙事与情爱话语的交织,让我们不得不承认其与"革命＋恋爱"小说存在"家族相似"的亲缘关系。与此同时,受创作主体的限制,这部小说又与"革命＋恋爱"小说存在很大差异。

---

① 赛珍珠的小说涉及共产党的作品还有:《分家》(*A House Divided*,1935)、《爱国者》(*The Patriot*,1939)、《龙子》(*Dragon Seed*,1942)、《同胞》(*Kinfolk*,1949),但除了《爱国者》将共产党员刘恩来的形象置于比较重要的位置并着墨较多之外,其他几部作品并未塑造出给人留下深刻印象的共产党员形象。

② 这些小说有代表性的包括:蒋光慈的《鸭绿江上》(1927)、《野祭》(1927)、《菊芬》(1928)、《冲出云围的月亮》(1929)、《咆哮了的土地》(1930);洪灵菲的《流亡》(1928)、《前线》(1928);叶绍钧的《倪焕之》(1928);胡也频的《到莫斯科去》(1929)、《光明在我们面前》(1930);丁玲的《韦护》(1929)、《一九三〇年春上海》(1930);华汉的《两个女性》(1930)、《地泉》(1930)等。

一

在 20 世纪二三十年代的政治与革命的现实中,曾经属于弱势群体的女性被裹挟而出,尤其是那些不安于传统性别设定的女性,得以通过历史的契机再造自己的角色,参与关于国家、民族的宏大叙事。从未停下对中国女性解放问题之思考的赛珍珠,此时将目光聚焦到革命与女性命运的关系上。

秀梅的故事可以概述如下:她生于乡下一个较富庶的家庭,与邻居的儿子订了婚,到大城市里的教会学校上学,在反基督教运动中与一个俄国共产党员发生一夜情,从此改变信仰成为共产党员,在蒋介石大肆屠杀共产党员时被处死。秀梅的经历充溢着革命与爱情的浪漫结合,可以用裴多菲的名诗:"生命诚可贵,爱情价更高,若为自由故,二者皆可抛"进行诠释。《共产党员》是一部革命年代的女性成长小说。

小说将秀梅幡然觉醒并慷慨赴死的过程表现为一个十分欣悦的过程。这种感觉首先来自秀梅的现实感受:相较于沉滞的学校生活,革命虽然陌生却充满了生机勃勃的力量,它极大地激发了蕴藏在女性心中从未被发掘的活力。对于秀梅而言,"十个月之前,她还是一个孩子,坐在教室里学习缝纫,那些呆板的先生们在课桌的中间往来蹀躞——愚蠢的美国妇人在滞重的舌上讲着一个个的字音"。[1] 在学校操场,"在这块暗淡的一无生气的场地上,她得天天听从先生尖声的口令勉强地做着徒手操"。[2] 而今,随着革命的波及,一切都被颠覆了。"革命军的队伍在大街上行进,高声歌唱,

① [美]赛珍珠:《共产党员》,《元配夫人》,李敬祥译,启明书局,1940 年,第 98 页。
② 同①。

他们陶醉了,他们为自己的歌声所陶醉,并不是喝醉了酒。"①秀梅
为这样的氛围所感染,小说两次写到她大声呼喊"革命万岁",一次
是从窗子里看到革命队伍和他们的旗帜时,一次是在学校门口见
到革命队伍唱着歌通过大门时。这两次呼喊为秀梅与贝沃秋的相
遇做了逻辑上的铺垫,也预示着一项所谓男人的事业很快就会变
成女性释放生命力的方式。

接下来,秀梅经历了一场艳遇。当那个俄国男人轻拍着她的
后背并对她灿烂地笑着的时候,她感到"好像天国的门陛的开
了"。② 他用毛毯裹住她的身体,一整天把她搂在怀里。在烧杀抢
掠的暴力中,只有他一直在微笑着。小说两次写到这个男人的眼
睛,"发着光"③,"果敢的清朗的目光"④,让秀梅沉醉其中,并激发
了她所有的勇气。随处可见的尸体和放火、抢劫场面,也化腐朽为
神奇般地成为美的解放的意象,诗化出革命与爱情融合的浪漫氛
围。这种氛围更由于下面的场景而得到强化。入夜,俄国男人试
图了解秀梅是否在家乡订了婚,"他温存地摇着头,忽又变得粗犷
起来。'快回答我啊,不然我就会吻死你! 我们共产党有许多杀人
的方法。你要我吻死你么? 我能。假使你不告诉你究竟是否悦意
我找到了你,我一定会这样干。'"⑤这简直是一种调情了。秀梅整
晚躺在这个男人的怀里,他赤裸的肩膀、粗鲁的笑声和红润的脸庞
都让她安心,远处那燃烧的房子、冲天的火光,使得一夜情更加诗
意盎然。秀梅"希望在近处也有一幢屋子能燃烧起来,像给她燃上
了一盏灯火"。⑥ 这个"火光"意象是照耀秀梅人生道路的灯塔,给

① [美]赛珍珠:《共产党员》,《元配夫人》,李敬祥译,启明书局,1940 年,第98 页。
② 同①,第99 页。
③ 同①,第99 页。
④ 同①,第100 页。
⑤ 同①,第100 页。
⑥ 同①,第101 页。

她指明了人生的方向。

文本表现出的秀梅重生的感受来自于一个显在的事实：革命成为解放女性、改造女性的巨大力量。那位俄国共产党员以革命的名义寻求性爱的满足，秀梅则通过迎合这种狂欢才得以在革命的舞台上激情出演——她终于也变成了一名共产党员，他曾经唱的歌曲，他曾经喊的口号，她也名正言顺地学会了。其实，秀梅并没有明确的革命意识。她只知道，自己是为自由而死的，可以不必回到那个安静的小村庄，出嫁，然后被封闭在庭院里。这是她最清晰的革命动机。文化启蒙没能实现的妇女解放要通过革命达成，经由"革命"，僵化的性别规定被打破，小知识分子秀梅大胆地"弑父""离家"。在成为共产党员的十个月里"她从来没想念过她的父母——对于他们的茫然也不曾有过一点焦急的心情"。① 当父亲因担心她的处境而来看望她时，秀梅义正词严地声明："我没有父母。'革命'才是我的父母。""我已经嫁给——嫁给了'革命'！"② 与其浑浑噩噩生，不如轰轰烈烈死。秀梅很为自己的共产党员身份骄傲，即使在即将被处死的时刻，她也要庆祝生命里最后的时光：站在旧的牛车上，用清澈的声音唱一曲自己写的歌。

《共产党员》就这样把本该严肃而神圣的革命和本该浪漫而缠绵的爱情杂糅在了一起。这也是1927—1930年中国一大批被称作"革命+恋爱"小说的作品的重要特征。这一时期，正是中国知识界主流从启蒙文化向马克思唯物辩证法转换方向的时期，五四启蒙文化（文学）流行的恋爱话语和20世纪20年代后期革命文学（文化）倡导的革命话语混杂，导致了"革命+恋爱"小说的流行。这些小说里的主人公有许多就是秀梅式的。章淑君（《野祭》）说：

① ［美］赛珍珠：《共产党员》，《元配夫人》，李敬祥译，启明书局，1940年，第98页。
② 同①，第103页。

"我要去革命……我想这样地平淡地活着,不如轰轰烈烈地去死倒有味道些。"①秋岩(《人生》)说:"人生的经过,是应该像辣椒那样富于刺激性的,我们应该过狂风暴雨的生活……杀人也好,打倒也好,这都是我们要干的事! 总之:生活应该是波澜型的,否则太没有意义!"②沈之菲(《流云》)说:"革命和恋爱都是生命之火燃烧的材料,把生命之火为革命、为恋爱而牺牲,真是多么有意义啊!"③这样的青春誓言在"革命 + 恋爱"小说里极具代表性。在小说里,爱情作为一个初始的能指出现,革命则成为它的转换和补位。主人公爱的激情转换为革命的激情,最后用付出生命的代价祭奠青春誓言。

二

"革命 + 恋爱"小说的情节模式不外乎两种:一是革命与恋爱的冲突,一是革命与恋爱的兼容,或者说革命决定了/产生了恋爱。但是,无论是走向革命唯一、爱情无益的韦护(《韦护》)、倪焕之(《倪焕之》),还是让革命统合爱情的李尚志和王曼英(《冲出云围的月亮》)、沈之菲和黄曼曼(《流亡》),都秉承着同一个信念:革命第一,爱情第二,革命高于爱情。这再次印证了作为中国 20 世纪前半叶核心语汇的"革命",是个有着"卡里斯马"④般魔力的符码。

---

① 蒋光慈:《野祭》,《蒋光慈作品》,时代文艺出版社,2004 年,第 72 页。

② 钱杏邨:《人生》,《欢乐的舞蹈》,现代书局,1928 年,第 58 页。

③ 洪灵菲:《流亡》,《洪灵菲选集》,人民文学出版社,1982 年,第 39 页。

④ 卡里斯马(Charisma)一词,借自西方当代社会学。它原是早期基督教语汇,本义为因蒙受神恩而获得的天赋。德国社会学家马克斯·韦伯(Max Weber,1864—1920)全面扩展了它的含义,指在社会各行业中具有原创性、富有感召力的人物的特殊品质。美国社会学家爱德华·希尔斯(Edward Shils,1910—1995)进一步引申了卡里斯马的含义,不仅特殊人物,而且一系列行为模式、制度、象征符号等,当体现出原创性、神圣感召力等超凡特征时,都可以说具有卡里斯马品质。美籍华人学者林毓生率先以此概念阐释中国文化的危机,颇具影响。20 世纪前半叶,"革命"以其神圣性、原创性和极富感召力的特质,成为一个卡里斯马般的符码。

所以,借用恋爱的修辞形成关于革命的表述成为"革命 + 恋爱"小说的共同特征。也就是说,在"主题"的意义上,小说讲述的是革命;在"修辞"的意义上,即革命的具体修辞形态——怎样想象革命,小说采用的是恋爱的方式。对比之下,赛珍珠的《共产党员》也具有同样的特质。小说借助"性"这个道具,采用恋爱的修辞,完成了对女性革命成长的寓言化书写。

严格说来,秀梅跟俄国共产党员贝沃秋之间谈不上爱情,充其量是性关系。性作为秀梅和革命之间的中介和精神纽带,让她脱胎换骨。可是,她在获得了相应的政治身份的同时,自身的性别意识却越来越模糊。在贝沃秋眼中,秀梅"这个被解放了的小东西"[1]只是他的工作内容之一,无关乎男女私情。与其说贝沃秋是一个恋人、一个男人,不如说他是一个符号、一个权威的政治之父,化身为"革命",成为秀梅自我改造、被革命悦纳的引领人和见证者。男性话语霸权和意识形态权威耦合,在女性成长叙事中形成一种决定性的力量。

政治与性的融合构成的浪漫乌托邦,寄寓着政治父权对女性的重新塑造和身份界定。秀梅在懵懵懂懂地渴望革命的当儿遇见贝沃秋,他把她揽在怀里,"她没讲一句话;她也讲不出什么话。当他瞅着她的时候,她实在是不能讲话哪。丝毫没有畏惧——他对她所干下的事情有什么关系呢?"[2]如果说秀梅还残存一丝丝女性意识的话,文本中仅有一处表现:在贝沃秋告诉她自己的工作是什么的时候,"她沉默着,一阵酸痛使她想起他明天会不会去解放别个女孩子,而整夜和那个女的睡在一起"。[3] 可是,这一点可怜的意识不过是稍纵即逝,并没有实质性地改变秀梅的命运轨迹。她自

① [美]赛珍珠:《共产党员》,《元配夫人》,李敬祥译,启明书局,1940 年,第 101 页。
② 同①,第 99 页。
③ 同①。

觉地心甘情愿地被改造,"当他的手抓住了她,她已完全消失了处女的尊严。可是这有什么关系呢。这个就是革命啊"。① 贝沃秋就这样以革命的名义,通过男性的力量实现了对秀梅的救赎,消解了其女性的精神性别,为其成长建构起新的价值标准。秀梅最终成长为一名共产党员,被赋予了女性之外的身份标识,恰恰是通过失去身体获得的。这一烙印具有仪式特征,是摆脱原有身份、重新确认自我归宿的标记。在个人历史上,这种叙事恰恰隐含了自我毁灭的内在冲动。

"革命+恋爱"小说在情节上是革命必将战胜恋爱,但"恋爱"往往以不可摧折的力量抗拒着被放逐的宿命,在文本中展现出勃勃生机。作家用大量笔墨将恋爱写得活色生香,然后又让恋爱无来由地停止。最典型的便是韦护和丽嘉(《韦护》),他们在一周时间内经历了仿佛一个世纪那般漫长、又好像拥有整个世界的情爱的狂欢,但是完满的情爱却因为韦护的突然离去而消失殆尽。值得注意的是,在《共产党员》这部小说中,秀梅与贝沃秋那诗意盎然的性关系也是以一种戛然而止的方式结束的,文本却没有提供任何理由。在经历了一夜情之后的早晨,"他已经走了。她将永远不会再见到他了"②,"她在革命的队伍已经到处找过,她逢人打听他的下落。……但是他终久没有被找着"。③ 看上去,这是一个传统始乱终弃的爱情故事翻版,实际上,却寓含了革命叙事的必然性。我们无从也无须推测贝沃秋为什么离开秀梅。革命需要的是信仰和自我约束力,是去力比多化的。在经历性的狂欢之后,革命者势必要抛弃恋人/性伴侣,回归革命的正途,在完成自律的同时也重塑了自己的道德化主体形象。革命为"乱弃"提供了强力的道义支

---

① [美]赛珍珠:《共产党员》,《元配夫人》,李敬祥译,启明书局,1940 年,第 101 – 102 页。

② 同①,第 102 页。

③ 同①,第 102 页。

持,以至于当秀梅赴死的时候,她"没有什么悲痛,也没有什么留恋。她自由自在地去死,贝沃秋已经把她解放出来了"。她庆幸,"在这几百个人中,只有她有过这么一晚,胜似她在家乡这许多年"。①

女性的生命体验被纳入革命这一宏大叙事,秀梅的爱情与她的革命产生了互文性。原本属于女性的浪漫情愫被革命激情所覆盖,性的狂欢被释放,爱情的求索被消解;革命理想主义的光芒照亮了她原本黯淡的人生,却让她为之付出生命的代价。革命对女性爱情的压抑和改写,使得女性被外在化、工具化,丧失了自足的价值,是典型的反浪漫主义。这种反浪漫主义所建构的寓言式的爱、寓言式的成长表现为主人公对政治主体的认同和对个人主体性的放弃,又与五四的女性启蒙、个性解放走着相反的路线。

三

《共产党员》中的革命叙事是一个欣悦的文本,表现为它没有革命与爱情的矛盾冲突,没有阶级斗争和激烈复仇,这与"革命+恋爱"小说形成鲜明的对照。要说清这个问题,必须把目光转向创作主体。无论是对于中国革命还是中国文坛而言,赛珍珠都只是一个旁观者。有时,她可以"旁观者清"地将她所看到的写入小说,但更多时候,她无法体味中国现代知识分子在启蒙与救亡大潮中的心理冲突和精神巨变,无法对他们的欢欣雀跃或者切肤之痛感同身受。这直接造成了《共产党员》在广度和深度上与当时中国文坛上的革命文学存在较大差距。

首先,"革命+恋爱"小说的情节模式较为复杂,这得益于作家

① [美]赛珍珠:《共产党员》,《元配夫人》,李敬祥译,启明书局,1940 年,第 104 页。

们的小资产阶级知识分子身份。1927 年大革命失败后,知识分子产生了一种深刻的焦虑和自责,他们看到自己身上的小资产阶级劣根性,希望尽快克服它并成长为历史的主体——无产阶级。正如成仿吾所言,"我们还得再把自己否定一遍(否定的否定)","克服自己的小资产阶级的根性,把你的背对向那将被扬弃的阶级,开步走,向那龌龊的农工大众"。① 但是,这种"凤凰涅槃"式的再生谈何容易。"一方面,这种客观需要和主观欲望是如此强烈,因为他们自觉肩负'天降之大任';另一方面,这种需要的满足和欲望的实现过程又是如此艰难而漫长,因为他们同时又背负沉重的原罪包袱,这就构成一时难以化解的无意识的转型再生焦虑。"② 于是,借写作置换这种转型再生焦虑,成为作家创作行为的内在动力。作家和他们笔下的男女主人公一起走出家庭,这些主人公虽然殊途同归地走上革命的道路,但大都经历了革命与爱情剧烈冲突的精神煎熬,经历了与旧家庭决裂的心理阵痛。要革命还是要爱情的韦护式焦虑,对父亲既恨且爱、既反抗又服膺的沈之菲式"弑父"矛盾情结,是"革命 + 恋爱"小说常见的情节模式。相较之下,赛珍珠没有中国知识分子那样的心路历程,她对中国革命的书写采取的是出乎其外的视角。她把《共产党员》的男主人公设置成一个俄国共产党员,由于"革命"③的机缘巧合,偶然闯入了秀梅的生活,所以,秀梅并没有经历过爱情的选择,也没有在革命与爱情之间权衡的焦躁,便不可思议地投入其怀抱。此外,秀梅的"弑父"情绪也表

---

① 成仿吾:《从文学革命到革命文学》,《创造月刊》1 卷 9 期,1928 年 2 月 1 日。

② 王一川:《中国现代卡里斯马典型》,云南人民出版社,1995 年,第 128 页。

③ 赛珍珠所写的这场革命实际上是一个历史的误会。当时她是听信了国民党的宣传,把北伐战争尤其是南京事件中抢掠外国人和基督教堂的事件认作是共产党所为。至于选取俄国共产党员作为主人公,可能是赛珍珠对当时中国共产党所采取的借鉴苏联道路的革命策略的一种影射。小说模模糊糊地写到秀梅在共产党员的队伍里寻找贝沃秋,那些人说道:"我们不需要那些俄国人。我们中国人,我们要自己来控制革命。"

现为一种简单的决绝，非常突兀地放弃了原生的家庭和父母，没有
留恋，没有犹豫，甚至连一丝温情都不见。

其次，在大众群体形象的塑造方面，《共产党员》与革命文学作
品尚无法比拟。小资产阶级知识分子属于得革命风气之先的群
体，虽然他们没有参加革命的实践经验，但他们已然认识到，走与
工农相结合的道路才能完成自身的历史转型。大众化被看作知识
分子成为现代历史主体的必由之路。李杰(《咆哮了的土地》)冲出
地主家庭，在斗争中越来越清楚地认识："那所谓'革命军'的，未
必真能革命，自己反不如走到群众中去，努力做一点实际的工
作。"①王曼英(《冲出云围的月亮》)只有卸掉美的虚饰才有资格与
工农大众认同。所以，当丁玲以《水》中的觉醒与反抗的大众群体
形象取代韦护式革命知识分子形象时，冯雪峰、茅盾都将之看作意
义重大的转折性事件。冯雪峰认为，这部小说因为"着眼到大众自
己的力量"，从"蔑视大众的、个人的英雄的捏造"走到"大众的伟大
力量的把握"，从而标志着一种"新的小说的诞生"。② 茅盾则认定
这表明左翼文坛主体已对"革命＋恋爱"的公式做了清算。可以
说，《水》之前的"革命＋恋爱"小说虽然没有以觉醒和反抗的大众
群体形象的塑造为主旨，但这一形象却清晰地呈现在文本中，并且
成为知识分子转型再生的一面镜子。这时，我们再来看一下《共产
党员》中的群众形象。那是一群依然麻木不仁、依然没有阶级觉悟
的人。他们"都站在自己的门首瞧着过去的行列，互相招呼着。
'他们杀共产党啦！瞧瞧，那个犯人！啊，她们全要给杀了的！'③当
秀梅歌唱着赴死时，这些人小声说着："瞧这个小妮子，一个忠实共
产党徒的小妮子。啊，可是她一定是个坏分子！ 她临死还要哼哼

---

① 蒋光慈:《咆哮了的土地》,《蒋光慈文集》(第 2 卷),上海文艺出版社,1983 年,第 189 页。
② 冯雪峰:《关于新小说的诞生——评丁玲的〈水〉》,《北斗》2 卷 1 期,1932 年 1 月。
③ [美]赛珍珠:《共产党员》,《元配夫人》,李敬祥译,启明书局,1940 年,第 104 页。

小调呢!"①这群"看客",方不知革命为何物,当然这也从侧面表明群众与共产党的隔膜。如果结合史实看,这样的描写并非全然不真实。彼时,中国共产党在政治上还不成熟,还未能全面、准确地把握中国的国情,组织上弱小,党员人数少,不能将自己的活动和思想传播到城乡各地,未被社会各阶层所认识、所了解,还是一支孤立的政治力量。客观地讲,这时的赛珍珠对中国共产党并没有太多的认知,她只是从自己一贯的平民主义的立场出发,触及了真正的革命必须以发动群众为依托的历史真实。

最后,《共产党员》的革命叙事中对革命动机、革命对象、革命方式的描写是肤浅而不自觉的,这与赛珍珠缺乏对当时"革命"的准确了解(更谈不上理解)有关。"革命+恋爱"小说的创作与此背景相关:1927年的"八七会议"上,中国共产党确立了所谓"暴动路线",自此,由中国共产党所领导的群众暴动在辽阔的中国大地上的许多地方实实在在地发生了。瞿秋白、钱杏邨、李初梨等将暴动这一革命的变形纳入革命文学理论中,指导当时的文学实践。李初梨对革命文学做指示时这样说道:"(革命文学)完成他主体阶级的历史使命,不是以观照—表现的态度,而是以无产阶级的意识,产生出一种斗争的文学。"②革命文学作家对此有清醒的认识,用阶级斗争学说替代传统的血亲伦理,以暴力革命的形式完成对仇人所在的有产阶级进行复仇的历史使命,是其创作"革命+恋爱"小说的题中应有之义。赛珍珠的小说里,秀梅的革命动机是简单的,在成为共产党员后她的成长及思想的变化也不得而知。虽然,小说借俄国共产党员之口,也写到了革命对象,"那些癫肥的食过其量的人应该死去,因为他们太可恶了。……资本家!"③贝沃秋还以

---

① [美]赛珍珠:《共产党员》,《元配夫人》,李敬祥译,启明书局,1940年,第104页。
② 李初梨:《怎样建设革命文学》,《文化批判》,1928年第2期。
③ 同①,第100页。

实际行动刺死了一个肥胖的、穿灰色长袍的商人。但是,这里还没有把复仇对象上升到整个有产阶级的高度,甚至连"阶级"的意识都不曾出现。更因为赛珍珠对北伐战争中非基督教运动真相的误解,小说中"斗争"场面的描写变成了纯粹的艺术夸张:"地上到处躺着死尸——男人,妇女和孩子;那些死尸呈现着各种不同的姿态。最先,他们只屠杀那些反抗他们的人;到后来,他们见一个杀一个,弄得玉石不分。末了,他们全都疯狂了——"①

《共产党员》是赛珍珠早期创作的一部重要作品,但目前学术界对这部小说的关注极少②,研究更是付之阙如。以同时期革命文学的"革命 + 恋爱"叙事模式为参照研读赛珍珠的《共产党员》,不失为一个有效的视角。二者互为镜像,不仅"革命 + 恋爱"小说所蕴含的丰富历史内涵和美学特质昭然若揭,而且《共产党员》的独特价值也得以彰显。如何认识中国共产党及国际共产主义,如何看待现代中国风起云涌的革命浪潮,如何考量中国女性解放的艰难历程,赛珍珠通过这部作品做出了回答。她的思考有局限性和一定的误读,但也不乏深刻性与前瞻性。

---

① [美]赛珍珠:《共产党员》,《元配夫人》,李敬祥译,启明书局,1940 年,第99 页。
② 董晨鹏的《走向世界的中国与世界主义的赛珍珠》一书中,全文翻译了这部小说,并结合历史事实解读了这部小说,但并没有对小说的深层文化意蕴做深入研究。

战火中的巾帼英姿

——赛珍珠抗战小说《游击队的母亲》与
《圣经次经·犹滴传》的比较研究

张春蕾

收入反映中国抗日战争的短篇小说集《永生》(*Today and Forever：Stories of China*,1941)中的《游击队的母亲》是赛珍珠短篇小说中的精品,但至今没有引起评论者的注意。小说描写日本侵华期间,某沿海城市大户人家钱太太放弃与家人一起去后方避难,勇敢地留在已被日军占领的城市里,将一支溃退的中国军队改组成黑河游击队,驻扎在护城河外的郊区,与城中日军展开周旋。钱太太自己则乔装改扮成贩妇,进城打探日军消息,伺机行动,最终将驻城日军一网打尽,收复了城市。之后,她又和这支游击队一起转战到其他城市,继续打击日寇。她为游击队员缝补制服,护理伤痛,悼慰死者,彻底贫民化,从一个贵妇人变成游击队的母亲。

翻开作品,不难推断,出生于传教士之家、从小熟读《圣经》并系统接受过西方教育的赛珍珠,在写作《游击队的母亲》时有意无意地借鉴了《犹滴传》这部收入《圣经次经》的著名小说。《犹滴传》写亚述国王尼布甲尼撒决心灭绝冒犯他的以色列人,居住在伯夙利亚城的富孀犹滴在本城即将遭到灭顶之灾、全城束手之际,挺身而出,前往敌营,巧设美人计,骗取全体官兵的信任,迷惑亚述军首领何乐弗尼,并借其色心大开、全无戒心之际将其斩首,致使亚述军队群龙无首,不战自乱。以色列人趁机将他们一网打尽,保全了伯夙利亚城和整个以色列民族。犹滴以她的大智大勇大义而成为"耶路撒冷的光荣""以色列的女英雄"。两部作品在时代背景、主题、情节设置等方面有着高度的相似性。

一、刚柔相济的故事背景

两部作品故事发生的时代背景有相似之处,都描写了在民族存亡的历史时刻,两位卓越女性的非凡表现。《游击队的母亲》中,日本侵华,"中华民族到了最危急的时候",这在小说发表之时还属于正在进行的现实。东部许多城市被占领,日本人所到之处,干尽烧杀奸淫之恶事。此时,一个来自民间的富家女子钱太太,放弃自己原本可以有的安全、宁静及与全家人共享天伦的自在逍遥,选择独自留在被占领的家乡,以柔弱的女子身份重振一时受挫的军队士气,倾长期积累的知识与智慧,在局部战斗中打败日军,挫损了他们的嚣张气势。这里,宏大的时代背景与细处着笔的个体叙事,民族的巨大灾难悲苦与家庭及个人的安乐,日军的强势蛮横与象征受欺凌的民族的女性柔弱,军民的混乱、恐慌与钱太太的沉着、机智之间构成了鲜明的对比,取得了极富感染力的美学效果。这不仅是一次以正义战胜邪恶、以弱胜强的战斗,也是一次以文明智慧战胜野蛮霸道的胜利。《犹滴传》故事的历史景深更加宏阔,作者用七章交代事件起因,占据整篇小说近一半的篇幅,以凌厉、凶险、沉郁的战争格调来反衬和凸显女主人公的胆略和智慧。古亚述国王尼布甲尼撒因震怒于周边邻国在其危急时刻拒绝援助,国势壮大后决心灭绝所有邻国,以示报复。亚述军所到之处,"烧毁庄稼,滥杀牛羊,劫掠城镇,蹂躏整个乡村,杀死了所有青年男子"①,众国恐怖不已,愿意归顺,但他们的神殿仍遭到亚述大军的摧毁。以色列民族为使圣殿不受玷污,决心抵抗。但亚述军统帅何乐弗尼却以切断城中水源的方式,使伯夙利亚城中居民无以生存,民心大乱,士气低落,眼看城将不保,举国危机。小说在中心故事发生之前,营造出的紧张、强烈的蓄势效果,使后九章犹滴出面干预战局产生了四两拨千斤的艺术效果。大军压境,"黑云压城城欲摧",在此严峻的战争背景上,犹滴在危急关头横空出世,犹如一道美丽虹霞划破阴沉的天空。她以超群的美貌和过人的谋略赢得何乐弗尼和全体亚述军的迷恋和信任,从而得以轻取敌首头颅,巧妙挫败敌军的灭城计划,挽救了以色列民族的命运。她不仅使以色列民族看到生机,看到希望,也让在征战厮杀中人性沦陷的敌人回味起至美至真的正常情感,这是犹滴能够取胜的重要原因。横扫列国的亚述大军与足不出户的以色列守寡女子,构成多与一的反差;战争的刀光剑影、血雨腥风与女子的美丽温柔、曼妙妩媚,构成刚强与柔弱的对比;伯夙利亚城乃至全体以色列人岌岌可危的命运与犹滴深入敌人营帐、轻松赢得信任、除灭敌首,构成紧张与放松的悬殊,使小说产生了极大的艺术魅力。

二、多重主题的共时展现

两部作品的相似性还体现在主题上,首先宣传的都是民族主义和爱国主义精神。古代以色列的犹滴、现代中国的钱太太原本都是普通家庭妇女,钱太太是有四子三女的富家太太,平时相夫教子,管理家庭内外事务。犹滴在丈夫死后,足不出户,恪守妇道,不问世事。但是,在本民族遭到外敌入侵时,她们都舍弃原有的平静

---

① 《犹滴传》,《圣经次经》,赵沛林,等译,时代文艺出版社,1995年,第51页。

生活,勇敢地走出来,以过人的胆略和智慧主动承担起挽救民族的大业,并取得胜利。她们代表的是弱小对强大、正义对邪恶、冷静智慧对骄狂蛮横的斗争和胜利。

其次,以女性为主角的作品,使两部作品在爱国主义主题之外更多了一个女性主义主题。《犹滴传》是《圣经·旧约》和《圣经次经》中三部(另两部为《路得记》和《以斯帖记》)以女性为主角的作品之一,在敌对民族相互冲突的紧张、险恶环境中,在民族危亡的关键时刻,作为一个深居简出、毫无作战经验的女性,犹滴仅凭天赋的智慧和美貌,略施小计,就使敌军的汹汹来势土崩瓦解。在她面前,亚述和以色列所有男性都黯然失色,以色列男子的茫然无措和亚述军队的轻狂松懈都成为反衬犹滴机敏大胆的背景。犹滴的谋略使亚述军队为他们被一个女人愚弄、栽在一个女人手中而深感耻辱,而以色列则在史册上镌刻下他们民族女英雄的名字。《游击队的母亲》中钱太太同样也是一个在男性面前闪着熠熠光彩的女性形象。和平年代,她就是家中的主心骨,既巧妙保全丈夫的尊严和一家之主的地位,又把自己的意志不动声色地贯彻下去。同时,她又秘密学习各种知识,甚至熟读英文版《近代战争与科学》。在日军来犯、人心惶惶、全城大溃退时,唯有她胸有成竹,站在街道上向同胞大声疾呼,号召大家留下来抗击入侵者,显示出过人的胆略和担当精神。她迅速有效地将溃退的军队组织成游击队,制定作战方案和计划,侦察敌情,寻找战机,歼灭敌军,收复城市,其才智见识与运筹帷幄的将军分毫不差。她成了游击队的灵魂,军师加指挥,受到游击队员敬神一般的顶礼膜拜,并尊称她为"母亲"。在挫败入侵者、拯救城市的过程中,犹滴和钱太太各自的生命价值也得到了升华。战争呈现的是社会暴力与混乱的一面,由动荡、血腥所构成的战争与女性的柔美气质格格不入。构成战争环境的刀光剑影、腥风血雨、炮火硝烟与女性的花容月貌、冰肌雪骨、兰质蕙心在本质上是截然对立的,因而,以战争为背景刻画出来的女性形象便会显现出与和平环境异样的风采,她们内在的生命光华也放射出格外耀眼的光芒。两位女性都是虚构人物,都没有自己的名字。"犹滴"这名字在希伯来文中是"犹太女子"的意思,而"钱太太"仅仅是身份的标志,对人名的虚化处理,不妨理解为两部作品都是献给全民族女性的赞歌。

三、出奇制胜的情节设置

在情节设置上,两部作品也有许多相似之处。犹滴和钱太太都是打入敌人内部的女间谍,而她们制胜的法宝都是女性身份。这一身份易于麻痹敌人,使其放松警惕。而形象则是女性示人的首要标志,二人在前往敌营之前,都曾乔装改扮一番,所不同的是犹滴扮美而钱太太扮丑。美是犹滴的标志,是她出奇制胜的无敌剑。犹滴脱下穿了三年的丧服,换上丈夫在世时节日才会穿的最美艳的衣服,她的美貌先是把亚述士兵弄得神魂颠倒,使他们根本无心怀疑她,使她轻易进了将军何乐弗尼的帐篷。"犹滴的出现使元帅帐内的银灯变得黯淡无光",也让何乐弗尼心动神摇,这些细节描写为后来犹滴的计策得以顺利实施做了有力的铺垫。而扮丑扮呆则是钱太太骗取敌人信任的手段。钱太太原本是温雅、高贵的贵妇人,虽已年长却风韵犹存,但这种身份不方便她接近日军。她脱下华美衣饰,蓬头粗服,"将牙齿弄黑了,做了一副呆脸"①,挎一篮猪油年糕,便活脱脱一个女小贩。扮美或扮丑,目的是共同的,都是为了骗取敌人信任,方便接近他们,以便相机行事。而她们给予敌人的致命一击,都是美酒。犹滴在何乐弗尼邀其共同宴

① [美]《赛珍珠》:《永生》,蒋旂,等译,国华编译社,1942 年,第 238 页。

饮时,假意迎合,却将他灌醉并枭其首级。钱太太的家是城里最好的住宅,后来成了日军指挥部。钱太太找出窖藏多年的洋酒,日军队长完全松懈,喝得烂醉,被游击队一举歼灭。

两部作品除了以上几个方面存在诸多相似性,在结构、叙事风格、宗教观念等方面又存在巨大差异。

四、烘云托月与简笔勾勒

《犹滴传》在结构上采用了烘云托月法,小说前半部分用来铺叙中心故事发生的历史背景,从铺叙亚述国与周边地区的矛盾入手,在广阔的历史天空下对两国尖锐对立的矛盾作了深入揭示,为犹滴的出场做了充分铺垫。女主人公犹滴直到中场才出现,而后中心故事迅速展开、推进并告终结。从伯凤利亚城遭到断水围困,城中居民生命危在旦夕,城邑官乌西雅向居民允诺上帝定来搭救众人,到犹滴挺身而出,扭转战局,犹滴仅用五天时间便改写了历史,改写了以色列人的命运。前半部分的千钧压力构成高度紧张、一触即发的蓄势,后半部分仅凭一人的力量便迅速改变一切,有四两拨千斤之效,取得了极好的艺术效果。而《游击队的母亲》采用的是单线推进的叙事结构,自始至终围绕钱太太的心理和行为展开。从钱太太内心潜藏的"秘密"——即钱太太渴求能像男子一样学习知识,并运用获得的聪明智慧建功立业,实现自身价值——写起,推进到抗战爆发,为这个秘密的实现提供了外部环境。对抗战背景的交代仅限于与钱太太发生关联的局部事件,如日军占领城市、百姓恐慌逃生等,没有《犹滴传》那种大开大合的历史视野,也没有对日军占领城市后给人民带来的灾难的描写,因而小说缺少《犹滴传》那种戏剧性转变的艺术效果。其实,赛珍珠非常关注重大社会问题和历史问题,偏爱将人物置于此类大背景上展开命运轨迹，如《牡丹》(*The Peony*, 1948)再现中国开封犹太人的生活，《中国飞行》(*China Flight*, 1945)写珍珠港事件之后的故事，《匿花》(*The Hidden Flower*, 1952)表现跨国婚姻带来的民族文化冲突，等等。但她习惯从微观处切入创作，窥斑见豹，一叶知秋，从个人或家庭命运的镜像折射整个时代的风云变幻，而不是直接描写历史真实，以上作品莫不如是。这或许与个人才情、艺术偏好相关。《游击队的母亲》是一个典型例证。通过劝阻溃退军队，将游兵散勇组织成抗日游击队，化装成女商贩进入城中日军司令部侦察敌情，模仿拿破仑进攻莫斯科制定作战方案，以美酒麻痹日军队长意志并乘机袭敌，与游击队员共处，成为游击队的母亲等几个关键性情节，钱太太终于实现了内心隐秘的愿望，完成了从富家太太、妻子、母亲到比男人更多谋善断、坚定果敢的女英雄、作战的指挥者、游击队的母亲的角色转变。《犹滴传》以历史事件为轴组织情节，《游击队的母亲》则以人物为中心安排故事，所以两部作品的风格截然不同，一部气势宏大，矛盾推进迅速，节奏紧张有力，回荡着惊天动地的英雄气息；另一部细腻婉约，叙事不疾不徐，流淌着东方女性含而不露的智勇潜流。

五、"准神授叙事"与心理书写

两部作品的叙事风格也存在较大差异。《犹滴传》的叙事风格首先体现了迈尔·斯滕伯格（Meir Sternberg）所说的"真理价值"（truth value），即要让读者相信所言皆真。不论故事是否真实发生过，所写事实是否正确无误，它们都被声称为真实的。"所谓历史作品，并不是它里面记载的都是真事——是真正发生了的事情，而在于这个话语声称它记载了历史真实；同样，虚构作品也不是真正凭空创造,而只不过那个话语声言它是出自作者的想象。"①因而《犹滴传》的叙事话语具有一般虚构故事所不具备的权威性,带有不容置疑的宣言话语性质,尽管有学者指出,"其中借用的史实有许多矛盾或错误之处,小说在地理方面也很混乱,如彼土利亚(或译伯夙利亚——笔者注)所在的地点就不明了"②,但阅读体验却极易令读者产生在阅读一篇历史故事的幻觉。其次,《犹滴传》在体裁上是小说,却包含着极强的戏剧性特征。小说情节如戏剧一样大开大合,大起大落,矛盾冲突激烈,几经意想不到的转折:亚述王与阿法扎得王的斗争由劣势转为优势,由弱转强,由败转胜,周边国家对亚述国的态度前倨后恭,亚述国大军压境,不可一世,以色列国家危在旦夕。犹滴出场,亡敌之首,亚述军队不战自乱,溃不成军,以色列民族则不仅解除危机,而且劫掠了大量财物,全城沉浸在胜利的喜庆中,整篇小说犹如一部悲喜剧。戏剧性特征还体现在语言方面。语言是揭示人物精神世界和性格特征的主要手段,小说中的人物语言有训示(如尼布甲尼撒对亚述军全军统帅何乐弗尼所做的训示)、演说(如亚扪人首领亚吉奥、何乐弗尼的演说)、祈祷(如犹滴对上帝的祈祷)、对白(如犹滴与伯夙利亚执政官的对话)等主要手段。如犹滴对乌西雅等执政官所说的话:"我们的上帝,我们的主在考验我们,就像他考验我们的先祖一样,而我们则应当为此感激他。想一想他是怎样考验亚伯拉罕和以撒的吧,想一想当雅各在美索不达米亚为他舅舅拉班牧羊时,他所遭遇的事情吧。上帝并没有像考验他们那样严厉地考验我们的忠诚。上帝把现在这惩罚加到我们头上,并不是为了报复,而是为了警告

① Sternberg Meir. The Poetics of Biblical Narrative: Ideological Literature and the Drama of Reading. Indiana University Press, 1987:25.

② 朱维之:《圣经文学十二讲——圣经、次经、伪经、死海古卷》,人民文学出版社,1989年,第414页。

我们。"①这口吻犹如直接接受上帝指令的先知摩西一般,言说者俨然已成为上帝的代言人,斯滕伯格将之称为"准神授叙事"(Quasi-inspirational Narration)。犹滴向上帝祷告:"啊,我的上帝,请垂听我的祈祷,一个寡妇的祈祷。……你设计着一切——设计现在发生的,也设计将要发生的事情。你的设计历来都不曾落空。无论你要做的是什么事,你总能做得尽善尽美。你能预知你要做的一切,也能预知你将做出怎样的决定。"②这种与至高无上者的直接对话庄严神圣,对女英雄挽救民族危亡的宏大叙事书写给作品着上了一层壮丽色彩。

美国叙述学家查特曼认为:"故事中必定既有事件也有人物,不可能存在没有人物的事件,而没有事件也就不会成为叙事作品。"③人与事是小说的两个重要构成成分,在叙述中则有以事为主和以人为主之分。《犹滴传》以事件为中心,人的活动围绕民族存亡展开,故其叙述风格有史诗般的宏大庄严,而对犹滴的心理、言行的勾勒则比较粗略。犹滴凭借色相诱惑敌军,每日衣着华美,香水覆身,却能在敌营四天,在欲火难禁的敌军将领身边陪饮侍寝,始终守身如玉。此类描写带有明显的拔高和神化之嫌疑,真实性令人怀疑,使小说有着浓重的传奇色彩。犹滴是以色列民族的骄傲,理应完美无瑕,包括她终身守贞不嫁等,都体现了以色列民族浓厚的宗教意识和鲜明的女性观。

而《游击队的母亲》始终以人为中心,着力展现钱太太的精神发展历程,采用的是平实细腻的个体叙事。《游击队的母亲》中一系列对敌行动皆为表现人物的精神发展而设置,故通篇运用西方成长小说常见的心理书写,写钱太太在前半生岁月中波澜不惊、声

---

① 《犹滴传》,《圣经次经》,赵沛林,等译,时代文艺出版社,1995 年,第 66 页。
② 同①,第 68 页。
③ 申丹:《叙述学与小说文体学研究》,北京大学出版社,2001 年,第 66 页。

色不露地积累起来的智慧种子,在抗战这个特殊的历史背景上,结出了丰硕的果实。钱太太的民族大义体现在她部署游击队围城、自充间谍侦察敌情、制定作战时间与方案等真实记录中。当然小说情节也有漏洞,如钱太太向日军队长示意窖藏洋酒之处时,其身份是小贩而不再是这个家庭的女主人,至于她是如何知晓的,日军队长却从未产生怀疑。但这是作者构思时的漏洞,不同于《犹滴传》的美化和拔高。钱太太虽然也是一位有勇有谋的女中豪杰,但立足于平民化写作立场的赛珍珠则将她写成了一个无名英雄,她没有像犹滴那样受到万民欢呼拥戴,却默默地、平实地奉献着她的智慧和生命:"钱太太自己也忘了她是谁了,战争继续下去,最后她觉得好像她这一生什么都不是,除了那些青年人喊她做'游击队的母亲'。……她现在知道了她应当永久的领导和跟从他们,一直到战争完毕,和平降临,或者到最后,在大路旁边,一抔黄土之下,她有了她自己平安所在的时候。"①钱太太默默无闻的工作体现了东方民族平实的人生态度,与以色列民族的英雄崇拜的价值取向判然有别。赛珍珠了解并激赏东方人的审美观念,他们服膺含蓄、内敛、不事张扬的谦卑之美,小说对钱太太一生的平缓叙述正体现了这种东方美学观念。

六、天赋智慧与人文光辉

两部作品的差异还体现在宗教观念上。《犹滴传》出自以色列民族,犹太教不仅是以色列民族宗教,也是其政治、文化和哲学思想的集中体现。强烈的宗教色彩贯注于《犹滴传》始终。犹太人的每一次行动,无不在上帝的名义下进行。犹滴指责伯夙利亚城执

---

① [美]赛珍珠:《永生》,蒋旂,等译,国华编译社,1942年,第247页。

行官僭越上帝职权,请求上帝赐给她力量,独自去亚述军中拯救全城百姓。她取得何乐弗尼信任,也是借口以色列人触犯了上帝,必遭神谴,自己弃暗投明,帮助受上帝祝福的人。她割下何乐弗尼头颅,返回城中时,说的是:"我们的上帝依然与我们同在。他今天又一次在以色列显示了他的力量,他以他的权能打击了我们的敌人。"①更为关键和隐秘的是犹滴克敌制胜的智慧是如何获得的,小说中并未有细致交代,只有乌西雅的一句话:"从你是小孩子时起,我们全都从你对事物的判断中见出了你的聪敏与谨慎。"②强调的是犹滴的天赋,她的智慧来自上帝,是上帝赋予她的,她是上帝派来拯救以色列民族的使者,这种解释切合了犹太民族浓厚的宗教意识,不但令人信服,且富有教益。这种像天光一样笼罩全篇的宗教光芒在《游击队的母亲》中则荡然无存。相反,钱太太开启智慧的最初行动就是抛弃盲目的迷信观念:"她把她所有的秘密都一同带到她丈夫的家中,第一她不再信神了,在家庭之中,女人是愚昧无知的,都到寺院里去做了迷信虔诚的信徒。如果他们都知道这样的一个美丽娴雅的青年女子已经将信神之念静静抛弃了,一定会惊讶以至恐怖的。她曾听到她弟弟的教师讲解了许多科学,她就相信不疑。不过,她仍然在丈夫的家里对着神位磕头和在她父亲的家里一样,这仅是一种假装,并非真信他们。她也知道这些被信仰的目标对于那些愚昧的人是有用处的。"③受到现代科学洗礼的钱太太以理性的眼光看待神灵,在她眼中,宗教徒虔诚或狂热信奉的宗教只是愚昧无知的标志而已。小说对钱太太过人的见识才情的养成作了令人信服的叙写,她不仅聪慧颖悟,且对知识怀着强烈的渴望,阅读过各类书籍,甚至粗通英语、日语,小说把这称为钱

---

① 《犹滴传》,《圣经次经》,赵沛林,等译,时代文艺出版社,1995 年,第 77 - 78 页。
② 同①,第 67 页。
③ [美]赛珍珠:《永生》,蒋旂,等译,国华编译社,1942 年,第 225 页。

太太的"秘密",这是她后来克敌制胜的重要原因。与犹滴的天赋智慧相比,这种描写少了宗教和传奇色彩,而多了人文主义的智性光辉和现实主义的细致写真。钱太太的每一次行动都有赖于她自己的智性之光的烛照,小说闪耀着现代人文主义的理性光芒。

赛珍珠善于从中西文学传统中吸收营养,从古典小说中拿来自己所需的内容和技法,以表现现代中国社会的生活,借助于"旧瓶",包装了"新酒",同时在"旧瓶"上又贴了新标签,使其更具有时代色彩。这种处理,使她那些现实主义小说创作有了一种历时性的传统贯注和厚重感,在中西现代主义文学盛行的大潮中透着一脉殷殷古韵。

后殖民生态视域下的《激战》

黄 橙

赛珍珠最初以中国叙事而闻名世界的诺贝尔文学奖得主,她的一生都凭借双语背景与双焦透视的独特人生经验致力于东西方世界的文化交流。在她的中后期作品中,赛珍珠将笔触从中国扩展到了日本、印度等东方国家,文学创作从成人文学板块扩展到了儿童文学领域,作品内容从人的社会扩展到了非人的世界。这些空间的变化、叙事对象的转换和审美观照的多元化反映了这座"沟通东西方文明的人桥"(尼克松语)对种族、地域、生态、读者等方面做出了严肃思考,在思考中也流露出对西方文明尤其是对美国国民性的忧虑。发表于1965年的儿童读物《激战》(*The Big Fight*)就是赛珍珠晚期创作的一部寓意丰富的作品,若将它置于后殖民生态视角下进行观照,就能一窥美国在文化交流中是如何对印度的生态环境造成负面影响的。

一、美国电影:西方文化霸权的工具

《激战》主要讲述了美国人奔赴印度、在印度人的帮助下摄制动物题材电影的故事。后殖民理论家萨义德认为"只要考虑东方就无法回避印度"。① 印度在英语文学中的书写并不少见,尤其是

---

① [美]爱德华·萨义德:《东方学》,王宇根译,生活·读书·新知三联书店,2011年,第97页。

在英国文学中,印度与英国有着错综复杂的关系,然而《激战》这部
作品描绘的则是一个跨文化作家对印度的文学想象。众所周知,
印度有着漫长的殖民统治历史。早在 16 世纪,西班牙作为第一个
欧洲势力在此从事过贸易活动。到了 18 世纪,英法两国互相竞
争,抢夺各自在印度的最大利益。经过一番争斗后,英国最终在印
度确立了殖民统治。直到二战结束,英国势力急剧下降,印度共和
国才于 1947 年摆脱殖民政府而宣告独立。如今的印度虽然告别
了漫长的殖民统治时期,号称世界上发展最快的国家之一,但许多
社会矛盾依旧突出,如贫富差距与种族等级制度等。赛珍珠的《激
战》展现了印度面临的一些困境,在这部作品里,东方与西方、人与
动物、成人与儿童的关系值得我们关注。

　　《激战》写于 1965 年,但作品中未出现任何具体年份,读者只
能通过一些线索来判断大致的时间。在这个故事中,最核心的事
件、最能提示年代的线索便是美国人到马德拉斯取景拍摄电影。
美国电影之所以关注印度,是因为早在 20 世纪 30 年代就有了有利
土壤。在那个时候,"大多数的主要电影公司明白有必要在好莱坞
各制片厂设立国际部门,以便从国际角度给制片人提供有关影片
的意见"。① 从资料来看,若将"亚洲国家被用来作为故事片中的主
要背景的次数"与"亚洲国家被实际当作摄制影片外景地的次数"
作为衡量标准的话,从 1947 年到 1954 年,亚洲在银幕上受到注意
的次数仅位于欧洲、北美洲、非洲之后,位列第四。尤其是在 1950
年后,好莱坞对独立后的印度的关注度前所未有地提高了②。由此
看来,《激战》的故事背景大致发生在印度独立前后,这时候的宗主
国已无力维持政治统治,单纯的领土侵占和经济掠夺不再成为主

---

　　① Dorothy B. Jones. The Portrayal of China and India on the American screen, 1896—1955.
Cambridge, Mass: MIT Center for International Studies, 1955: 6.
　　② 同①: 11 - 12.

要的殖民方式,在意识形态领域赢得话语权才是西方霸权势力想要达到的目的。在对印度人民的文化和经济争夺掌控权的过程中,电影扮演了前锋角色。英国的威尔士亲王曾在 1923 年作为民间贸易和友好的促进者在英国国家电影联盟的会议上发表演说,指出贸易是跟随电影而来的,英国电影行业必须加快发展,电影对帝国的贸易应给予真正的帮助。他又提出这样的见解,认为电影可以让语言不同的国家互相接近对方;电影虽没有它自己的语言,但是它能够用所有的语言来传达它的思想。《伦敦晨邮报》在评价威尔士亲王的演说时,充分认识到美国电影已经对大英帝国构成了威胁,报纸这样写道:"今天电影对于美国来说,就好比当年国旗对于英国一样。如果不加以阻止的话,山姆大叔将来就是希望用这种手段有朝一日要把世界美国化。"①

由此看来,电影只是戴着友好面具的大使,其实质便是后殖民时期帝国主义争相抢占东方利益的工具。美国之所以能够占得先机,这与其亚太扩张使命不无关系。美国历史学家赫伯特·班克罗夫特曾经描绘过美国的野心:"我们不再局限于在美洲大陆这片处女地上发展。美国本土的拓荒工作已经完结,现在必须走向海洋,因为跨越美洲、进入亚太不仅是由帝国扩展的逻辑所决定,还是由西方文明的传递者——美利坚民族——的历史使命所决定。"②正是因为自诩为"西方文明的传递者",美国人才自信满满地进入了印度,以电影的名义既为印度人民带来财富,又为美国大众带回第三世界的各种信息。然而电影真的那么可靠吗? 美国著名文学家、艺术评论家苏珊·桑塔格曾经对摄影技术有一番精彩

<hr>

① Dorothy B. Jones. The Portrayal of China and India on the American screen, 1896—1955. MIT Center for International Studies,1955:2.

② Palumbo-Liu David. Asian/American: Historical Crossings of a Racial Frontier. Stanford University Press,1999:339.

的阐释,她认为摄影在教给我们一种新的视觉规则时,改变了也扩展了我们对于审美东西值得一看及我们有权注意审美的观念,"摄影业最为辉煌的成果便是赋予我们一种感觉,使我们觉得自己可以将世间万物尽收胸臆——犹如物象的汇编"。① 换言之,摄影带有一种欺骗性,它虽能不受时空限制,将许多东西视觉化,进而让我们自以为收集了整个世界,但实质上却控制了观众的观看方式与观看视野。《激战》中的电影制作过程恰恰就带有这种欺骗性,其背后深藏着美国人和印度人各自的一厢情愿,若试图剖析两国人民在物质文明和精神文明层面上的差异,便可越来越清晰地看到人与人、人与动物在作品中的真实关系。

二、印度人:新殖民主义的牺牲品

《激战》中的印度虽然大致已经摆脱了殖民主义的桎梏,但并不意味着印度人民完全获得了自由和发展的权利。"如果说殖民主义是一种凭借强权来直接进行统治的制度,那么新殖民主义就是一种以让予政治独立来换取经济控制和剥削的间接统治制度。"②正是在这种间接统治制度下,印度人的生存状态堪忧。

故事开篇不久,身为马戏团老板的印度父亲四处寻找喜欢与动物在一起玩耍的儿子兰吉特,并告诉他不久后就要动身去马德拉斯,因为在那里美国人想要租用他们的老虎拉杰拍电影。在传递这个消息时,父亲在言语之中按捺不住兴奋之情,因为这趟马德拉斯之行意味着能够赚钱,而快速积累财富、有朝一日名扬大都市是他的奋斗目标,他的野心可以从马戏团的名字上窥见一斑:阿玛

① [美]苏珊·桑塔格:《论摄影》,艾红华,等译,湖南美术出版社,1999年,第13页。

② L. S. Stavrianos. Global Rift:The Third World Comes of Age. William Morrow & Co,1981:457.

辛格环球马戏团(Amar Singh World Circus)。事实上,环球马戏团这个称谓言过其实,因为它的名声只限于印度的农村。然而无论是父亲还是儿子都不甘于现状,他们多次提到希望将来有一天马戏团的演出能够进军孟买,而这次的马德拉斯之行至关重要,它能为他们在孟买的事业铺平道路,因为赚到美国人的钱后便可招兵买马,马戏团的阵容才会名副其实。父亲的心态其实折射出两种社会现象。第一种社会现象是"农转城",即印度人口城市化现象。印度社会学家巴哈杜尔认为,"20世纪50年代以来,城市化水平稳步增长,主要得益于农村—城市移民水平的逐渐增强"。① 作为马戏团老板,兰吉特的父亲必须要为生意着想,他认为将事业重心从农村转移到城市必然会带来名声和财富的增长。第二种社会现象是"本土转向国际",即全球化现象。兰吉特的父亲想把马戏团的生意做大、做强,这与其他任何一个生意人一样,都是对事业的追求。然而,马戏团的名字中出现的修饰词"环球"二字,并非体现本土化的"印度"或具体某个印度地区。可见,马戏团老板的壮志雄心不仅仅是将农村生意发展到城市那么简单,而是希望有朝一日能够让马戏团带上国际化的色彩。这两种社会现象带来的好处是直截了当的,即父子俩尤其是父亲口中反复提到的财富与名声。

在新殖民主义和父权主义的双重压迫下,天真烂漫的印度儿童兰吉特正悄悄地从一个善良的儿童堕落为像他父亲一样唯利是图、冷酷无情的商人,从这个意义上说,他的童年生活也并不理想。仔细揣摩电影拍摄过程中动物血腥抢食事件的来龙去脉,读者会发现兰吉特的善良性格产生了一些细微的变化,他身上的天性与社会性在激烈地发生对抗。当父亲第一次提起去马德拉斯的消息时,兰吉特的第一反应便是担忧老虎拉杰是否愿意去马德拉斯,这

① Tarun Kumar Bahadur. Urbanization in North East India. Mittal Publications,2009:73.

无疑体现了儿童的天性,即将动物放置于一个与自己毫无利益冲突的位置,且与之平等相处。事实上,兰吉特身为马戏团老板的儿子,平时有很多机会与动物们相处,他觉得与动物们相伴也比与人待在一起舒适。动物也是有情感的,将人类与动物粗暴地划分开来是欠考虑的。兰吉特与老虎拉杰的情感恰好证明了儿童作为人类的原始状态与动物是和谐相处的,然而在成长的过程中,人的内在动物性渐渐让位于无孔不入的社会性。在众人焦急等待老虎与花豹的血战过程中,他察觉出了父亲的困境,即苦恼老虎连笼子都迈不出、花豹米拉居然害怕梅花鹿,他不止一次地听从了父亲的命令,拎起老虎的耳朵向前就走,显然他已经忘却了昔日与拉杰的情谊。当两只动物毫无争斗之意时,兰吉特果断地让父亲把事情交给他处理,并巧放碎肉引起冲突。激战结束以后,父子俩满意地坐上牛车,兰吉特听着父亲向他描述日后进军孟买的景象。可以说,兰吉特正从一个善待动物的纯真儿童,一步步沾染上父亲的社会性,从故事结尾来看,他还没有变成父亲的翻版,但他身上的两种势力在同时起着作用,且社会性的一面正压倒性地控制他的行为方式。如果将视域放宽,与其说兰吉特的天性与社会性在发生冲突,不如说是印度的城市与农村正发生着强弱对抗。在《激战》中,城市代表着财富,农村象征着贫穷,在这种二元对立下,兰吉特的善良秉性与世俗属性也发生了对抗。有印度学者指出,"乡村印度在很多方面是这个国家的灵魂。在所有可能性面前,它保留了印度的一些文明价值观"。[1] 在《激战》中,当马戏团驻扎乡村时,小主人公兰吉特与老虎拉杰情深意浓,处处体现出一个善良可爱的男孩形象;而当他远离乡村、跟随父亲来到大城市的时候,就变得

---

[1] Manmohan K. Bhatnagar & M. Rajeshwar, (eds.), Indian Writings in English. Atlantic Publishers and Distributors, 2000:127.

自私、冷漠、异化,从而成为父权主义理想的监护对象。

三、印度动物:种族主义与物种主义的受害者

在物欲横流的城市里,在全球化的美好想象中,动物作为一种非人类的证人,正在默默地承受着压迫与异化。《激战》中,生态环境的恶化情况十分严重,动物与人的关系也极度不和谐。在赛珍珠的笔下,狗可以随意躺在大马路上,但是它们的性命全凭公共汽车司机的心情支配;牛犊经常会饿死在地头田间,尸体成为乌鸦和秃鹰的粮食;印度的动物们习惯于吃纸袋(实质上是食物匮乏造成的),美国人认为这不可思议;在出发去马德拉斯之前,兰吉特为了给老虎洗澡,不惜与当地妇女争夺稀缺的水资源。

然而更让人触目惊心的是,昔日存在于人们脑海中弱肉强食的动物世界已明显沦落为令人惊讶的异化形象,这从故事中刻画的异化程度最严重的两只动物身上可见一斑。应美国人的要求,马戏团老板乘坐牛车将老虎拉杰和花豹运到了马德拉斯,并把它们放在一块预备好的草地上(实为一块草地,却硬要营造出一种丛林的效果),让它们互相争夺一只当地饲养的梅花鹿。如果完成任务,马戏团能够得到 600 卢比的回报,如果打斗足够血腥、精彩,那么价钱就可以涨到 1000 卢比。在利益的驱使下,兰吉特的父亲拼命煽动这场决斗,试图唤起动物们的野性。然而这些动物早已失去了与生俱来的斗志,它们的行为是反常的、异化的:老虎并不愿意出笼,它虽为雄性,却由于得到兰吉特的极度宠爱早就习惯了无忧无虑的笼中生活;花豹倒是比老虎先出笼,它虽为雌性,却由于一直不招人喜欢,所以走出笼子时仍旧怡然自得;由于长期豢养、不吃活物,两只动物在靠近梅花鹿时并不争斗,更出人意料的是,花豹在梅花鹿面前居然瑟瑟发抖;兰吉特无意中发现两只动物对

他随身携带的碎肉产生了兴趣,于是把碎肉放在梅花鹿腿下试图引起争斗,老虎和花豹闻见肉香都奔向梅花鹿,但当它们发现碎肉后便不再向前追赶,老虎享用了碎肉,不敢与之抢夺的花豹反被激怒的梅花鹿追赶回了笼子。原本野外生存的动物有着与生俱来的斗志,然而想要在养尊处优的老虎和逆来顺受的花豹之间挑起一场激战,却并不容易。一旁等待摄影的美国人并不耐烦,他们随意地冒出脏话,催促父子俩尽快让两只动物进入战斗状态。但是面对谩骂,父亲并不反感,因为美国人手里攥着金钱,而"环球马戏团"的野心,实质就是向全球化的资本主义靠拢,但正如詹明信所言,全球化实际上是美国化,美国人来找马戏团拍电影让父亲感到了无上荣耀,言行举止似乎都在拍着美国人的马屁。

在"动物—印度人"和"印度人—美国人"这两组关系中,借用后殖民生态批评的核心观点之一"动物批评",我们可以看出动物与印度人的境遇是一样的。动物批评与"种族主义"和"物种主义"的概念不无渊源。前者认为人有高低贵贱之分,于是乎殖民行为变得合情合理;而在后者看来,人类的地位永远是中心的,其他物种的利益都必须以人的利益为重。"'动物批评'的精彩之处在于它将动物与原住民及第三世界国家等弱势群体相提并论,从而实现了生态批评与后殖民批评的完美结合。"①无疑,《激战》印证了这两种主义,它将动物与印度人的相同境地描写得相当清晰:动物要听马戏团主子的指挥才能混口饭吃,而印度人要达到美国人的要求才能得到发展。

由此可见,《激战》这部小说实际上为我们揭示了一个四层金字塔的关系,最底层为动物,往上一层为儿童,再往上一层是印度的成年男性,最高层则是美国的成年男性。后殖民生态批评理论

---

① 何畅:《西方文论关键词 后殖民生态批评》,《外国文学》,2013 年第 4 期。

告诉我们,"对于殖民主义的暴力过程而言,环境就是一个'非人类'的证人,而置身于变化之中的环境本身就是'后殖民性'的必要构成部分"。① 换言之,受"种族主义"和"物种主义"的双重世界观的影响,印度在殖民过程中成为一个极度贫穷的国家,动物也被视为劣等物种。在"帝国主义"和"种族主义"的意识形态的驱使下,美国人来到昔日的殖民地猎奇"野蛮"之地的"动物性",然而这里的"动物性"早已异化,动物们扭曲的天性正是《激战》最为戏剧性之处。赛珍珠通过对动物、儿童、印度的成年男性和美国的成年男性的书写,似乎在"呼吁人民在探讨人与自然、环境的关系中关注种族与帝国主义,对曾受帝国统治而产生的生态系统的形成、现代全球化资本运作下的生态发展进行后殖民的审视,并反思西方生态批评自身的话语权与霸权意识形态"。② 从这个角度来讲,《激战》给儿童读者带来的"惊异感"③,蕴藏着成人的深度思考,而这种深度是赛珍珠的其他儿童作品从未达到过的,它最有可能将儿童"撄人心"④的审美情趣转化为入世的行动。

《激战》实质上是个动物故事。但这个动物故事与加拿大的西顿、日本的椋鸠十、奥地利的娅旦森、中国的沈石溪等著名作家笔下的动物叙事有着明显的差异,因为它更关注种族、地域、后殖民等话题,那么儿童读者是否能够读懂这样寓意深刻的作品呢? 首先,动物故事不仅成人可以欣赏,儿童也能阅读,正如《国家儿童文学百科全书》中所说,"动物故事并不都是小孩子的保护区。事实上,犹如童话故事一般,动物故事起初也是成人文学中的一类,当人们重新划分成人文学与儿童文学的界限时,它才慢慢进入了儿

---

① Deloughrey E. Handely. Postcolinial Ecologies:Literatures of the Environment. OUP,2011:6.
② 江玉琴:《论后殖民生态批评研究——生态批评的一种新维度》,《当代外国文学》,2013 年第 2 期,第 99 - 97 页。
③ 刘绪源:《儿童文学三大母题》,华东师范大学出版社,2009 年,第 220 页。
④ 同③,第 65 页。

童文学领域"。① 其次，儿童读者与成人读者在审美本质上没有太多区别，中国学者朱自强认为，"审美在本质上是感性的情感和想象力对美的对象的投入和观照。儿童与成人相比，缺少的只是知识和经验，但他们却执有真挚的感情和丰富的想象力，而这些正是文学本质的东西。就艺术的本质而言，甚至连理性与机智都不具有决定性"。② 朱自强的见解与赛珍珠的观点基本上是不谋而合的，因为在《激战》这部作品中，赛珍珠正是调动起了人类的"惊异感"，它不仅能让儿童读者对被奴役的动物产生同情之心，而且能让成人读者从中提炼出哲思。然而，尽管对儿童的吸引力是感性的，对成人的吸引力是理性的，但这并不否定或降低儿童对该文本的阅读价值，因为恰如浪漫主义诗人华兹华斯在《每当我看见天上的彩虹》中所言，"儿童是成人的父亲"，儿童良好世界观的形成必定会有益于我们的世界。

四、结语

众所周知，后殖民生态批评是后殖民批评的"生态转向"，它对平衡生态环境和经济发展有着重要的启迪意义。赛珍珠创作《激战》之时无论是后殖民批评还是生态批评都未形成气候，但她却在儿童文学这一旧瓶中装入后殖民生态这一新酒，用浅显的语言描绘了第三世界国家的生态状况，也讽刺了第一世界国家的猎奇心理。

---

① Hunt P. International Companion Encyclopedia of Children's Literature. Routledge,2004:418.
② 朱自强：《儿童文学的本质》，少年儿童出版社，1997 年，第 252 – 253 页。

《诺言》：赛珍珠对缅甸战事的文学和历史书写*

吴庆宏　金　晶

　　1938 年诺贝尔文学奖得主、美国女作家赛珍珠把中国称为她的父国，对中国人民充满深情厚谊。尽管她在 1934 年回到了母国——美国，心却从未离开她生活了半辈子的中国大地。翻译家江枫先生评论道："从抗日战争爆发开始，她的同情就属于中国。她爱镇江，爱中国，爱中国人民，爱中国文化，她这种基于深刻理解的爱，驱使她不能不为中国人民捍卫自由的斗争奉献力量。"为了支持中国人民的抗日战争，她四处奔走，在美国各地发表演讲和文章，声援中国人民，并竭尽所能募集资金，为战乱中的中国人民提供人道主义救助。她在自己创作的《爱国者》《龙子》《中国天空》《诺言》等小说中，向西方读者讲述了中国人民的抗战故事，表达了对中国必胜的信心。其中，在发表于 1943 年的《诺言》中，赛珍珠以浪漫而真实的文学和历史叙事手法，歌颂了中国军民英勇顽强的战斗精神，揭露了英美帝国主义背信弃义的可耻行径，建构了一段中国远征军永不磨灭的光辉历史。

一、无法轻许的爱情诺言

　　小说《诺言》表面上描述了一对恋人的浪漫爱情故事，故事开头出现的人物是《龙子》中的主人公林郯一家，地点仍然是林村，只

---

　　* 文中小说引文为作者自译。

是故事发生的时间已经推进到中日战争的相持阶段。此时的林家三儿子林胜经过长沙会战的洗礼，已经成长为国民党抗日战场上的将士，改名林胜，正带兵赶赴云南昆明，集结待命。在昆明，他如约见到了爱慕已久的女子魏梅丽——那个在《龙子》中毅然阔别生长多年的美国、放弃优越的生活条件、回到中国支持抗战的传奇女子。然而，战争使人们的未来有太多生死未卜和前途未知，也让林胜和梅丽的爱情之路走得更为艰辛。

梅丽虽然敬佩英勇杀敌的林胜，却希望他拥有更多的学识。她以自己的智慧积极主动地影响和改造林胜，促使林胜学习、读书、写字，成为优秀的指挥官。每次林胜直接或间接地向梅丽求婚，梅丽都巧妙拒绝："我只是不想找一个还没长大的男孩当丈夫，这你能怪我吗？"①林胜的想法则很单纯，他认为既然两人天造地设，就应该尽快结婚。可对梅丽来说，婚约的诺言为时尚早，她不希望和其他女性一样为了结婚而结婚，她希望她的丈夫能够值得她热爱一生，她的丈夫必须是个"伟大的人"。② 她不能确定林胜已经得到了足够的磨炼，是否能成为她心目中的模样，所以在诺言面前，梅丽犹豫和退缩了。

林胜很快接到将军的命令，必须领军前往缅甸，去援助节节败退的英军打一场没有获胜信心的战役，正如将军所说，他们要打的是一场"大局已败的战役"。③ 而初从美国回到中国的梅丽对战争的认识仍然十分模糊，直到一场空袭降临，她才第一次近距离感受到战争的残酷和死亡的威胁，感受到人生命的脆弱和面对强大敌人的无能为力。当她怀抱被日军轰炸死去的婴孩，那一刻她理解了林胜的愤怒，"愤怒也在她心底播下了种子"。④ 林胜许诺他会很

---

① Pearl S. Buck. The Promise. Wakefield, RI & London, 1997：14.

② 同①：15.

③ 同①：22.

④ 同①：43.

快回来,梅丽表面上礼貌地回应他,她会等他回来,然而内心深处,真正经历过离别和死亡之后,她非常害怕失去自己的爱人。然而,国难当头,爱情的诺言显得不值一提。林胜作为军人,对国家的承诺高于一切,在履行爱情的诺言之前,他必须履行作为保家卫国的军人的诺言,他必须以身犯险;而在命悬一线、人人自危的战争年代,爱情的诺言显得更加无力和脆弱。梅丽也开始感受到这一点,所以她不愿在后方焦虑不安地等林胜回来,毅然参军随医疗队开赴中缅边境,悄悄追随爱人的步伐。

　　小说接下来描绘的是缅甸战场的悲壮场景。中国方面派遣了最好的官兵前去支援缅甸英军,而英国盟军的不信任和他们在缅甸战场的懦弱表现,让中国官兵深感希望的幻灭。作为几乎全军覆没的缅甸战场的幸存者,梅丽最后问林胜:"你能不能许诺我……"而林胜坚决地打断她说:"我不会许下任何诺言。我不是口头许诺的那种人。"林胜已经从背弃盟约、违背诺言的英国盟友身上体悟到诺言"不过是语言,空气中的泡沫,从人的嘴巴里吐出来转瞬间就破灭了,就好像从没有过一般"。① 爱情的诺言在生死面前已经显得无足轻重,林胜和梅丽为了他们的祖国,早已将生死置之度外。他们最后一起坚定地朝着祖国方向徒步而去。

二、难以兑现的盟国诺言

　　透过林胜和梅丽的爱情故事,《诺言》实际主要描述的是中国远征军入缅作战的那段动人心魄的历史故事。当时,日本发动了太平洋战争并迅速入侵菲律宾、泰国、马来亚、香港、印度尼西亚等地,而缅甸作为东南亚唯一尚未被日本占领的国家,对于接连失利

---

　　① Pearl S. Buck. The Promise. Wakefield, RI & London, 1997:247.

的同盟国来说具有十分重要的战略地位。缅甸不仅是英国在英属殖民地印度的最后一道保卫屏障，也是中国从境外获得援助军械、医药和其他战备物资的最后一条生命运输线。如果滇缅公路不保，美国提供的物资即无法轻易进入中国，美国援助中国的承诺就无法实现，与日本的作战也将陷入补给不足之劣势。在这样的背景下，1941 年 12 月 23 日，中华民国政府与英国方面在美国的斡旋下于重庆签署《中英共同防御滇缅路协定》，形成中英军事同盟。而《诺言》就是从小说主人公梅丽的个人视角去考量国与国之间的关系和命运，具体来说，就是中国和英美盟国的盟约和诺言。

小说中的女主人公梅丽来到中国将军的驻地，她发现接到远征命令的将军从一开始就对盟军缺乏信心，觉得"应该在自己的土地上打仗"[1]，受英国殖民的缅甸人肯定不会欢迎中国军队，因为"他们是去帮他们的殖民统治者的"[2]；他对把香港当作"节日的礼物"[3]拱手让给日本侵略者的英国人不敢抱有幻想，他说中国军队与英国盟军的地位是不平等的，"他们把我们看做是仆人而他们是主子"。[4] 考虑上述因素，他认为"英国人注定要失败"[5]，而他们要跟着去打一场注定要失败的仗，"他们也注定要失败"。[6] 将军的态度鲜明，同时他的观点和态度在很大程度上代表了林胜和很多普通士兵的想法。不过，尽管与英军的同盟从一开始就有诸多顾虑，中国官兵依然勇敢出征，正如林胜所说，"因为比起那些鄙视他们和他们祖先的骄傲的白人，他们更加憎恨他们的敌人"。[7] 共同的敌人将中国士兵和英国士

---

[1] Pearl S. Buck. The Promise. Wakefield, RI & London, 1997:20.
[2] 同[1]。
[3] 同[1]。
[4] 同[1]。
[5] 同[1]。
[6] 同[1]。
[7] 同[1]:31.

兵绑在了缅甸这块对彼此而言皆为他乡的土地上。中方派遣了最精锐的两个师,并将指挥权交给美国指挥官,表现出对英美军队充分的信任。然而当部队抵达缅甸边境时,却被滞留在边境线外,不断听到英军挫败和撤退的消息,直到仰光失守。中国方面这才意识到,"英国的合作诚意仅仅停留在形式上,一旦触及实质性的军事合作,英方就采取冷淡、回避甚至是阻挠的态度"。① 局势陡转直下,中方部队在边境滞留太久,最好的战略时机已然失去。中国国民党将军杜聿明曾在回忆录中提到"中英在战略上的矛盾",认为英国故意拖延中国军队入缅布防"是中国远征军失败的根本原因"。②

小说描绘到中国军队面对种种不利局面,毅然挺进缅甸与英军会合,与英军的溃败和软弱形成鲜明对比。而一场保卫缅甸的大战也迅速演变成保护英军撤退的大战。面对武器等各方面都更先进的敌军,林胜等人一开始还寄希望于英军的装甲坦克,然而英军不断撤退,那些大装甲反而成为他们撤退的拖累,本应有的空中支援也迟迟未来,希望再一次破灭。而当英军在撤退中被日军包围急需中国军队解围之时,明知此行有去难回,林胜毅然决定以身试险,因为"他想起了他的诺言"③,即作为士兵他必须服从上级命令,"在必须有所牺牲时甘愿牺牲自己"④,于是他带伤率领最优秀的先遣部队前去掩护英军撤退。

中国人守住了对盟国的诺言,然而却再次被盟国出卖。英军大部队撤离后,立刻切断了桥梁,将他们的盟军困在敌军和河流之间,置盟军的生死于不顾。这里,作者有意通过林胜的视角将英国人的背信弃义与中国人为朋友不惜牺牲的英勇行为做了鲜明对

---

① 陈家晶:《中国远征军出兵缅甸的美国因素》,《延安大学学报(社会科学版)》,2004 年第 4 期。

② 范德伟:《蒋介石和史迪威的分歧与中国远征军入缅作战失败》,《军事历史》,2010 年第 5 期,第 39 页。

③ Pearl S. Buck. The Promise. Wakefield, RI & London, 1997:184.

④ 同③。

比,并对英国人大加批评:"英国人进行着两场互不相干的战争。在欧洲,他们光荣地为人类的自由和摧毁纳粹奴役制度而战;在亚洲,他们为维持现状,为大英帝国,为殖民主义而战。"[1]在缅甸战场上,中英同盟从一开始就存在不同的战略目的和利益考量,因此,一旦局势不利,英国首先想到的是弃缅保印,使得它对中国的盟约和诺言不堪一击;中国人却严守一诺千金的传统,在危急时刻,奋不顾身,向英军伸出援手。同时,中国人深知缅甸失守意味着滇缅公路运输线被切断,那将使美国从南线运输军用物资的承诺也岌岌可危。国家之间的承诺有如散沙,因一时风利而聚,风止而散。

三、不失公允的历史诺言

虽然很多人认为历史只是为胜利者歌功颂德,为失败者留下千古骂名,但历史终究不是一个被人随便打扮的洋娃娃,它向大众许下的是公平的诺言,它是绝对客观公正的,任何人都抹杀不了的客观存在的历史事实。赛珍珠正是本着历史公正的立场,在《诺言》中为读者还原了一段真实的历史。除了梅丽,她还塑造了忠于职守、医术精湛的常军医,能说一口流利英文的工程师汽车兵李阔帆(英文名查理)等一系列年轻有为的爱国青年形象,他们代表了抗日战争中大批毅然从海外回国、用自己学到的本领报效祖国的热血青年。他们的存在让人们看到了抗日战争中不论身份和性别的青年的同仇敌忾,他们在国难当头之时勇于担当的牺牲精神感天动地。赛珍珠还描述到当时中国军队领导人蒋介石及其夫人宋美龄对盟军的担忧,还有他们亲往缅甸前线对广大将士的鼓舞和嘱托。中国远征军不畏艰苦,纪律严明,不许乱拿老百姓的一针一

---

① 白修德:《中国的惊雷》,新华出版社,1988 年,第 152 页。

线,当梅丽发现护士半笑偷了缅甸当地居民的东西时,立刻予以赔偿并教育半笑。他们用实际行动证明了中华儿女诚实正直、吃苦耐劳、英勇无畏、信守诺言的高尚品质,他们捍卫了国家的尊严。

小说女主人公梅丽与赛珍珠一样,具有中美两种文化成长背景,成为作者思想的代言人。赛珍珠从梅丽的视角塑造中国人眼中的西方人形象,结果"赛珍珠在东方语境中为自己国家塑造了一个'乌托邦'的他者形象"。① 在《诺言》中,中美两种文化成长背景下的梅丽曾因为不能完全融入本国文化而苦恼,感到"自己不是本族的一分子"②,她那独立开放的性格很大程度上折射了富裕、平等和自由的美国他者形象,而她在战争中的成长和蜕变、她与林胜的交往、她对白人态度的转变更多地体现了东西方文化的冲突和碰撞。她在真正参战之前,一直梦想着"只要我们的盟军看到我们的胜利,他们就会尊敬我们,兑现他们的诺言"。③ 然而投入战争后,她才逐渐发现林胜所说的白人对中国人的鄙夷和歧视是客观存在的事实,她对英国盟军的背信弃义和西方殖民者无知的优越心态给予了强烈的批判。她与美国指挥官的对质使她终于看清美国指挥官的拖延战术只不过是让"别人替他们去牺牲"④,而他人的牺牲却成全了"白人的英雄情结"⑤,由此她体会到,"如果正直是盲目的,那还叫正直吗?"⑥梅丽和幸免于难的战友在缅甸的丛林中遇到的英国逃兵口口声声声称"毕竟,缅甸是我们的"⑦,因而感觉他们对缅甸"负有责任"⑧,他们暴露出了殖民者态度,以至于梅丽无不讽刺

---

① 周子玉:《赛珍珠笔下的双重他者形象》,湖南师范大学硕士学位论文,2007 年,第 82 页。

② Pearl S. Buck. The Promise. Wakefield,RI & London,1997:148.

③ 同②:62.

④ 同②:207.

⑤ 同②:208.

⑥ 同②:208.

⑦ 同②:238.

⑧ 同②:240.

地感慨道："如果你们不把拯救我们为己任，我们就能自由了。"①

作为生活在中美两种文化边缘的"异乡人"，对赛珍珠而言，中国人和西方人形象皆为"异国的"，都是"出自一个民族的形象，由一个作家特殊感受所创造的形象"。② 赛珍珠却没有任何民族偏见，从始至终，她都没有歪曲历史，不仅塑造了英勇顽强的中国人形象，还借梅丽之口，说出了她对白人身份的反思，对帝国主义统治者、殖民者的批判。她遵守了不失公允的历史诺言。

四、结语

《诺言》这部小说既是对抗日战争中中国官兵英勇表现的赞美，也是赛珍珠对东西方文化的又一次探讨。诺言的主题涵盖了爱情的许诺、士兵对国家的承诺、国家同盟之间的盟约。在士兵对国家的责任面前，爱情的承诺只能退居其次，而在国家间的盟约里，中国士兵更是用生命在坚守。赛珍珠用一场滇缅战役勾勒出人性的善美，同时也不无犀利地将普通农民对英美同盟国诺言的信任与最终在战场上英军的背弃两相对比，有力而直接地指出白人殖民者所谓对殖民地的"责任"其实是在自私地谋求本国利益，而白人的优越感更是盲目得毫无根据。她在小说的结尾处借林胜二嫂玉儿之口，更进一步指出，单纯地相信诺言是没有用的，只能依靠自己。这也反映了赛珍珠对中国抗战胜利的期许和希冀——"为自己而战"。③ 她相信中国必胜。

---

① Pearl S. Buck. The Promise. Wakefield, RI & London, 1997:241.
② [法]让·马克·莫哈:《试论文学形象学的研究史及方法论》,孟华《比较文学形象学》,北京大学出版社,2001 年,第 25 页。
③ 同①:248.

相同的中国乡间题材　异样的旨意与描述

——赛珍珠《大地三部曲》与莫言《丰乳肥臀》之比较

朱希祥

　　虽然赛珍珠与莫言获诺贝尔文学奖的时间相距70余年,虽然两人性别不同,且赛珍珠以美国作家身份获奖,莫言以中国作家身份获奖,但两者都是以中国乡间题材为主,都不约而同地采用了中国的民间故事和现实事件等进行再创作,又因"史诗"方式和气概而获奖。所以,两人同与异的比较研究,会让我们对诺贝尔文学奖的颁奖原则与精神,以及对赛珍珠和莫言的深刻的思想观念、独特的创作艺术、民族的表达方式等,产生新的审视、新的解读和新的发现。

　　我们的研究思路从诺贝尔文学奖的颁奖词和赛、莫在瑞典学院的演讲说起,联系两人的答谢词,再结合两人的小说作品,概括而简要地论述他们共有但内涵与表现迥然不同的一些题材范畴和审美意识:小说概念与艺术的理解与阐释、文学作品的史诗精神和理想主义的表现、民族与时代社会的描绘,以及民间故事的运用、农民世界的展示、母亲形象的塑造、抗战故事的表达、人性的揭示、民俗的显现,等等。

　　当然,倘若一一述评以上内容,恐怕也会因过于细碎而难以把握主线与主旨,难以揭示内在的意蕴与精粹。因此,我们试图着重以他们的长篇巨著——赛珍珠的《大地三部曲》与莫言的《丰乳肥臀》为研究对象,从三个方面概括地分析它们的相似性与差异性,特别着眼于挖掘其内的存在与驱动因素。

一、"史诗"精神

在诺贝尔文学奖的颁奖原则与精神中,最先是理想主义,其后是史诗及由这两个原则与精神延伸出的人道主义、爱国主义、生命意识、现代派理想主义等内容。

就赛珍珠和莫言来说,"史诗"精神是诺贝尔文学奖对他们授奖的共同赞誉。

诺贝尔文学奖授奖给赛珍珠的缘由,是"她对于中国农民史诗般的描述,这描述是真切而取材丰富的,以及她传记方面的杰作"。① 而给莫言的颁奖词中,则说:"莫言创作出的家乡是一个美德与卑鄙残酷交战之地,是一次踉跄的文学冒险。中国以及世界何曾被如此史诗般的春潮席卷在莫言的作品中,世界文学的声音掩盖同侪。"②

什么是"史诗"原则与精神? 诺贝尔奖委员会主席霍尔斯陶穆在《雷蒙特和"农夫们"》(雷蒙特系 1924 年诺贝尔文学奖得主)论文中说:"对现代人而言,从叙事中辨识史诗的条件是:完整的体裁、和谐而一贯的格局,以及统筹全局的气象,还得描写受苦与奋斗的故事。"③这说得有点一般与笼统,许多叙事作品都符合这些条件。根据笔者的阅读与研究,综合曾获此赞誉的八九位诺贝尔文学奖得主的作品,特别是本文要重点解读与评论的赛珍珠与莫言两位作家,特将"史诗"的精神与内容归为三个方面:(1) 生命的意

---

① 　[美]赛珍珠:《大地三部曲》,王逢振,等译,漓江出版社,1998 年,第 947 页。
② 　此段话在腾讯网《莫言荣获诺贝尔文学奖的授奖词》(2015 年 9 月 23 日)中,翻译成:"在莫言的小说世界里,品德和残酷交战,对阅读者来说这是一种文学探险。曾有如此的文学浪潮席卷了中国和世界么? 莫言作品中的文学力度压过大多数当代作品。"
③ 　陈映真:《诺贝尔文学奖全集》(第 14 卷),台湾远景出版事业公司,1981 年,第 125 页。

识与创生的过程;(2) 深暖的人性与坚定的信念;(3) 社会的背景与生存的时空。①

赛珍珠作品的"史诗"精神已谈得不少了,这里着重说说莫言作品的"史诗般的春潮"。

仅就《丰乳肥臀》来说,莫言作品的"史诗"精神和风格,除具有上述三项内容外,还有着广阔绵长的时间跨度、丰富多元的人物形象和美丑融汇的情景描绘等特质。

虽然不能直接说这些特质也是史诗的内涵,但诺贝尔文学奖委员会是将这些内容作为史诗意义加以评价的。所以我们不妨对这些内容简析一番。

《丰乳肥臀》讲述的故事,时间跨度有半个世纪,即"我"(上官金童)及其家族,从"我"出生至"我"50岁左右的经历。历史事件则是明确地从抗日战争到解放战争,再到新中国成立前后的土改、"斗地主老财""大跃进"、人民公社、三年困难时期、"文革"和改革开放的主要阶段的政治、文化、经济、军事等全方位的展示。还有异国人在中国及中国人在日本等的境遇,等等。这既是中国近现代和当代历史的主体事件,也是大部分仍在世的中国人所亲身经历的国家、民族、家族和个体的悲苦酸甜的遭际。这已从表象到内在具备了史诗的质地。

从人物形象看,《大地三部曲》比较集中,三个男性(王龙、王虎和王源)、三个女性(阿兰、荷花和梨花)及其亲朋好友的故事,主体突出,形象清晰,情节单纯。

而《丰乳肥臀》中的人物则不是如此集中与单纯。

该作品里的人物不仅多,而且杂。光母亲(上官鲁氏)的女儿

---

① 朱希祥:《诺贝尔文学得奖作品的"史诗"精神》,《华东师范大学学报(哲学社会科学版)》,1990 年第 3 期。

就有八个:来弟、招弟、领弟、想弟、盼弟、念弟、求弟、玉儿,且基本都是同母异父所生。她们父亲的职业和她们八人后来的身份及以后的女婿和切身接触过的人,也是五花八门、千奇百怪:抗战英雄、游击队、地头蛇、土匪、地痞、流氓、汉奸、残疾人、小偷、妓女、传道士、和尚、党政干部、猎手、小贩、流浪汉、教员、劳改犯、"红卫兵"、老板、商人、雇工,等等,再加上他们的子女,有名有姓、有经历故事的就有多人,职业身份也是应有尽有。毫不夸张地说,我们社会中各种等级阶层的人物,大家能想到的,小说中基本都有。我们经常讲"三百六十行,行行出状元",而小说中的则都是冒尖、另类和出色甚而成精者。明无名氏《白兔记·投军》说:"左右的,与我扯起招军旗,叫街坊上民庶,三百六十行做买卖的,愿投军者,旗下报名。"莫言的笔下,这些人都云集于那些个动荡年代的家族、民间、政府、军队、黑白社会的各种团体及流窜于自由个体活动之中。其人品、性格,除母亲等个别人物外,少有慈善好心之人,大都如明凌濛初《初刻拍案惊奇》卷八所云:"三百六十行中人,尽有狼心狗行,狠似强盗之人。"

有了这么一些父母兄弟、家亲族戚、三教九流、社会渣滓,世界也太平不起来,善恶交叉、美丑融汇及嬉笑怒骂、摸爬滚打的情景与情节就全面而立体、生动而形象地上场演绎了。

这既是中国式史诗的波澜壮阔与惊心动魄,又是中国式酱缸文化、民族劣根性的充分展演。人们可以现实、真切来褒奖,也可以丑陋、阴暗来贬斥。

这一点,诺贝尔奖给莫言颁奖词中说的"莫言创作出的家乡是一个美德与卑鄙残酷交战之地,是一次踉跄的文学冒险"还是比较公允客观的。

而诺贝尔奖给赛珍珠的授奖词则主要肯定她的同情心和理想化:"……她的著名作品为人类的同情铺路,这种同情跨越了远远分开的种族边界;还由于她对人类理想的研究,这些研究体现了伟大和生动的写作技巧。"①一般的读者对此是没有异议的。

因此,也可以这样概括:赛珍珠的作品是在中国社会的旧、老形态中挖掘新与美,莫言的作品更多的是在中国社会的老、新状态中揭示旧与丑。文学创作与文艺审美中,这两种风格和方式都客观存在,也都会受到较多的关注和批评。赛珍珠与莫言的得奖及得奖前后的曲折和褒贬的境遇也都与此有关。

优秀的文艺作品一般都既顶着天,有着宏观的、哲理般的主题,又立地、接地气,与民间、民俗、民众近距离甚而零距离接触。倘若说,"史诗"精神的渗透与浸润,是赛珍珠与莫言的"顶天",那么,与民间、民俗的直接与间接的关系表达,就可以看作他们共同的"立地"。

诺贝尔文学奖对赛珍珠的颁奖评语中,特别强调是"由于她对中国农民生活史诗般的描绘"。在颁奖词中,评奖委员会常任秘书又反复提及赛珍珠与"人民""中国人""近乎原始的农民""土地""命运""中国女人""母亲""同情心""人性""理想""心灵"等的密切关联与关系。而赛珍珠的答谢词和受奖演说里,出现最多的概念和词语也是"中国人""中国人的生活""中国小说""地道的中国小说""叙述故事""写故事""人民""民众""平民""普通人""野泉""白话""茶馆、乡村和城市贫贱的街道""自然""民间传说""民俗精神""传奇""普通中国人喜欢的",等等。② 这些都与立地、接地气的中国文化与文学密不可分,有些本身就是中国的文化与文学的表达、表现和表述。

就这些内容来说,莫言的作品很大程度上也与赛珍珠的相同

---

① [美]赛珍珠:《大地三部曲》,王逢振,等译,漓江出版社,1998 年,第 953 页。

② 刘龙,王玉国:《赛珍珠——写中国题材获诺贝尔文学奖的美国女作家》,黄山书社,1993 年,第 104 – 136 页。

或相似。如诺贝尔文学奖给莫言的颁奖评语中说的"民间故事"，以及颁奖词中提及的"高密东北乡体现了中国的民间故事和历史。在这些民间故事中，驴与猪的吵闹淹没了人的声音，爱与邪恶被赋予了超自然的能量"，"莫言生动地向我们展示了一个被人遗忘的农民世界，虽然无情但又充满了愉悦的无私"，"莫言为所有的小人物打抱不平"①，也都是突出莫言小说的民间性和民俗性。

　　莫言在诺贝尔奖授奖仪式上的演讲，以"讲故事的人"为题，谈及自己的创作，也与赛珍珠一样，说到了最初的创作启蒙来源于集市上的说书人。他常偷偷地跑去听书，晚上忍不住将白天从说书人那里听来的故事复述给母亲听。为了报答母亲的恩情，也为了向她炫耀自己的记忆力，莫言会把白天听到的故事，绘声绘色地讲给她听。②

　　在赛珍珠和莫言的这两部长篇小说中，他们也都不由自主地将自己讲故事、作品中人物讲故事和民间传说故事糅合在一起，若即若离地叙述与推进故事和情节的展开与演化。譬如类似莫言下面这样的描写，在赛珍珠笔下也有不少：

　　　　那天是农历的七月初七，是天上的牛郎与织女幽会的日子。房子里闷热，蚊子多得碰腿。母亲在石榴树下铺了一张草席子。我们起初坐在席上，后来躺在席上，听母亲的娓娓细语。傍晚时下了一场小雨，母亲说那是织女的眼泪。空气潮湿，凉风阵阵。石榴树下，叶子闪光。西厢房和东厢房里，士兵们点着他们自造的白蜡烛。蚊虫叮咬我们，母亲用蒲扇驱赶。这一天人间所有的喜鹊都飞上蓝天，层层相叠，首尾相连，在波浪翻滚的银河上，

① 腾讯网：《莫言荣获诺贝尔文学奖的授奖词》，2015年9月23日。
② 《新京报》，2012年12月8日。

架起一座鸟桥。织女和牛郎踩着鸟桥相会,雨和露,是他们的相思泪。在母亲的细语中,我和上官念弟,还有司马库之子,仰望着灿烂的星空,寻找那几颗星。①

不同的是,赛珍珠的作品以民俗叙事与民俗审美为主,民间传说故事的穿插并不多,两者的结合与融汇更是少见或基本没有。②莫言却非常擅长将原小说的故事与当时当地的各类神话、民间故事、宗教信仰、魔幻想象、神鬼显灵等穿插叙述、交叉描写、融合叙事,以至于有时如同分不清庄子与蝴蝶谁是谁一样,让人糊涂、晕眩。这实际也是中国农村常见的泛神或与日本相似的泛灵多神(精灵崇拜)信仰的形象化与故事化。因此,诺贝尔颁奖委员会给莫言的获奖理由是:"通过幻觉现实主义将民间故事、历史与当代社会融合在一起。"

可以印证这一归纳与概括的是莫言作品中的这样一段描写与议论的文字:

　　上帝、圣母、天使、魔鬼、上官寿喜、马洛亚牧师、樊三、于四、大姑姑、二舅舅、外祖父、外祖母……中国鬼怪和外国神灵、活着的人和死去的人、我们知道的故事和我们不知道的故事,源源不断地从母亲嘴里吐出来,在我们眼前晃动着、演绎着、表演着、变幻着……理解了母亲的病中呓语就等于理解了整个宇宙,记录下母亲的病中呓语就等于记录下了高密东北乡的全部历史。③

---

① 莫言:《丰乳肥臀》,作家出版社,2012 年,第 153 页。
② 朱希祥、李晓华:《赛珍珠作品的中国民俗审美特质》,《江苏大学学报(社会科学版)》,2007年第 5 期。
③ 同①,第 136 页。

二、母亲形象

着眼于女性人物的描写与刻画,古今中外是相同的。然而,描写与刻画的深浅、生动与感人的程度,却大相径庭。其中,母亲形象的塑造,又是一大热门与亮点,而外在与内涵的异同,又值得我们品味与深探。

这一点,赛珍珠与莫言的作品,又有许多可圈可点的内容。

诺贝尔文学奖在赛珍珠的获奖评语中特别点出,《大地》"这部小说提出了许多问题,其中最严重也是最沉重的一个是中国女人的地位","在另一部小说《母亲》(1934)的主角身上,赛珍珠刻画了另一个不同的形象"。[①] 这两段评语的后面,都有具体的人物——阿兰和"母亲"这一独特称呼的人物的境遇与命运,边叙边做或粗或细的分析与评论。

诺贝尔文学奖对莫言的获奖评语,却没有这样的明确与具体。评语中只是较为概括与笼统地指出:"中国20世纪的疾苦从来都没有被如此直白的描写:英雄、情侣、虐待者、匪徒——特别是坚强的、不屈不挠的母亲们。"[②]莫言的小说中,母亲的形象也不像赛珍珠笔下的母亲那么清晰与突出,往往都以无名无姓或简单提及一下后就不见真名的母亲、妈妈、奶奶、她、姑姑、某某氏等开头或加以描述。而这"坚强"与"不屈不挠"的性格与特质,有时是直截了当地显现,有时则以潜在和隐形的言行体现。而莫言在授奖仪式上的讲演,开头就用大段的篇幅来讲述他母亲的经历与故事。

对赛珍珠笔下的阿兰形象的解读、阐释与评析,文学界和评论

---

① 刘龙,王玉国:《赛珍珠——写中国题材获诺贝尔文学奖的美国女作家》,黄山书社,1993年,第108 – 109页。

② 腾讯网:《莫言荣获诺贝尔文学奖的授奖词》,2015年9月23日。

界的相关文章几乎数不胜数,而对《母亲》中的"母亲"的评论文章相对较少。笔者也曾写有《苦难家运的深沉描摹,顽强民族的生存史诗》,以与余华的《活着》比较的方式,对其进行过较为细致而具体的研读。①

而对莫言写的"坚强的、不屈不挠的母亲们",评论界的看法也并非一致。

《丰乳肥臀》中写到的那么一些女性,后来几乎都有儿女,所以也都可以称为母亲。但小说真正以"母亲"称呼和着重刻画与揭示的母亲形象,还是上官鲁氏。这是一个受尽磨难、屈辱、苦楚、艰辛、疼痛而又坚强不屈、百折不挠的母性和女性的结合。她也如鲁迅在《而已集》的《小杂感》一文中所说的那样:"女人的天性中有母性,有女儿性;无妻性。妻性是逼成的,只是母性和女儿性的混合。"

上官鲁氏(以下称母亲)也想成为一个好妻子、好媳妇,但凶狠恶劣的婆婆和好吃懒做且性无能的丈夫,不能使她具有妻性,甚至逼都逼不成。因为,婆婆和丈夫只将她看作生儿子和干活的工具。她与别人生了那么一堆女儿,婆婆恨得咬牙切齿,于是百般折磨她。小说开头,就以母亲生孩子,婆婆一家却没有一人去照顾,任她自生自灭,而去精心伺候同时生产的毛驴开场,接着就是连绵不断、数不胜数的苦难、打击、痛楚、折磨、饥饿落在母亲心上,辱骂、棍棒、铁板、石块等十八般严刑酷打落在母亲的身上。最后,她俨然已是个眼瞎腿瘸的、连祥林嫂都不如的乞丐型老女人了。因此,她的形象几乎概括与浓缩了中国妇女所有的受侮辱与迫害但仍旧顽强地活着和抗争的遭际与境遇。小说中如下的描绘很多。大姐

① 朱希祥:《苦难家运的深沉描摹,顽强民族的生存史诗》,《江苏大学学报(社会科学版)》,2010 年第 5 期。

的"野"丈夫司马库作为"杀人魔王"被公安处决。事后：

> 大姐跟在忙忙碌碌的母亲身后，一遍又一遍地问：
>
> "娘，他死了，我是不是要殉节？"
>
> 母亲训斥她："疯话，即便是明媒正嫁的，也用不着殉节。"
>
> 大姐问到第十二遍时，母亲忍无可忍地、用尖刻的态度说：
>
> "来弟，还要脸不要？你跟他，不过是妹夫偷了一次大姨子，见不得人的事！"
>
> 大姐愣住了，说："娘，你变了。"
>
> 母亲说："我变了，也没变。这十几年里，上官家的人，像韭菜一样，一茬茬的死，一茬茬的发，有生就有死，死容易，活难，越难越要活。越不怕死越要挣扎着活。我要看到我的后代儿孙浮上水来那一天，你们都要给我争气！"①

莫言塑造的就是这样的在如此大起大落、大悲大伤的境遇中"坚强的、不屈不挠的母亲"，与赛珍珠刻画的于生活艰难困苦中忍辱负重、坚韧不拔的母亲形象，有相同之处也有差异。

此外，值得我们关注是，赛珍珠和莫言都不约而同地将作品里中国的主要人物与国外的异性或同性人物结缘、交织在一起。赛珍珠的《大地三部曲》没有中国女性与外国人交往的直接叙写，只是写了王源与国外的关系。而在《群芳亭》《帝王女人》等作品中却有着非常详尽的此类故事叙述。莫言的《丰乳肥臀》中，母亲与西洋人马洛亚牧师的关系就不同一般，主人公"我"（上官金童）就是他们说不上是爱情还是性爱、凑合的结晶（作品中是说"杂种"）。

---

① 莫言：《丰乳肥臀》，作家出版社，2012年，第364页。

这与赛珍珠《群芳亭》中吴太太和安德鲁修士的故事主题与形态比较相近。当然,赛珍珠通过吴太太和安德鲁修士的故事,传递的是中西方文化与文明的碰撞冲突和理解尊重、和谐融合。莫言作品这一情景与情节的设计,似乎更注重揭示、批判黑暗的现实和摸索、寻求正常的生活的意蕴。因此,马洛亚与母亲有这样一段的对话:

　　"总有一天我会回去的,"他沉思着说,"不过,真要让我回去,我还不一定回去了,除非你跟我一起走。"他望着母亲的脸。母亲说:"你走不了,我也走不了,安心在这儿过吧,你不是说过吗?只要是人,不管是黄毛的还是红毛黑毛的,都是上帝的羔羊。只要有草地,就能留住羊,高密东北乡这么多草,难道还留不住你?""留得住,有你这棵灵芝草,我还要到哪里去呢?"马洛亚感慨万千地说。①

　　赛珍珠与莫言在写到母亲或女性的舒畅的心情、慈祥的形象与坚韧的性格时,往往都会将其与西方的圣母和东方的观音联系在一起。概括地说,这样的描绘,赛珍珠体现的是对中国信仰的欣赏与赞美,莫言表现的是中西方共同的崇信民俗与价值追求。就这一点而言,无论是内涵还是外在表现,他们的共同之处更多。

三、写作技法

　　值得关注的是,赛珍珠与莫言的经典传承、切入视角、叙事格局、文字风格等,常常与他们的国籍的价值取向、文化传统和文艺倾向相反:赛珍珠基本采用中国传统小说的技巧与方法,莫言则时常喜欢运用西方小说的写作艺术与技法。这是否就是文化交流与

---

　　① 莫言:《丰乳肥臀》,作家出版社,2012 年,第 66 - 67 页。

沟通中常见的跨越交错与见异思迁的现象？

此外，赛珍珠的小说，虽也不回避当时中国社会的黑暗、落后及不文明的现实，但时时处处企图揭示的还是中华民族、中国民众的坚韧、顽强和力量，即正面的、正能量、审美性的东西较多。相对而言，莫言小说虽也有相同的主旨与内涵，但批判性、否定性、审丑性的表层和内层的东西占据较多。

因此，我们看到的《大地三部曲》的开头和之后的笔调都是这样的：

> 今天是王龙结婚的日子。清早，床上支着的帐子里还黑乎乎的，他睁开眼睛，想不出这天和往日有什么不同。房子里静悄悄的，只有他年迈的父亲的微弱咳嗽声。他父亲的房间在堂屋的另一头。与他的房间对着。每天早晨，他首先听到的便是父亲的咳嗽声。王龙常常躺在床上听他父亲咳嗽，直到听见父亲的房门吱的一声打开。咳嗽声渐渐近了时才起床。①

而《丰乳肥臀》的开头与全书的文笔却是另外一种风格：

> 马洛亚牧师提着一只黑色的瓦罐上了教堂后边的大街，一眼便看到，铁匠上官福禄的妻子上官吕氏弯着腰，手执一把扫炕笤帚，正在大街上扫土。他的心急剧地跳起来，嘴唇哆嗦着，低语道："上帝，万能的主上帝……"他用僵硬的手指在胸前划了个"十"字，便慢慢地退到墙角，默默地观察着高大肥胖的上官吕氏。她悄悄地、专注地把被夜露潮湿了的浮土扫起来，并仔细地把浮土中的杂物拣出扔掉。这个肥大的妇人动作笨拙，但异常有力，那把金黄色的、用黍子穗扎成的笤帚在她的手中像个玩具。

---

① ［美］赛珍珠:《大地三部曲》，王逢振，等译，漓江出版社，1998年，第3页。

她把土盛到簸箕里,用大手按结实,然后端着簸箕站
起来。①

前者基本是叙述的手法,节奏比较快,行动多,人物形象描写
和心理刻画少。后者则反之。(这是 2009 年再校稿。2001 年的修
订稿开头还要复杂细致,有四百余字:"在她的温柔目光注视下,丰
乳肥臀的上官鲁氏浑身颤抖。她可怜巴巴地看着婆婆慈祥的面
孔,苍白的嘴唇哆嗦着,好像要说什么话。……")

前者更具中国小说风味,后者则偏向西方作品的叙事、描绘和
抒情特色。前者描写干净利落,读来比较顺畅轻松;后者节奏缓
慢、描写细腻,读来就比较吃力。

当然,这还仅仅是倒叙的写作方法和技巧,而赛珍珠和莫言这
两部代表作的主题与内容差别更大,即如前面所说,赛珍珠以土地
为中心和主旨,用冷静、客观、平实的笔调书写中国农民及其后代
的生活状态与情感变化,阴暗丑陋、血腥恐怖的场景和情节极少,
给人比较正面的如积极、坚韧、向上、激励、纯净的感觉与感受更
多,强调的是中国传统的文学作品的"言志""明道""兴""观"
"群""怨"的感染、教育、认知、讽喻、批评的观念与功能。如她在授
奖仪式上以"中国小说"为题所说的,中国小说"为了让平民高兴而
写的",为了"吸引和占用有整个思想注意力""通过生活的画面和
那种生活的意义来启发人们的思想……鼓舞人们的志气",而采用
"流畅通俗、清晰易懂的风格……运用他们日常使用的简短语言,
除了一些描写之外不用任何技巧……"②莫言的那部小说(也包括
他的大部分其他作品)则反其道而行,即多采用西方的小说观念和
技巧,用"恶之花"和批判现实主义的手法来铺陈中国农村的人物

---

① 莫言:《丰乳肥臀》,作家出版社,2012 年,第 3 页。
② [美]赛珍珠:《大地三部曲》,王逢振,等译,漓江出版社,1998 年,第 60 - 61 页。

和故事。所以,整篇小说充溢与渲染了肮脏、阴暗、阴森、恐怖、奸淫、乱伦、欺诈、血腥、刑场、处决、丑陋、怪诞、罪恶、神奇、诡异等的负面环境和气氛,让人不寒而栗,甚至毛骨悚然。他在得奖后说:"中国的戏剧过去有一个最常见的套路就是大团圆,这实际上也形成了令观众很厌烦的模式。认识到人生的残酷,认识到社会的阴暗面,也许是文学作品应该发挥的一个功能,应该具备的特质。在一个作品里面,怎么样让人看了产生光明和希望,有时候也是一个作家需要考虑的问题。在今后的创作中我会考虑。"①当然,我们目前还只是看到他在《丰乳肥臀》中所表现的"残酷"的"社会的阴暗面",而没有看到他"让人看了产生光明和希望"的文学作品和形象。这可能只是一种难以兑现的期待。

这里特别要比较的是赛珍珠的"土地"与莫言的"乳房"形象与象征。因为这两者浓缩了以上的主旨理念和表现风格。

赛珍珠以《大地》(*The Good Earth*)为作品名,自然是须臾不离中国农村与农民的土地心结与情结的。所以,笔者在《赛珍珠〈大地三部曲〉中的三个男主角解读》②一文里,用"土""石"和"壤"来比喻和象征作品中的三个男主角——王龙、王虎和王源,以突出中国大地的那种浓郁的土气。这里不再赘述。

此处需要强调与评析的是莫言的"乳房"形象与象征。

乳房这一人体的生理部位,牵涉生育、健康、性征,因此成为医学、审美研究甚而色情、淫荡等的观念与心态,进而又变成在中国漫长的社会中极其敏感而又忌讳的话题。改革开放后,虽然谈论和表现性的禁忌已相对较少,但也不等于可以肆无忌惮地随意展示性的内容与性的外在。乳房就是这样的话题之一。

---

① 文化中国 - 中国网,cul. china. com. cn. 2014 - 03 - 11.

② 朱希祥:《赛珍珠〈大地三部曲〉中的三个男主角解读》,《江苏大学学报(社会科学版)》,2003 年第5期。

就笔者所阅读与研究过的古今中外的各类文艺作品,包括历代中外的禁毁小说,恐怕也没有像莫言《丰乳肥臀》这样乳房满天飞、女性衣裤随意脱的那么多篇幅的描述!

虽然作品借助的是小说中"我"(上官金童)从出生到大至十来岁、几十岁离不开母亲的哺乳而向往乳房与乳头的有点依据的现实个案,但作品的每一个女性的经历描述,都不离乳房,甚至可以说,作品的每一页几乎都有相关的文字。这似乎是写过头了,渲染过分了。

当看到《丰乳肥臀》这样的书名时笔者已是吃惊不小,看完全书,就不得不佩服作者的勇气,也不得不批评作品如此百无禁忌的书写。前面已引了作品原先的开头,其后虽删除了那个所谓点题的开头,但中间主体部分的内容,仍是乳房处处见,性交章章有,甚至在"我"的眼里,西红柿、山、浪、语言、花朵、路灯、太阳和整个世界都归结到乳房和乳头上。[①] 特别是结尾,无论是正文还是后来拾遗补阙的结尾,都还是赤裸裸的性描写,2009 年最新的结尾和再校稿的结语都是如此。请看再校稿的结尾:

> 在这个星月璀璨的夜晚里,上官金童嘴里塞满花朵,仰面朝天躺在母亲的坟墓前,回忆了很多很多的往事,都是一些闪烁的碎片。后来,回忆中断了,他的眼前飘来飘去着一个个乳房。他一生中见过的各种类型的乳房,长的,圆的,高耸的,扁平的,黑的,白的,粗糙的,光滑的。这些宝贝,这些精灵在他的面上表演着特技飞行和神奇舞蹈,它们像鸟、像花、像球状闪电。姿态美极了。味道好极了。天上有宝,日月星辰;人间有宝,丰乳肥臀。他放弃了试图捕捉它们的努力,根本不可能捉住它们,何必

---

① 莫言:《丰乳肥臀》,作家出版社,2012 年,第 530 页。

枉费力气。他只是幸福地注视着它们。后来在他的头上，那些飞乳渐渐聚合在一起，膨胀成一只巨大的乳房，膨胀膨胀不休止地膨胀，矗立在天地间成为世界第一高峰，乳头上挂着皑皑白雪，太阳和月亮围绕着它团团旋转，宛若两只明亮的小甲虫。①

　　对莫言这部作品的评论，能否如各处都引用的这样的语言："小说热情讴歌了生命最原初的创造者——母亲的伟大、朴素与无私，生命的沿袭的无与伦比的重要意义。并且在这一幅生命的流程图中，弥漫着历史与战争的硝烟，真实，不带任何偏见，再现了一段时期内的历史。"②笔者不敢妄下结论。但不管如何，在赛珍珠的中国题材小说特别是乡间题材的作品中，还没有如此的文字，也没有读者对此提出过严厉的批评。

---

① 莫言：《丰乳肥臀》，作家出版社，2012年，第653－654页。
② 同①，编辑推荐。

从《儿子》看赛珍珠笔下的中国家庭

姚 望

赛珍珠因为创作了一系列以中国为题材的小说和描写其父母的两部传记而获得 1938 年的诺贝尔文学奖，而其中又以《大地三部曲》最为杰出。《儿子》作为三部曲的第二部，在情节和结构上与第一部《大地》有着继承和发展。随着王龙的去世和王氏三兄弟的长大成家，整个王氏家族在赛珍珠的笔下从一个家庭逐渐成了三个平行的家庭，从三条支线平行发展。随着这三个小家庭各自的展开，赛珍珠笔下的中国家庭得以更为清晰和准确地展现给读者。与此同时，随着王氏三兄弟步入中年，各自的儿子又逐一成长，家庭之中的权威也逐渐在父辈和年轻一辈之间传递并得以继承。

一、《儿子》中的中国家庭优势

相比《大地》中相对简单的一个家庭，《儿子》中关于家庭的情节更为复杂和多样，而三兄弟各自家庭之间的关联与冲突也千丝万缕。赛珍珠通过对这些关联与冲突的描写，展示了自己笔下典型的中国家庭。

从《大地》开始，赛珍珠就向读者展示了一个中国家庭最基本的特征，即家庭的成员构成。在小说的开始部分，王龙与老父亲共同生活，在娶了阿兰之后，生下了自己的儿子。而在老父亲去世、三个儿子长大之后，他们又分别成家，有了自己的儿子，组成了各自的小家庭,同时也是王氏大家庭的不同分支。这种长辈与晚辈共同生活的结构,一直在《大地三部曲》里延续着,而这种大家庭模式,也同样是中国家庭所沿袭的传统。

对于未成年的子女来说,父母亲起到了至关重要的作用,他们"一身数职,既是保育子女、传授知识与技能的老师,又是管教孩子的牧师和法官"。[①] 在小说中,王大和王二作为父亲做出了送自己的儿子去部队当兵的决定,而梨花则悉心照顾王龙的傻女儿和王大的驼背儿子。这些都是父辈和长辈在中国家庭中所承担的责任。此外,赛珍珠同样也看到了晚辈在家庭中的不可或缺:"年长和年轻的人之间的关系是相互依存的,这是理想的。"[②]在《儿子》里,父辈不但养育和教导年轻一代,而且在某种意义上也依赖着下一代。在小说中,当王虎回到父亲家里的时候,看到两个哥哥过着其乐融融的家庭生活,产生了羡慕的情绪,他"羡慕他们有自己的儿子",同时感到"能有自己的儿子该多好呀"。[③] 这正是赛珍珠所说的"相互依存",不论是长辈还是晚辈,都是中国家庭制度中不可或缺的部分,而这种"相互依存"也正是中国家庭的优势。

二、《儿子》中的中国家庭精神

黑格尔说过,中国文化的主旨恰恰就是"家庭精神"。在王家的第二代中,虽然王氏三兄弟有着各自的生活,却仍然维持着传统的家庭模式。不管三个家庭住在何处,都以王龙建立的田产为经

---

① 徐清:《赛珍珠家庭题材小说论》,《福州大学学报(哲学社会科学版)》,2000 年第 3 期。

② Pearl S. Buck. Elements of democracy in the Chinese traditional culture. St. John's Papers in Asian Studies,1969:4.

③ [美]赛珍珠:《大地三部曲》,王逢振,等译,人民文学出版社,2010 年,第 249 页。

济基础。① 王大成了地主,靠着王龙留下的田产,以收租为生;王二在继承父亲田产的基础上做起了生意,并一步步成了当地最成功的商人;而老三王虎,看似离开了家庭,变卖了属于自己的田产,但实际上他"正是利用这封建的宗族关系来扩展势力,树立派系,他和地主王大、奸商王二沆瀣一气"。② 一方面,王虎利用王二的粮食生意为掩护,走私了许多枪支作为军队的武器;另一方面,王二也利用王虎作为军阀的势力来保护自己,因为"有个有权势的军阀兄弟要比任何报酬都管用",而且"这些枪支在将来某一天可能起到保护他的作用"。③ 这一切无论是习惯还是做法,都是基于中国的传统家庭模式与封建宗族关系。

此外,即以对中国近代社会影响最大的军阀来说,他们的割据意识和派系思想,无不是中国人生命圈中的产物。④ 在起初没有自己亲生儿子的时候,王虎写信给他的两个哥哥,让他们"送几个儿子",因为"周围要有几个靠得住、信得过的自己人"。⑤ 对于王虎来说,即使自己是一个少年时期就离开家庭的人,依然将血缘关系视为最靠得住的关系,因为家庭这一元素在中国人的思维之中已经根深蒂固了。在最需要帮助和支持的时候,家庭对于一个传统中国人来说永远是最为可靠的支柱。同样地,王虎在获得一定势力之后,希望可以拥有属于自己的领地,并且可以逐渐扩张。他先是占领了一座山头,最后又有了属于自己的势力范围,这样的割据意识来源于传统中国文化,也来源于传统中国家庭。

---

① 尚营林:《中国传统家庭模式及其解体——赛珍珠作品主题分析》,《河南师范大学学报》,1996 年第 6 期。

② 姚锡佩:《论赛珍珠的〈大地三部曲〉》,《当代外国文学》,1996 年第 3 期。

③ [美]赛珍珠:《大地三部曲》,王逢振,等译,人民文学出版社,2010 年,第 365 页。

④ 同②。

⑤ 同③,第 252 页。

三、《儿子》中的中国家庭权威

《儿子》作为赛珍珠《大地三部曲》之中的第二部,与第一部《大地》相比,不但依然将大量笔墨用于对王家的发展与兴衰,即王氏三兄弟各自的具体生活的描写,更重要的是,赛珍珠将小说的重心向王虎这一分支的故事叙述转移。除去一系列带有传奇小说色彩的王虎发迹的故事,赛珍珠实际上把王虎与其子王源之间的父子关系作为小说的核心部分。

《儿子》的情节在最开始的时候,王虎也才刚刚离开父亲王龙,开始自力更生的闯荡与打拼;而到了小说结尾,王源又即将离开父亲,独自一人前往大城市,追求自己真正想要的生活。可以看出,在这一对父子身上,发生了具有明显的相似和继承性质的故事情节。赛珍珠通过这样的描写,表达了自己在《儿子》这部小说中真正想要表达的内容,也是《大地》之中略有提及的部分,即"一脉相承的权威,依次递传于三代间的老子权威,可算交织《儿子》的主干"①,这就是赛珍珠小说中所描写的中国家庭之中权威的继承与传递。

王虎作为一名拥有一定势力、名声和地位的小军阀,他的奋斗与拼搏始于他对于自己父亲王龙的反抗。当他还是一个尚未成年的孩子的时候,就暗暗下定了决心:"他看看他的父亲,垂下他浓黑的眉毛,只是说:'我一定要去。'"②而后来,王虎在实际上没有得到父亲允许的情况下,与家庭和父兄不辞而别,这才开始了他自己从普通士兵直到军阀的传奇故事。这一切始于他对家庭和父亲的

---

① 伍蠡甫:《论赛珍珠的〈儿子们〉》,郭英剑《赛珍珠评论集》,漓江出版社,1999年,第35页。
② [美]赛珍珠:《大地三部曲》,王逢振,等译,人民文学出版社,2010年,第197页。

反抗。随着王龙一天天的年老体衰,以及王虎渐渐从童年成长为少年,家庭中权威的继承与传递也终将到来。在小说的故事之中,赛珍珠在王龙与王虎之间安排了梨花这一角色,父子俩同时爱上了这位姑娘。王虎对于梨花的感情也许是出于真心,正是年轻男性对于年轻女性的好感与喜爱,而王龙对于梨花的感情,与其说是因为梨花本人,不如说是出于某种深层原因,即得到梨花则象征王龙仍然具有家庭中的权威。渐渐老去的王龙依然渴望控制整个家庭,支配自己的三个儿子,而王虎一天天获得力量,直到父子间发生直接的对抗,王虎用离家出走的方式反抗了父亲的权威,而王龙也"突然害怕起小儿子来",并终于意识到自己的老去,在与梨花说话的时候,"声音里充满了伤感,所有的自豪感都荡然无存了"。①

也许因为王虎自己是在少年时代的末期通过反抗父亲王龙而最终获得了自由及家庭中的权威,所以他对于自己权威的维护,以及对于自己儿子的控制,相比其父亲王龙可以说是有过之而无不及,甚至连他自己都没有那样清晰地意识到自己的所作所为。由于其军阀的身份,王虎需要一位可以百分百信赖的人作为自己的助手和接班人,出于这样的目的,王虎生下了自己的儿子王源,又在王源仍然十分年幼的时候,就开始对他进行全面的军事训练。对于这样被强加的人生,王源先是用消极的方式反抗父亲,虽然在军事训练之中表现尚可,完全遵从了教官的要求,却常常"显出一种勉强应付差事的神色,而实际上也许憎恶这一切"②;到后来他常常会在空余的时间独自前往村庄和农田,看看果树和庄稼,与农夫交谈,而这一切让王虎诧异与不满,因为"他自己从年轻时起就一直恨当农民、种田这种事,一个军阀竟有这么一个怪儿子"③;而在

---

① [美]赛珍珠:《大地三部曲》,王逢振,等译,人民文学出版社,2010 年,第 203 页。
② 同①,第 445 页。
③ 同①,第 446 页。

最后,王源加入了作为王虎敌人的革命军,只是由于亲情的原因才没有彻底地背叛王虎。发生在王虎和王源父子之间的一切,正是年轻一辈在逐渐获得力量之后,对父辈权威和控制的反抗。可以说,王家的历史"以威权传递与冲突,为中心表演了"。①

此外,通过"孝"这一传统中国文化中的美德,控制年轻一辈,维护父辈的权威,也是《儿子》中重要的一点。早在王龙年轻的时候,从他纳妾的这一事件就可以看出他对待老父亲的真正态度,"孝"这一元素与其说是一种内在的美德,不如说只是浮于表面的做法。而到了王虎这一辈,他直接将"孝"变为控制儿子的方式。以传统的观点来看,他对待父亲王龙算不上是孝顺的,但他却以"孝"的标准要求自己的儿子王源。"他衣锦还乡的时候,就是他对于儿子的希望日渐浓厚的时候,他若不自己做点孝的行动,又怎能责备他的儿子,对他也要有孝的顺从呢。"②在这里,"孝"成了维护权威的方式,也成了父辈控制晚辈的工具。

四、结语

赛珍珠是最早向西方客观而真实地展示中国的作家之一,她笔下的中国家庭更是具有典型的特征。家庭是赛珍珠小说中的主要元素之一,研究赛珍珠小说中的家庭,可以使我们更好地理解赛珍珠的小说作品。此外,将近百年之后,在今日的中国家庭身上仍然可以看到赛珍珠笔下中国传统家庭的影子。研究赛珍珠笔下的中国家庭,同时也对我们了解、对待今日的中国家庭有着很大的现实意义。

---

① 伍蠡甫:《论赛珍珠的〈儿子们〉》,郭英剑《赛珍珠评论集》,漓江出版社,1999年,第35页。
② 同①,第37页。

"母性"与"土性"的交融

——《母亲》中的诗意空间

魏 兰 罗 峰

综观赛珍珠的文学创作世界,中国农村题材作品占据着一方天地。在这些作品中,中国农民的观念系统和生存方式得以再现。浸润于中华文化营养的作家,也"在各种场合都表明她文学的根离不开中国大地"。① 基于这种近乎"归属性"的创作自觉,一个奇特的中国世界,一个充满悲悯气息的人性主题,悄然复现在作家的文本世界。

当"土地"在人的意念中向人类的生存必需靠拢时,其定位就不再囿于"环境"的"物"的范畴,而获得"人性"的"心"的投射;这一"人性"的"心"的"性别"选择,基本是排除"男性"而属意于"女性",即"母性"。"女性形象"和"土地意象"在很大程度上便有了异质同构的同一性。因此,对赛珍珠"土地"主题的探讨总离不开对"母亲"意象的文学探究。到赛氏创作《母亲》时,其作品对"土地"意象的处理又有了别开生面的文本表现,即借着"母性"和"土性"的交融,借着人性的升华,作家完成了独特的诗意空间的营造。

---

① [美]赛珍珠:《龙子》,丁国华,等译,漓江出版社,1998年,第44页。

一、土地背景下的诗意空间

创作于 1934 年的长篇小说《母亲》,为促成赛珍珠获得诺贝尔文学奖的代表作之一。授奖词称:"母亲在赛珍珠的中国女性形象中是最完美的,这本书也是她最好的一部。"①然而,由于种种原因,多数研究者的目光往往跳过《母亲》,逡巡于赛氏其他几部作品中,少有人问津《母亲》,且鲜有图书馆收藏,至于《母亲》中的女主人公——一位具有普遍代表意义的中国乡村女性,更是为人忽视而少有人探究。实际上,无名无姓的"母亲",不仅是个无名英雄,也与《老子》中的"玄牝"有着密不可分的关联,都是"宇宙不死的生命代表"②;许晓霞也指出:"母亲的原型和原型的母亲都是以大地为载体和表象进行的。"③二者主客相融,从"母亲的原型"到"原型的母亲",都一一归附于"土地"这个喻体,最后才实现了作家创作的圆满。

《母亲》与赛氏其他中国题材作品一样,皆巧妙地将"土地"化为一个感性的意象,抑或是一幕剧中的"角色",使其融于作家编织情节和塑造人物的构想里。在作家的文本叙述中,自然由"土地"所表征,而无名无姓的母亲与大地和谐交融。于是,母亲即土地,土地即母亲。进而,"母亲"这一女性形象,连同蕴含其中的女性美德——诸如亲近自然、慈爱、坚韧、勤俭、强大的孕育能力等,都直接而客观地得以文本再现。

不同于《大地三部曲》中的阿兰,《母亲》中的"母亲"无名无姓,是作家借用"母亲"这一具有普遍意义的称谓,来对"地母"意象

---

① [美]赛珍珠:《大地三部曲》,王逢振,等译,漓江出版社,1998 年,第 951 页。
② [美]赛珍珠:《母亲》,万绮年译,夏尚澄编译,东方出版中心,2010 年,林中明序二第 Ⅱ 页。
③ 同②,许晓霞序一第 Ⅰ 页。

进行文本还原的尝试。和斯坦贝克《愤怒的葡萄》中的乔德大妈相仿,"母亲"坚忍不拔,勤劳质朴,同时又具有男性的果敢。如《母亲》开篇几页,读者们便立即置身于真切的乡村场景:劳作一天的母亲收工回来得晚了些,因为田里的活儿特别忙碌,一刹那,"土地背景"便跃然纸上,"整个的豆田里,今晚上就要在那湿润的泥土里开始酝酿着新生命了"。① 从外表上看,母亲与阿兰极为类似,均为身板结实健康、长相朴实的劳动妇女。然而,二者在相似之间却存在些许差异:阿兰终日沉默寡言,不苟言笑,而母亲却是个急性子的热心人,又是个温柔的贤妻良母和孝顺媳妇,脸上时时洋溢着热情和慈爱;而且,与阿兰相比,母亲更富有激情,也更果敢坚毅。

随后的故事发展,处处印证了作家对母亲在四季轮回中与土地互动的极大关注。与《大地》中"一生都是在同种植、收割、太阳和雨水打交道"②的王龙相比,母亲对生活的感悟明显不同于男性的粗疏体验,而是具有女性的感性理解。作家心中和眼中的乡村生活,则在母亲的自述里得以清晰地诠释,"田里的粮食成熟了,我们就会去收割。交了田租以后,就会是中秋,中秋过了,很快又要过年了。在我看来,所有的事都在变,我只能说,这些事儿已经足够我从早忙到晚的了"。③ 这一感悟,似乎和王龙在《大地》中对土地的物质性功用的理解一样,即在二者心中,土地是物质之源,是日日耕作其上的农民的命根子。当冗长平淡的日子在播种、耕种、收获中轮回,母亲感到满足而温暖;一天辛苦的劳作后,当山谷中各家各户的炊烟袅袅上升,傍晚的天空澄澈而平静,母亲在暮色中喜悦而知足,"只要晓得风雨和太阳,四时季节是什么,也就已经足

---

① [美]赛珍珠:《母亲》,万绮年译,夏尚澄编译,东方出版中心,2010 年,第 3 页。
② [美]赛珍珠:《大地三部曲》,王逢振,等译,漓江出版社,1998 年,第 147 页。
③ 同①,第 15 页。

够了。她很享受这样日子的乐趣"。①

这一类似的体验贯穿全书，并超越全书，在类似的土地背景下的静态生活中屡屡绽放。如《同胞》和《龙子》等赛氏作品，均可见相似的文本呈现。出生于美国，第一次涉足故国的玛丽一看到蓝天下褐色的平原，白鹅在田里摇摆着找食吃，地里的庄稼被收割得干干净净，便发出由衷的感叹。《龙子》的林郯带着两个儿子赤脚陷进水下肥沃的泥土，在位于青山峡谷的水田插秧，他们顶着宽大的斗笠，光着脊梁晒在炙热的日头下，边干活边说笑，心情悠闲。一时间，林郯甚至感到自己除耕耘土地外，已没有什么希求了。

在赛珍珠的文学作品中，作家已习惯于将其浸润泥土气息的主人公安放在固定的位置，即让其置身于距离"庄稼"、距离"土地"、距离"乡村生活"最切近的场景里，并给予五谷芬芳、春华秋实的文学晕染。"背景"的强大，反过来每每制约"角色"；而正是在这一底色的浸润晕染下，"土地"意象的人性化印迹才呈现出独特的风貌。

同样，《母亲》一书延续了赛珍珠其他几部农村题材作品的写作手法，即以理想化的永恒而宁静的中国田园图景为依托，借"土地"意象的多重皴染，将主人公从"生"到"死"的生命环节一一呈现。从暖春到酷夏，从深秋到严冬，岁月渐变，年年如斯；诸如"太阳、风、庄稼"等自然之物环绕着主人公们，而静谧的乡村生态圈，乃至生态圈的周而复始，亦在永恒、静美、仿如寓言故事的背景下铺陈开来。最后过滤而滴沥下的，是最素朴的哲理——耕耘土地，即耕耘生命；自然创造，即人文创造；土地四季，就是人生百年。当然，赛珍珠不是中国新文化运动的作家，她看不到这种"百年孤独"式的生活方式怎样窒息了中国乡村和中国百姓，而仅仅看到其不

---

① ［美］赛珍珠：《母亲》，万绮年译，夏尚澄编译，东方出版中心，2010 年，第 16 页。

变的静态之美,并深深沉迷于"风俗画"的意境,而后融入真切的感情,以土地之恋为线索,以充溢着散文化的唯美笔触,描摹千年古国的田园风貌;进而,作家勾勒出具有生命永恒意义的农民形象,实现其叙述中的"理性和抒情之间的适当平衡"①。

二、"女性"和"土性"交融后的人性升华

同为乡村女性的母亲,《母亲》中的"母亲"已对《大地》中的"地母"意象——"阿兰"形象进行了锐意的文本拓展。不同于谦卑懦弱的阿兰,母亲是"有生动个性的,是一个强壮、勇敢、精力充沛的人物,大概属于比阿兰更现代的类型,没有阿兰的奴婢性格"。②可见,母亲的个性特征较为复杂。因此,"土地"与"人性"的关系,在《母亲》中得到全新的揭示,使得此书具有赛氏其他作品少有的心理分析特征。

和王龙一样,母亲也与大地有着千丝万缕的联系。母亲精心呵护土地,而土地满足母亲基本的生活需求,让她一家衣食无忧。春天来临,由于白天气候适宜,而夜晚则露气深重,不利于耕作,母亲便会早早地来到地里,抢着白天的时间多做一些活。此时,占据母亲内心、令其心满意足的事就是——豆子在温润的泥土中开始酝酿新的生命;夏天,田里的麦芒渐渐变得金黄,稻秧早已种下,萌动着嫩绿的秧芽,秧田像一小片碧玉一般紧靠家旁;秋天,空气中飘溢着豆花的香气,母亲把油菜种子拿来榨油的时候,地里已经收割了一捆捆沉甸甸的稻穗;母亲背着收获的满满两篓新米到了城里,卖了很好的价钱,买了猪肉和棉布——做了腌肉,给孩子们做

---

① 周俐玲:《从〈大地〉〈母亲〉看赛珍珠中国题材小说中的"现实感"》,《江苏大学学报(社会科学版)》,2011 年第 6 期。

② [美]赛珍珠:《大地三部曲》,王逢振,等译,漓江出版社,1998 年,第 950 页。

了新衣裳,全家过了一个幸福年。

投身于仿佛具有激发热情魔力的土地,母亲也得以化解生活的困苦。与丈夫吵架后,怒火在母亲心头燃烧,然而,当她来到田地,安详的田野便会熄灭她心中的怒火,脚下厚实的土地给予母亲依托,而周遭恬淡的自然让她的心绪平和。不只在平常的日子,在痛苦的岁月,土地更是给予母亲情感慰藉。一天,当丈夫穿着用她的保命钱买来的蓝布长衫离家时,母亲焦虑万状,一整天都在等候着丈夫回家。她没有到田里,而是先陷入想象中的场景,"水田里油绿的秧苗,在轻轻吹动的风里,在和暖的日光地下,轻松地摇摆着它们新长出来的稻秧子"。① 虽然没有土地的实质性陪伴,母亲却在想象中构思"稻秧子"的怡然之态,并缓缓得到心灵的平复;当然,想象过后,母亲还是按捺不住了,扛着锄头到田里挥汗如雨。

日复一日,等待无果,转眼又到稻子收割的时候,母亲一手抱着孩子,一手拿着弯镰刀,一捆捆把稻穗背到稻场上去打,把水牛牵到大石碌上碾稻谷,稻谷在秋风中被筛来筛去……母亲的感悟每每是属于女性的,纤细而忧伤,而读者们则从感性而慈爱的母亲形象里,感受到无尽的温柔。这种温柔,是类似大地的温柔,而大地的温柔,就是女性的温柔。这温柔直指人心,且抚慰人心,显然不同于赛氏作品中男性人物(如林郄或王龙)的粗线条体验。可以说,《母亲》一书因此拓展出不一样的诗情空间:土地使母亲不再感到孤单,土地长存,则精神、生命长存。

一个月过去了,迫于晨昏思念和日夜劳作的双重折磨,母亲任由无稽的想象构筑出离奇的谎言:丈夫没有一去不返,而是在繁华的城市做工,还定期写信,给家人寄钱物。体面的谎言当然是母亲刻意为之的,而家书和邮递的钱物每每原路返回。不仅如此,母亲

---

① [美]赛珍珠:《母亲》,万绮年译,夏尚澄编译,东方出版中心,2010年,第41页。

近似虔诚地把"丈夫寄来的钱"小心存好。在这一点上,母亲与阿兰和王龙在墙洞藏洋钱的习惯不同,母亲更相信脚下的土地——她总是在地上挖一个深洞,先把洋钱用布包好,放在洞底,然后慢慢填好土,再在上面一趟趟将土夯实了,才如释重负。显然,作家的创作意向是明了的:对于苦痛的母亲而言,唯有土地,才能从情感和精神上给予其最大的慰藉,并使其深信不疑。日子久了,母亲竟然也陷入自己构建的谎言中不可自拔,夜深人静之时,母亲会默默哭泣,泪水慢慢渗入土地,好像将忧伤也带走了几分,此时,土地依然是母亲的唯一听众和观众。

或许,今日的读者已不能用阿Q的"精神胜利法"来批评母亲,而彼时赛珍珠关注的,似乎正是这一"精神"的来源。

三、波动和回归——永不自伤的女性情怀

说"母亲"的形象是"大地"的象征,也是"大自然"的化身,这是评论者的解读。做出这种解读,要跨越中外、古今的各种障碍;而此前,赛珍珠已先做出了这种设置。一个美国人能作如是观,与她的中国经历、中国情怀密不可分。

笔者认为,"母亲"形象与"大地"形象之所以能异质同构,首先是因为"性别认同",其次是因为"性能认同",最后才是因为"归属认同"。女性与"大地"的"性别认同",在中国《易经》体系里,有较为明确的表述,此即《象辞》中"地势坤"的判定、《象辞》中"牝马地类"的判定或《文言》中"地道也,妻道也,臣道也"的判定;"性能认同",如"至哉坤元,万物滋生"。[①] 唯"地"的"性别"同乎"女性","地"的"性能"也同乎"女性",而且将这种"性能"扩大到"地势坤,

---

① 《易经》,于春海译评,吉林文史出版社,2010年,第12页。

君子以厚德载物"的境界,世人对"地"的"归属认同"才能与对"女性"或"母亲"的认同相一致,并因此具有廓然无界的恢宏。

古老的传统将男人与理性相连,而将女性归于自然,这是有"天人合一"依据的。一方面,女性与自然的天然亲近感使得她们具有共同之处;另一方面,男性对自然的疏远和对女性的压迫,又迫使女性不自觉地湮没于"自然化"的背景中。正如自然的存在也需要"人性"的认可,女性的逃逸则体现在隐身于自然的保护色中。

具体说来,母亲在家中扮演的是一个仁慈温柔的角色——母亲在家里做姑娘的时候,就喜欢小孩子和小动物,"凡是天真、亲情而感性的事物,都能牵动母亲的心"①;她喜欢刚从蛋壳孵出来的小鸡小鸭,她耐心地养蚕,她照看自家或邻居的小孩,甚至家里的牲畜在夜里打闹,她也不会大声吆喝;母亲的孕育能力非常强,身体健硕,每年春天,她都会生产一次,母性得以满足;当然,母亲偶尔也会烦恼发脾气,然而很快就能谅解丈夫的任性和懒惰;丈夫离家出走后,尽管不能生育孩子的痛苦让母亲憋闷,她却能寄情于田间耕作,一人支撑起一个家。渐渐地,在读者眼中,母亲变为一个巨大的诗意的实体,这实体的气脉或许即来自于她脚下的土地和背后的自然。

相比于感性而充满母性的母亲,母亲所嫁的男人则缺乏男性气概,甚至可以说是幼稚十足。他既在情感和生活上依赖母亲,同时又想象力丰富,对生活缺乏切实的行动力。在孩子气的丈夫眼里,土地就是为家人提供食物的工具,远不如外面的世界充满诱惑;虽然丈夫也要在田里耕作,但他常常不能感受到在广阔的自然天地里那些简单的快乐。心情烦闷的时候,他会颐指气使,随便把锄头一撅,就自顾自地躺在稻田中间的小道上,而把繁重的农活全

---

① [美]赛珍珠:《母亲》,万绮年译,夏尚澄编译,东方出版中心,2010年,第76页。

部留给母亲;母亲生育力强,为他繁衍后代,他却暗自怨恨她太会生养;与在土地上干农活相比,他更喜欢赌钱,怅惘于遥远的都市繁华……终于在母亲生下第四个孩子之后的一个夏天,丈夫和她大吵一场后,再也不愿意早起出外耕种了。在酝酿了几天后,不顾母亲的阻止,强夺了母亲的私房钱——她视为宝贝的三元钱,做了一件漂亮长衫后离家出走。

作家于无形处把人物形象塑造和"土地意象"的文本经营糅合为一处。如丈夫厌倦农耕生活,耽于享乐,离家出走,此后杳无音讯。这一自私与逃避责任的行为即象征着男性与自然的背离;他的离家出走,是对女人的抛弃,也是对土地的抛弃。作品给予他的鞭挞,无言而冷峻。

岁月更迭,土地或喧嚣,或归于平静。"冬天快来到了,麦子撒在干硬的泥土里,期待雨水的滋润发芽。"①严冬的土地干硬无比,却在母亲的心中泛起涟漪。实质上,在丈夫离家后的几年间,母亲虽沉醉在自己编织的谎言世界,却从未放弃内心的期盼,"不管在多远的地方,只要有一点蓝色影子,母亲的心很快就会激动起来"。②等稻子收割完,又到了交租的时候,年近35岁的母亲在收租人的热切注视下心旌摇曳。为了平息被搅动的心绪,母亲又一次求助于土地,"把水灌在她所开的水道里。一次又一次地灌着,看着地上的泥土慢慢变色而润湿了,她觉得像喂饱了的孩子一样"。③不能确定的是,是干涸的土地获取生机,还是饱受煎熬的母亲得到了释放?"母亲"的憧憬与"地母"的深沉合二为一,一个充满渴望和矛盾的女性故事在土地上激情上演。

好景不长,在释放了自己的欲望后,母亲却身陷困境:她竟然

① [美]赛珍珠:《母亲》,万绮年译,夏尚澄编译,东方出版中心,2010 年,第 88 页。
② 同①,第 83 页。
③ 同①,第 96 页。

怀孕了。此时的收租人却始乱终弃,被逼无奈的母亲私下打了胎,身心饱受摧残。她又一次来到田里,穿过田野,"找了个不知其名的荒坟,坐在坟头旁边草丘上,痛哭起来了"。①笔者认为,"荒坟"意象依然和"土性"须臾不可分割,且因直指人的最终归属地而具有更浓黑的色调,使该书的抒情基调陡然逆转,留下丝丝悲凉的气息。事后不久,大儿子告诉母亲,收租人去了很远的城里,再也不会到乡下来了,母亲淡漠而耐心地听着,仿佛和自己丝毫没有牵连。或许,母亲已不再相信自己有能力编织任何谎言,而忧伤和思念也已沉淀为"淡定"。其后的岁月中,母亲年华老去,依然喜欢在田里干农活,关心着田野里的庄稼事。其间,一次次打击陆续袭来:瞎眼的女儿远嫁给一个白痴,在母亲探望之日被折磨致死;长媳始终未曾生育;参加革命的小儿子面临被处决的命运,目睹儿子惨状的母亲彻底崩溃。而后突然峰回路转,戏剧性的结局恰在此时出现:期盼多年的长孙降生,母亲重新点燃生活的信念⋯⋯

土里生,土里埋,本就是一个必然的循环。即使曾经演绎过激情波动的乐章,母亲终将在与土地相依相随的静态生活中,回归于自然的休止。

1935 年,也即《母亲》出版后的第二年,赛珍珠做了题为《忠告尚未诞生的小说家》的演讲。鉴于不少美国读者一致认为《母亲》一书的悲剧性太强,作家做如是解释:"那位'母亲是始终甘心生活下去的⋯⋯当她看了她的儿子被处死刑回来时,她固然哭得死去活来,但当她听见她的媳妇生了一个男孩的时候,她跳了起来,又愿意生活下去了。在这样的性格中,没有悲哀存在之余地'。"②

或许,隐于背景、被欺凌的母亲,在作家的文学创作中何曾是

---

① [美]赛珍珠:《母亲》,万绮年译,夏尚澄编译,东方出版中心,2010 年,第117 页。

② 姚君伟:《赛珍珠论中国小说》,南京大学出版社,2012 年,第93 页。

悲剧角色？文学创作者何曾与其创造物须臾分割？由此，读者对赛氏作品的解读可以寻找到一个游离于作品之外的评判"支点"，即作品人物变化，故事情节更迭繁复，而始终不变的则是看似疏离却切近的作家和其执着的文学信念。当书中的母亲从充满激情的青年到忍辱负重且自欺欺人的中年，再到颓废而执迷宿命的老年，似乎都在无声地宣示着生命辩证法的坚强，而"作为个体的赛珍珠，则不论是生是死、在中国还是在他国、被赞美还是遭误解甚至谩骂，都改变不了她永远是一个大地'女儿'的本质属性"。① 于是，力求在两个世界实现文化融通的赛珍珠，在充满诗意的中国题材作品中，找到了自身与创造物的和谐统一。

① ［美］赛珍珠：《龙子》，丁国华，等译，漓江出版社，1998 年，第 2 页。

如何"在他祖先的土地上扎下根来"

—— 试论赛珍珠《同胞》的文化代沟问题

张正欣

阅读经验告诉我们,一部思想含量丰富的长篇小说往往拥有多个主题。赛珍珠的《同胞》除显见的爱国热情、投身实践、服务人民、揭露黑暗等积极意义外,贯穿作品始终的是父与子在如何报效祖国和服务人民的时代选择问题上的争论。由此所凸显的家庭家族背景里两代人的不同态度和行为,可引申至民族国家的传统与变革的文化代沟的重大命题。这部创作于半个多世纪前的作品至今仍在向我们呈现着具有反思价值和时代意义的文化命题。

一、"我这样的人当然比农民更能
完美地代表中华文明的精神"

小说主人公之一,出身名门、学识渊博、高大英俊、在美国大学任教已 20 多年的梁文华博士,始终保持高人一等的使命感和优越感,因为——

> 他觉得上苍指示他来到异国他乡,使他成为向美国人解释中华文明的有用人才,尽管这种文明在当今似乎黯然失色,但是一旦实现了世界和平,中华文明一定会重放光彩。把东方和西方联结起来并不是一个无足轻重的

使命。①

……

　　尽管战乱使祖国残破,但我使她的精神在这异国他乡弘扬光大。②

小说一开场就写了梁博士对生活在唐人街的中国人的失望和鄙视,虽然他也承认这里有生气和活力,但更多的还是感到压抑,因为这些人在这里塑造了一个陈旧落后的中国的缩影;而他与他们截然不同,因为他一直坚信这一点:"对于任何一个民族来说,有意义的是质量,即有发言权的少数人,学者。像我这样的人当然比农民更能完美地代表中华文明的精神。我们民族历来由我们知识分子治理。我们历代的皇帝都依靠有智慧的人。"③原来这就是他一直昂起高贵头颅、一直保持平视行走的深刻动因。在和平时期,梁博士这样的风度气质也许还都是优点,但在国内处于战乱、人民处于痛苦之中、需要一个海外游子做出选择的时刻,这显然不值得肯定,而是需要做出反思了。

不过,梁博士也不是没有思考回国的可能,他说:"为和平和我们古老的文明,我倒是能出不少力——但我不会做官。"④读书人不会做官倒也可爱,那么干老本行教书? 他也回答了家人的疑惑,因为他的观点在国内不受欢迎,这是他不想似乎也不能回国的主因。从他的言行发展全过程来看,他的确还停留在传统不变的文化观念上,以至于分不清他和老祖宗有什么两样的腔调:"人必须生活在不同的层次。有人劳力,也有人劳心。农民就应该安于劳力者的地位,不能提高,否则上层人物就会饿死了。"⑤

---

① ［美］赛珍珠:《同胞》,吴克明,等译,漓江出版社,1998 年,第 13 页。

② 同①,第 104 页。

③ 同①,第 32 页。

④ 同①,第 104 页。

⑤ 同①,第 213 页。

　　若梁博士始终如此不食人间烟火,则这一人物形象有概念化、符号化之虞。好在作品还写了他的情感方面的细节,写了他的开始仅仅像做学问似的婚外恋,这当然是别具一格的。然而这是一段没有根、不真实、不被对方信赖的恋情,虽然梁博士最终有出人意料的、敢一气儿从纽约追到伦敦的壮举,但女主角早就一眼看穿他们关系的实质,有中法血缘的罗兰直指利害:"我们是靠别人的根才活着。……假如你一向非常真实,文华,我也许敢——做一切。但对于两个人,两个都不真实的人,要离开他们能够信赖的人——那对我们都将是非常危险的。"①梁博士渴望另类的激情的、浅尝辄止的恋情,没有开始即悄悄结束。

　　梁博士所谓的崇高使命感一如当初:"我在这儿有一个使命。我的孩子们也有一个使命。我们必须向这个幅员辽阔的新国家表明:做一个中国人意味着什么?"②他的这一点倒不像婚外谈情说爱有谨慎之虑、矜持之态,而是始终如一的豪言壮语,且坚定不移。这一点确是有根的、真实的,这体现为曾作为统治阶层的梁博士对"名门望族所维护的古老文明正在消失"的哀叹,以及对所在家族"年迈的焘大叔像个乞丐——或者说快成了乞丐"③的恐惧,这也造成梁博士对已成年子女的呵护式保护。这种源于中国历史文化的私心爱护,还因为他有家庭悲剧的切身体验:父亲革命前"官职还不小",但"因为他唆使皇帝维新变法"而被老太后贬了职"发配到蒙古"。④ 梁博士当然要汲取他家在历史演变中的沉痛教训;因而子女们再说多少国人的要害就是为一己私利而牺牲国家的犀利话语,也不会让父辈心有所动。

①　[美]赛珍珠:《同胞》,吴克明,等译,漓江出版社,1998 年,第 356 – 357 页。
②　同①,第 32 页。
③　同①,第 13 页。
④　同①,第 185 页。

二、"我们已经结束了一个时代,正要开始一个新时代"

在祖国和人民需要海外游子响应召唤的时刻,父子两代人围绕是否立刻回国发生了激烈冲突:"父子双方多年来都十分畏惧的时刻——公开对抗的时刻,竟会如此突然地到来了。"父与子的矛盾不是相处不好,而是父亲对儿子爱得太深或太自私;因为他一再庆幸选择留洋是无比正确的:"他为自己的长子感到骄傲……如若他们待在战火不断、一片混乱的中国,长子聪明的头脑和杰出的才能都不可能得到发展。"①所以他一再劝诫儿子"现在回国似乎不大明智……因为造反的学生很可能为了报复我而把你杀了"。② 但儿子却斩钉截铁地回答:"我不需要任何人的保护……我就这样回国。"③

詹姆斯如此坚定,从他劝恋人莉莉的一番话中可见其献身祖国的信念——

> 中国很伟大,中国并不真正衰弱,只是在苦难之中。
> 中国正等待着我们去拯救,去挖掘她潜在的伟大力量。
> 她在一个非常古老的世界里已经生活得太久了,她需要
> 在一个新世界中获得新生。我是一个医生,我自然要想
> 到出生,想到新的生命——④

——出于这样的纯正动机,回国后在上海停留北京工作的一个较短时间内,"他觉得自己仍然浮在祖国的表面,没有扎下根。他还是异乡人,他很想除去这种异乡人的感觉。他想深深地扎进人民的水土中,

---

① [美]玛格丽特·米德:《文化与承诺:一项有关代沟问题的研究》,周晓虹,等译,河北人民出版社,1987 年,第 13 页。
② 同①,第 12 页。
③ [美]赛珍珠:《同胞》,吴克明,等译,漓江出版社,1998 年,第 12 页。
④ 同③,第 48 页。

但却不知从何做起。他希望永远属于这个地方,永不离开"。① 在和弟妹们走入父母家乡的农村,并和同辈人一起服务农村、为农民治病后,詹姆斯才"感觉到了,我们已经结束了一个时代,正要开始一个新时代。我留在这里是为了未来,而不是因为过去"。②

年轻人最可贵的品质,在于他们在行动过程中不断地探索和思考,即使偶尔犹疑也不会动摇。如玛丽反思说:"我们现在的这个样子,远离了我们的人民,几乎和我们还呆在纽约没什么区别。"③詹姆斯则预料到她下一步的计划和他是一致的,重要的是回国后选择的行动方向绝不改变。只是小弟的突然死亡,令詹姆斯一时陷入痛苦和沉思——

> 彼得选择了快速的路,在暴力与暴力的对抗中失败了。他,詹姆斯,作为兄长将走一条慢慢行进的路,他希望他能活着看清自己的目标,即使不能活着达到它。……彼得以他自己的方式比他们更快地认识了人民,又以充满激情的悲剧方式企图去帮助人民。是的,詹姆斯告诉自己,彼得是以他的那种年轻莽撞的方式为拯救人民而死的。④

詹姆斯理性地认识了弟弟牺牲的意义,这是在与同辈人不断的行动反思中醒悟并完成的。詹姆斯和玛丽、刘成取得共识:和人民一起,当然不是让人民中愚昧落后的东西同化他们,而是要在为人民服务的行动中以文明先进的东西影响他们:

> "大地上的人民当然比我们强,"他说,"他们是我们民族的力量,不容易改变。"

---

① [美]赛珍珠:《同胞》,吴克明,等译,漓江出版社,1998年,第128页。
② 同①,第157页。
③ 同①,第176页。
④ 同①,第290—291页。

"不过我们为什么认为我们必须改变他们呢？我们所需要做的是证明某件事是正确的,那他们就会改变自己了。记住这个澡堂!"

"这些话叩开了詹姆斯的心扉。他坐着默默地思考这几句话。"①

詹姆斯思想的演进和他回国后受同辈人刘成的影响相关。詹姆斯听他说"文人、地主、官僚、军阀——这些人都骑在人民头上。这些人现在还有的是,到美国镀金并不能改变一个人的灵魂,只会为他们欺侮老百姓提供更新更锋利的武器——如果他想这样做的话"时,建议他去加入共产党,但刘成却说自己不过是一个"已经发过誓,要忠于全人类,而不是一部分人"的人。② 詹姆斯也只是想做一个纯正的医生和科学家。他坚持自己的出发点,他与玛丽争辩:"我要回到这里来度过我的一生。"玛丽则高声说他是一个"沉默的梦想家吉姆"。③

向更了解国情、民情的同辈人学习,是詹姆斯做得到的。以对地方势力代表焘大叔的评价为例:"刘成比詹姆斯更了解焘大叔。在焘大叔的身上,集中了邪恶、幽默和慈祥。这两个年轻人之间的不同也就在这里:詹姆斯对所有的人都抱着最美好希望,而刘成不抱任何希望。"④稍后,詹姆斯都能将新的认知与新娘玉梅在对未来新政权能否留下焘大叔的想象讨论中,有了后来史实能证的预感。这里无法也不必讨论他们年轻人对自己在未来时代的遭遇想象如何。因为,令读者欣赏的是此时此刻他们这代人的共同点:"他们正热衷于自己的事,他们充满着信心,老家的村庄一定会成为一个

---

① [美]赛珍珠:《同胞》,吴克明,等译,漓江出版社,1998 年,第 304-305 页。
② 同①,第 120 页。
③ 同①,第 204 页。
④ 同①,第 337 页。

干净健康而又有学问的地方。他们做的是救治的工作,而首先需要救治的是他们自己。"①

以文化人类学的观点看,作为父辈的上代人梁文华,代表着属于代代相袭的"过去",是"前喻文化和学富五车的长辈";而作为子辈的詹姆斯们,则体现着属于同代互相学习的"现在",是"并喻文化和亲密无间的同辈"。②

三、"他已开始在他祖先的土地上扎下根来"

由上述父子两代人的各自特点,可见历史发展至 20 世纪的时代变化,因为国家民族的交流融合和文化传递的变化差异,上下辈的同胞们当有共同文化的联结印记,又注定将发生绝不同于历史上任何一个时期的深刻变化。

两代人的共同点是同具爱国心,只是方式有所不同。梁博士身在国外,无论职业必须还是心愿自觉,他的传播中华文明的行为当是出于爱国。而小辈们一心回国报效人民,更是从思想到行为都体现出十足的爱国情怀,由于子辈们在国外所受教育训练、所受近代文明熏陶的影响,他们明白身份须与祖国一致,一种奉献人民、服务人民的使命感和责任意识的形成,自然也有父辈对他们的教育影响;这样的"靠详细叙述过去,或展示它的遗产来保存传统,这虽然不能使传统永恒不变,但确实使它保存了下来"。③

家庭伦理是中华文明传统最具特色的体现。昔日梁博士娶文盲妇女实属旧时代局限之无奈,今其子詹姆斯的婚姻竟自觉主动

---

① [美]赛珍珠:《同胞》,吴克明,等译,漓江出版社,1998 年,第 296 页。
② [美]玛格丽特·米德:《文化与承诺:一项有关代沟问题的研究》,周晓虹,等译,河北人民出版社,1987 年,第 27 页。
③ [美]列文森:《儒教中国及其现代命运》,郑大华,等译,中国社会科学出版社,2000 年,第 383 页。

照搬。这或因其受初恋之伤而弃西化时尚,或潜移默化中因婆媳俩性格能力之相像,有天性自然的传统凝聚力? 或因集体无意识的传统文化模式中,有着世代相袭的惊人生命力? 如此文化观念似可置于"中国式的爱国主义多少有点幼儿对母亲的濡沫之情""将祖国'母亲化'"①的视野里考察,或许可得另一启发性的思路。

然而,任何历史时期的代际,因经济政治文化、因民族和平冲突,也都会有不同点乃至迥异处。如不同方式的爱国,上辈人有了既定地位,害怕变化,恪守稳定,和平时期似无大不妥,但在国家动乱、人民蒙难之际,却不可能不被质疑。因为,"造成稳定的一个因素是中国人'在传统以内变化'的历史观"。"文化主义"一般是"占主导地位的态度"。② 这种在近代以降,已为国非(民族)国、民非(国)民的挨打屈辱的历史所证明的答案,梁博士却竟然不如他的发愤图强思变的先辈智慧,岂不让人耻笑? 而他的子辈们,小彼得虽言辞激进,似比詹姆斯、玛丽更加认清了父亲的优越感在本质上的先天不足和于时无济,因为这是一个需要变革、需要行动多于言辞的时代,而——

> 影响中国现代变革的主要因素在于中国的重心深埋于中国内部。中国作为古代东亚文明中心的漫长历史使其人民对于所有外国人具有一种天生的优越感……造成中国死气沉沉的原因之一是统治阶级的世界观或自我意识……统治阶级饱读诗书,具有较高的文化素养,这使他们自身抱成一团,脱离农民。③

对照梁博士的前后言行,我们真以为费正清的分析如为其量

---

① 孙隆基:《中国文化的深层结构》,广西师范大学出版社,2004 年,第 206 页。

② [美]费正清,赖肖尔:《中国传统与变革》,陈仲丹,等译,江苏人民出版社,1996 年,第181 – 182 页。

③ 同②,第 262 – 263 页。

身定做一般。

近代世界范围的文化传递方式,使得即使还处于农业社会的国家或民族,最终也产生了前所未有的变化——

> 当今中国最重要的事件之一,是中国的青年知识分子正在重新认识自己的国家……在这种变革的氛围中,当代中国的青年知识分子成长起来了。

> 年轻的知识分子开始重新认识自己的人民。他们发现在农村小镇、小村庄里的生活才是中国人自己的生活……他们开始为自己国家有这样一个宏伟而坚定的基础而感到高兴,并急切地把它变为新的鼓舞力量。

> 共产主义带来了阶级意识,使普通人有了发言权……越来越多的人已经感觉到自己国家普通男女同胞的价值。①

这就看出传统变革的必然性,看出代际的真正区别何在,以及不同于历史以往任何一次变革的新意义:就传播中国传统文化知识而言,梁博士当受人尊敬,但在 20 世纪世界市场已然形成、民族国家不能独善其身的背景下,他的只是趋利避害、明哲保身的教化,甚至都不能自圆其"修身齐家治国平天下"的传统儒学之说。他的子辈们离开他、背叛他,固是他个人之不幸,但何尝不是国家民族之大幸!既必有变化中的中国,如何不有变化中的中国人?梁博士的要害竟仍在他的"因循守旧,而不从实际出发达到更理想的结果,正是中国人的一个特点"。② 罗兰一语道穿,她和梁博士"两个都不真实的人",和刘成、玛丽自强不息的"现在生活在中国需要一种特殊的人……那种能看到真谛的人……那种不仅希望现

① [美]赛珍珠:《中国人》序,郝志东,等译,林语堂《中国人》,学林出版社,2000 年,第 3 - 7 页。
② [美]罗斯:《变化中的中国人》,公茂虹,等译,时事出版社,1998 年,第 289 - 290 页。

在世界应该更美好,而且相信世界能够被改变得更美好……坚强的人"①稍加对照,便可见传统文化同一性中的因循守旧、表里不一、避实就虚等消极因素和传统文化汲取文化多样性后善于吸收、团结合作、知行合一等积极因素的明显区别,从而可理解文化的同一性绝非是单向恪守陈规旧道的一成不变之意。

詹姆斯在祖国需要时能毅然回国,愿意并能"在他祖先的土地上扎下根来",首先归因于他完整适时地继承了传统儒家文化中的"修身齐家治国平天下"的精神。继之,青年们所受世界人文教育和信息传播的优秀成果,即选择传承西方近代启蒙思想文化中关于人权平等民主自由、关于在社会实践中追求实现自我价值的世界观(作品表层文字不显,但其发展逻辑必含)。最终,从需要层次的最基础,即从家庭家族生命延续的需要出发,詹姆斯还秉承了大地母亲一般的神秘呼唤,他"不需要一个把他从老家的村子里引走的女人。他需要,也必须有一个女人,用她自己生活的力量和理解,使他牢牢地在这儿扎下根来"。"他已经找到了他的根,现在该是开始生长的时候了。""他们知道,对他来说,这桩婚姻不仅仅是婚姻,还是与他自己人民的重新结合。"②

四、结束语

"这样,通过她,他已开始在他祖先的土地上扎下根来。""故事……没有结局。生命代代相传。江河滔滔向前。"医生尽天职拯救生命,人民"则有着生命的授予权。而生命——詹姆斯知道——正是他所需要的"。③ 通过这样的精心构思,作家就将子辈詹姆斯

---

① [美]赛珍珠:《同胞》,吴克明,等译,漓江出版社,1998 年,第 235 页。
② 同①,第 368 – 369、371 页。
③ 同①,第 382 页。

们经过探索后选择继承并延续的生活方式,设想为已经融合更新的中华"文化的同一性",这样就可以"保护传统、历史及祖祖辈辈传下来的道德的、精神的和伦理的价值"。这是熟悉中国民情、深谙中国文化、作为联系东西方人桥的赛珍珠所设想的解决现代中国人文化代沟问题的途径。"文化是社会的决定性力量,文化决定社会系统进化的轨线和人民的命运。"①

---

① [美]欧文·拉兹洛:《多种文化的星球:联合国教科文组织国际专家小组的报告》,戴侃,等译,社会科学文献出版社,2004年,第155、233页。

看那"裁缝沉默而急切地走过那酷热的长街"①

——《花边》的现实主义艺术价值

钱 晶

赛珍珠短篇小说鲜有人问津，但"长篇以外：她也发表了 136 篇短篇小说"，"这批短篇小说也是赛珍珠作品的有机组成部分"，"它们往往以小见大，更为集中地体现出她所倡导的文化精神，值得做出深入的研究"。② 本文以赛珍珠的短篇小说《花边》为例，兼及中国同期类似题材的小说比较，以探寻其中所表现出的创作特点及其艺术价值的思路。

一、《花边》及短篇小说的艺术特征

"勃克夫人……她的身体和精神，可算全部是在我们中国环境中培养长成的……所以她对于这个'真正的中国'是有极精细的观察和见解的。"③赛珍珠的虚构作品通常以极具东方文化特色的乡间小镇或江海之滨城市为背景。在后一个背景题材里，其部分故事的主角们常常表现出市井黎民的"小市民"心态，或虚荣，或卑微，或彷徨。然而，他们又是真诚、善良的，在单调乏味的生活中透

---

① ［美］赛珍珠：《花边》，选自《旧与新》，常吟秋译；载徐沄泗编选《美国作家选集》（世界创作文库·第 6 辑），上海中央书店，1939 年，第 1 页。原文载《结发妻》（小说集）。

② 姚君伟：《我们今天研究赛珍珠什么?》，《江苏大学学报（社会科学版）》，2003 年第 4 期。

③ 伯雨：《勃克夫人》，郭英剑编《赛珍珠评论集》，漓江出版社，1999 年，第 64 页。

出无限温馨和无私的爱。

"他溶化在生活洪流之中,溶化在集体之中;他是一个参加者。"①《花边》讲述的是一个裁缝的故事。故事始终没有出现裁缝的名字,只知道他是一个现在正为外国贵妇做旗袍的、卑微的裁缝。三个孩子相继死去后,他要养活自己的妻子,还要负担奄奄一息的外甥一家。由于贫困,他不得不卑微地向外国贵妇要工钱,无端承受她们的指责和刁难。小说中的裁缝是指一个人或是一类人。传统中国社会等级划分为士农工商,裁缝,在"工"这个级别里,他既没有"商"富,也没有"士""农"受尊重。文本从一个卑微无奈的裁缝的故事着手,真实地再现了旧中国手工艺者生活的不易和无奈。清末民初的中国,主要的涉外经济管理机构部门都被外国人控制,这些外国人的老婆乃至情妇也来到中国过着奢华的生活,而她们正是被裁缝服侍的人群。手工艺人战战兢兢服侍着这些贵妇,得到的却是她们赤裸裸的压榨,即使他们的工钱已被压到最低,还是不能按时得到报酬。赛珍珠虽同为白人,但她骨子里受过中国教育,如她所说自己只是肤色和中国人不同,其他无异。她同情底层中国人民,痛恨那些欺压中国人的白人。赛珍珠向西方读者介绍了旧中国形形色色的人群,展现出一个有特别认识价值的旧时中国的社会真相。

赛珍珠始终关注并挖掘事件情节的纷繁复杂及故事中的故事。她能够将生活中"或厚颜无耻,或精妙绝伦,或令人震撼的各种荒诞"②表现得恰如其分、淋漓尽致;能够透过永无休止、变幻无踪的诡谲片段将它捕捉定格——这与生俱来的禀赋,正是她过人之处。对人际关系中背信弃义、虚与委蛇、强颜欢笑、温柔细腻、妥

---

① [美]索伦森:《怎样写短篇小说》,范祥涛译编,上海译文出版社,2005年。

② [英]加兰·霍尔库姆:《短篇小说大师艾丽丝·门罗》,柴晚锁译,《英语世界》,2013年第12期。

协让步等各种微妙情感,她都有极为敏锐的触觉,并一直致力于探索呈现生活中所有心底最深处隐秘而伟大的东西。不论是小说对不同生活背景全镜头摄入的形象设计,还是日常生活和传奇事件的戏剧性建构,又或是自由间接引语的运用,都展现出穿越时空的光芒。特别是在表现现实主义主题方面,赛珍珠用其敏锐细致的观察能力和生动准确的表达能力进行创作,小说的每一细节都略带一丝讽喻色彩,涉及失败、希望、救赎和绝望的种种可能性,但仅仅是一种可能性、一种征兆而已。

二、细节和环境真实的历史情境

赛珍珠有一条淳朴而富同情心的人性的道路。这条通往伦理拯救的大道旁边还有交错着细节和环境的小径。《花边》在空间、时间、人物的客观描写上反映出真实可感的历史情境。

"在巍峨的白洋房外面,裁缝沉默而急切地走过那酷热的长街。"一个短句却是一卷长画:令人望而生畏的洋房,日光照得惨白的长街,穿着破旧长褂的中年男子行色匆匆。一句话就交代了故事发生的人文环境和社会背景。"巍峨"和"酷热"形成强烈的反差,洋房主人有宽敞舒适的长廊,免受烈日的曝晒;而底层人民,只能像墙角或是树洞里的蝼蚁那样卑微地生活;酷热的阳光并不代表光明,反而将流淌的鲜血蒸发、将群众的哀号吞没、将黑暗的生活照得更加浑浊。"沉默"已经无话可说,"急切"只是为命奔波,在酷热长街的大背景下,作家捕捉到的是无暇抱怨生活的苦痛,继续为苦痛生活奔走的贫民形象。那么,裁缝到底走向何方? 请看:"长竹竿上晾着一些破衣裤,全是不用肥皂只用一点儿凉水洗出来的……一种强烈的尿骚味弥漫在空气中。"①原来,走过酷热的长街,经过破败简陋的屋舍和穷困潦倒的民众,裁缝走进了一间"桌子凳子全当了,只剩下床铺"的黑暗无窗的小屋。

赛珍珠以冷峻的目光刺进生活的本质:无论是铁匠铺青年的去世给家人带来的哀痛,还是巷子邻里的反应,都再现了20世纪初旧中国群众精神的迷茫和缺失,这或可称为"精神黑洞",也即苦难已把人们所有的喜怒哀乐都吸进了深渊,除了机械麻木地生活再无其他;一个人从世界上消失,除了能换取亲人的几滴热泪,于旁人就像一粒沙子落尽湖中,惊不起一层涟漪。"街上满是打赤膊的人,女人们穿着顶稀薄的衣,搬出小竹床坐在街边乘凉。有的把席子簟铺在街边躺着。孩子在巷子里哭哭叫叫。"②真实空间的布置和转换,再现了裁缝及底层人物的生活场景和贫穷苦难的生存状态。

"秋老虎还是那么猛。夜色没有带来一点凉意。"③故事安排在夏秋之交的九月,或有意无意交代当时的历史情境:20世纪初政权频繁更替、社会分崩离析,暴政虽亡但余威仍在。人民的生活不仅没有改善反而更加苦不堪言。愈近丰收季节却一失再失:为谋求一夕当掉家具,铁匠铺青年竟离世,裁缝又被剥夺劳动价值,一切都在消逝。末句"畏惧着秋夜",没有用"烦躁""痛恨"而用"畏惧"这微妙的词语表达人物心理,可以看出长期受压迫后的无奈和麻木,如"精神黑洞"复现:并非寻常巷陌里无欲无求,原是诉求得不到伸张后的妥协。

人物肖像精妙。"她是一个肥硕的妇人,红红的面庞。"④洛威

---

① [美]赛珍珠:《花边》,选自《旧与新》,常吟秋译;载徐沁泗编选《美国作家选集》(世界创作文库·第6辑),上海中央书店,1939年,第2页。

② 同①,第3页。

③ 同①,第4页。

④ 同①,第5页。

夫人的外貌,就像鲁迅笔下的杨二嫂只一个粗略轮廓,但却是肥硕外表贪婪欲望这一类人的形象。对裁缝倒笔墨不吝:"一个长子,脸上浮着一种温和的肃静,穿的是一件脱了色的蓝大布长褂,袖弯上补了又补,却很干净。"①展现了裁缝身材高挑、生活穷苦,但为人温和诚恳的形象。"蓝大布长褂"表明普通民众的身份,何况又"脱了色""补了又补"呢!"很干净"这一细节绝非闲笔。记叙裁缝深夜赶制花边时"乌黑的毛巾裹头,抹布擦汗",试想一个爱干净的人为什么会用乌黑的毛巾裹头、用抹布擦汗?写人物表情精妙有描述裁缝等待洛威夫人"审判"的情节,大量微表情的刻画从"和平忍耐的脸上迸出一层汗珠,轻轻地抿着嘴唇喘匀了呼吸"到"从脸的两面流下一条汗来,他舔舔嘴唇颤抖地开口",再到"恳求的苦色刻在他那高颧骨的面上,刻在他那封闭的唇上",最后竟然"叹了口气,这时面上希望的神情也死去了,像窗帘似的绝望的寒冷盖过他的面膜"。对裁缝脸上汗珠和嘴唇的特写,为读者解析人物形象提供了一条途径——深刻感受小说主人公从隐忍到哀求最后到绝望的情绪变化,出场时"温和的肃静"消失了,生命中不可承受之重的历史情境活脱脱展现在读者面前。

动作语言传神。俄国作家契诃夫曾说:应当尽力使得人物的精神状态能够从他的行动中表现明白。"给两位洋太太鞠了躬,然后蹲下去,把布包放在游廊的地板上,解了结……他小小心心地展开这件衣,提给夫人看。"②——裁缝出场的一系列动作小心谨慎近乎滑稽,"鞠""展""提"字里透露着"寄人篱下"的卑微感;再后来"为了新衣不沾染上刺鼻的气味,脱下长褂和短褂,取下鞋子和袜子,单留一条单裤坐了下来。熨衣时格外小心,不让汗珠污了衣

① [美]赛珍珠:《花边》,选自《旧与新》,常吟秋译;载徐沉泗编选《美国作家选集》(世界创作文库·第6辑),上海中央书店,1939年,第6页。
② 鲁迅:《鲁迅全集》(第4卷),人民文学出版社,1972年,第7页。

服"。可见在裁缝的眼里贵族太太的新衣比自己的命都重要:新衣包含的不只是自己的劳动成果,还承载着兄弟的棺材钱和日后生计。人物语言角色鲜明,例如,洛威夫人反复对纽曼夫人说:"对付这班本地裁缝只有给他个硬干。"①语气毫不掩饰其视裁缝为一任人摆布的工具或玩偶之轻蔑意;这句话三次说给纽曼夫人听,正是摆威风显老道,而从纽曼夫人的动作神态中也能预见其持同样的轻蔑态度。这样就形成了一个滑稽的"语境场":洛威夫人自鸣得意,纽曼夫人深谙其意不点破,唯裁缝受害被愚弄。

"从反映生活来说,短篇小说的作用是借一斑略知全貌,以一目尽传精神的"②,《花边》中不断变换时空和生活细节,作品充满了急促紧张和浓郁的生活气氛,小说中人物命运甚至有联动的蝴蝶效应。若说《大地》是一部动人心魄的史诗,《花边》则是一卷斑驳的社会风俗画。简短的篇幅再现了裁缝的一个生活场景,但却是他日复一日的一段人生脉络;延展了的细节环境,似呈现了裁缝的一生,显现出 20 世纪初一段特有的历史情境。

三、比较与艺术价值及文化融合

赛珍珠的短篇仍沿用传统现实主义方法,在流行现代主义的时代,这是她被排斥在主流文学外的重要原因之一;但如果置于中国现代文学背景之下,其艺术价值或能得到认同。

赛珍珠笔下的人物以其天性的单纯诚挚,抓住"生"与"死"最底线的生命环节;以春夏秋冬这样现成而纯粹的自然现象为节奏形式,写出普通民众的生死轮回。这很像萧红描写的群像人物命

---

① [美]赛珍珠:《花边》,选自《旧与新》,常吟秋译;载徐泗泗编选《美国作家选集》(世界创作文库·第6辑),上海中央书店,1939 年,第 8 页。
② 鲁迅:《鲁迅全集》(第 4 卷),人民文学出版社,1972 年。

运:"糊里糊涂地生长、乱七八糟的死亡"的一个"生死场",一群蠕动在自然暴君和两只脚暴君脚下的蚁子臣民,按其固有、无须教化就已根深蒂固的某种潜在信念在生死之间愚顽地挣扎着。而赛珍珠不动声色地以旧中国外国贵妇对底层劳苦大众的压迫为题材,其认识价值和审美意义又极其独特。《花边》也像郁达夫《春风沉醉的晚上》将人物抛至暗色调的场景中:昼夜皆无光的黑洞洞贫民窟、烛光、窄巷,同样的阴湿长巷、黑暗小屋、微弱灯光营造出凄凉的氛围,映衬出特定场景下人物内心的迷茫与苦楚。描写"底层小人物"的还有老舍的《月牙儿》,里面"我"的父亲和《花边》里的铁匠铺青年一样承受悲惨残酷的命运,有鲁迅笔下期盼"明天就好了"的单四嫂子和《花边》中裁缝那样专靠一双手养活一家人:同被欺凌被损害被践踏,仅以一个被踩躏者的扭曲灵魂在心底发出血泪控诉。

　　《花边》篇幅虽小,但在赛珍珠为数不少的短篇中,现实主义艺术特征和成就特别显著。除了因为她熟悉这样的生活环境和人物,还与她自觉地认识和运用现实主义的创作方法密切关联:"我只相信生活,悲惨的、愉快的、光荣的、不可理解的生活。我对人类有信念,对每个人都有的邪恶和善良的一面有信念。我对艺术有信念,艺术,只有一个神圣的用武之地的艺术,也只有最纯粹的艺术才可以做到的,就是忠实地描绘生活,只描绘生活。"[1]结构模式上全部情节集中在两天一夜,交付新衣偏遇洋妇人刁难,赶制花边偏遇兄弟猝亡,再次交付又偏遇贵妇克扣致兄弟棺木钱落空。行文中多个巧合,使日常生活与超常规传奇交错,有层层递进、高潮迭起的紧迫感。叙事技巧如叙写"在巍峨的白洋房外面,裁缝沉默而急切地走过那酷热的长街",不仅交代了人物生活的场景,更起

① 〔美〕彼德·康:《赛珍珠传》,刘海平,等译,漓江出版社,1998 年。

到为全篇氛围奠定基调的作用。叙事中穿插场景的描绘,系"情景交融"手法的现实运用,既增强了情节发展的真实性,又融入了作家的悲悯情怀。语言简洁凝重、明白畅达,例如,铁匠铺青年拼尽全力挤出最后一句:"您——也是——一个穷啊",表现了劳工相依为命的苦楚;洛威夫人"看住那裁缝——看他没拿什么东西走吧",神情和语气都充斥着刻薄和不屑;洛威夫人:"喂,叫裁缝到这里来"尽显主人威武,甚至恶言相向:"呸,你撒谎啦,我知道我是怎样告诉你的";对纽曼夫人则"这正是我说的,对付本地裁缝只有给他个硬干",炫耀又嘲讽。

《花边》是一个隐含着双重视角的典型文本:两种不同眼光、两个不同立场注视着骄阳下的人及发生的事。一种是西方对东方的审视,以强大的西方价值观为基础。赛珍珠在这方面秉承了其他西方作家的惯用手法:对异域世界的固着化、仪式化、程序化,展现了一个永恒静止的国度。神秘的东方文化以裁缝和他的穷亲戚为载体:温和、忍耐、小心翼翼、贫穷卑微。另一种是东方对西方的审视,东方对西方的注视目光集中在小说中的"外国人"——洛威夫人和纽曼夫人身上。小说借裁缝——一个中国贫穷百姓的目光,表达出对她们外貌、语言、生活习惯的惊异之感。赛珍珠将普通的东方视角拉低,以一个匍匐者的姿态去审视西方权贵。故洛威夫人始终以一种冷冷的语气、高傲的姿态,轻蔑地对待裁缝;对鲜有描述的纽曼夫人则用了"默然地称赞""带厌地说""微感兴趣"等表现她微妙的神态语气,她仍是"一只高傲的天鹅",只是比洛威夫人更为内隐;小说最后"欣然一闪"表现出她故作矜持、虚荣的本质。

《花边》中人物的命运也正反映了两种文化在赛珍珠本人身上相遇所引发的痛苦与焦虑。小说静默的潜流中蕴含着无法化解的矛盾,展现的中西文化冲突以压抑、静默、隐忍的形式呈现出来。

从中不难发现作家对自己祖国的不满甚或怨恨，希望在异乡找到心灵的寄托；或因本国本民族文化根基难以动摇，她又难与生活过的异乡他族文化习俗完全融合，因而不得不在矛盾痛苦之余，把那些埋藏在心灵深处的记忆召唤出来，使之游离于作品的字里行间。

　　海伦·斯诺曾说，赛珍珠"走在时代的前面，至少超越四十年，而且继续走在前面"。① 赛珍珠毕其一生都渴望看到异质文化的相互尊重、平等对话。她用现实主义小说创作向我们展示了她的这种理想和追求。小说尽管是以两位富太太尖酸的谈话结束，但洛威夫人对花边的赞不绝口又隐隐地透出作家的几分期望。虽然这份期望显得那么忧伤和凝重：难道东西方文化的交流非得以东方的主动改造、吸纳和迎合西方来完成吗？

---

① Helen F. Snow. Pearl S. Buck 1892—1973. The New Republic, March 24, 1973.

赛珍珠和《帝王女人》

吴长华

《帝王女人》是赛珍珠唯一的一部长篇历史小说,内容丰富,情节曲折起伏、引人入胜。一个美国作家,为什么不去写美国的事儿,偏偏要写中国的皇后?作家选择写什么,不写什么,并不是偶然的,都有迹可循。赛珍珠出生后几个月就随父母到了中国,她的童年、少年、出嫁都在中国。她与中国的小伙伴一起长大,从小就听说了有关慈禧的事情,曾经在家门口的山坡上,与小朋友们玩"过家家"时,就喜欢让最胆小的弟弟扮演小皇帝,让扮演女皇的人很快镇住他,将他软禁起来。这个游戏中的女皇,当然就是那时中国的统治者——慈禧太后。这些童年往事,在她心中挥之不去,有意无意地埋下了她后来书写慈禧的种子。

1956 年,赛珍珠以慈禧为典型,根据她对慈禧的了解,又查阅和收集了各种资料,经过巧妙的构思,写成《帝王女人》。这部写慈禧一生的小说,标题上却不点出慈禧,仅把《中国最后一位皇后的故事》作为副标题,这其中也有深意。帝王女人,这是赛珍珠对慈禧的定位。慈禧有三重身份:帝王的女人、帝王、女人。身为皇后,是帝王的女人,却不安于做皇后,她要代替帝王行使帝王的权力,但归根到底,她是一个女人,一个与一般的女人有天壤之别的女人。

古人云,文如其人,作品里总有作者自己的影子。赛珍珠接受过西方文化和中国文化的双重教育,在她的身上,有中西文化的双重影响。作为美国少女的赛珍珠,曾经在上海租界里接受面向美、英侨民子女的学校的正规教育,后又回到美国的大学完成学业;但是她从小主要在中国生活,她的父母忙于工作,把她交给中国保姆王妈照料。她与王妈朝夕相处,亲密无间,甚至引起母亲的妒忌。她受王妈的影响最深,王妈有讲不完的故事:天上的灶王爷、宝塔里的龙,等等,在她童年的时候,那些故事已经如涓涓流水注入了她幼小的心田。她自己也承认那些故事是她最早的文学熏陶,为她以后的创作打开了一扇窗。她家中的厨师是个爱读书、有点文化的中国人,他熟读《三国演义》《水浒传》和《红楼梦》等,闲暇时就讲给大家听,使赛珍珠最早接触到中国古代小说艺术技巧和人物塑造的奥秘。

《帝王女人》的主人公是慈禧,作者浓墨重彩,一切都围绕着慈禧,虽然用的是真名真姓,但作品却不是一本传记文学,而是历史小说,作者可以虚构,比写传记自由。

赛珍珠对慈禧的看法和她写这部小说的主观意图在该书前言里已经说得很清楚:慈禧性格丰富多面,才赋多样,行为矛盾,又生活在反对外国入侵的历史关键时刻,很难理解和讲述她的一生。慈禧独立、保守、残酷,“西方作家几乎毫无例外地都对她进行否定的甚至恶意的描写”。① 她认为慈禧“善和恶在她身上交织在一起,但总是有英雄的一面”。② 她与否定慈禧的西方作家不同,她主要抒写慈禧英雄的一面。

西文文学有抒写英雄的传统,作者把理想注入心目中的英雄人物身上,特别是经过个人奋斗取得成功的英雄人物。赛珍珠秉承了传统,她热爱中国,对中国的热情始终不渝。她把慈禧作为一

---

① [美]赛珍珠:《帝王女人》,王逢振,等译,东方出版中心,2010年,前言第1页。
② 同①。

个生长在中国大地上的成功女性刻意塑造：秀女—三等贵人—皇后—皇太后—老佛爷。她视慈禧为女中俊杰、皇中凤凰、花中芝兰，在慈禧身上寄托了自己的理想。

综观《帝王女人》，赛珍珠在写作中吸取中国的艺术手法是很明显的，她对人物不做大段的心理描写，而是以故事情节取胜，有头有尾，脉络清楚，一环紧扣一环，跌宕起伏，在浓郁的传奇气氛中，人物性格跃然纸上、生动传神。小说从选秀入宫写起，慈禧的成功不仅是靠权术，更多的是靠她的聪明机智、勤奋好学。赛珍珠用许多美好的词汇描绘女主人公：漂亮、健壮、苗条、精明、挺拔、优雅……从这些俯拾即是的词汇中可以看出她对慈禧的喜爱和赞许。除了直接描写外，赛珍珠还从周围人物的态度中烘托出慈禧的优秀。慈禧每天在御书房里跟老师学习五个小时，老师夸赞在皇帝的嫔妃中，没有一个像她那样用功学习，皇太后也夸她勤奋。在宫中教她绘画的缪夫人发现她对绘画"既有热情也有天分"，所以一心一意地认真教她。从现在保存下来的慈禧绘画中也可以看出她的水平确实不一般。

中国艺术讲究画龙点睛，眼睛是心灵的窗户，几笔就可以使人物性格活灵活现。赛珍珠特别重视写慈禧的眼睛，当她还是一个名叫兰花的姑娘时，"最美的地方是她的那双眼睛。它们又长又大，格外明亮，黑白清澈分明"。[①] "她在镜子里只看到自己那双不同寻常的眼睛，黑黑的眼珠，充满生气。"[②]兰花家中的老仆人盯着她说："我一向说你有命，这命就在你的眼睛里。"[③]只寥寥几笔，就写出了兰花的美丽、生气勃勃，她的自信和意志力，她是一个烈性的姑娘。皇帝在选秀时不顾太后的反对，执意选中了她，也是因为

① ［美］赛珍珠：《帝王女人》，王逢振，等译，东方出版社，2010 年，第 1 页。
② 同①，第 2 页。
③ 同①，第 2 页。

她的眼睛。宫中的规定,秀女的视线不能高过男人的胸部,眼睛看皇帝时视线更不能高过他的膝盖。但是,她却看着皇帝的脸,大胆地看着皇帝的眼睛:"她通过自己的眼睛,把她的意志的力量注入了他的眼睛。"①于是,皇帝选中了她。

兰花进宫后的名字是叶赫那拉,皇帝说她是第一个抬着头走进寝宫的女人,别的嫔妃都害怕,不敢看皇帝,只有她不害怕。她的与众不同,太监李莲英也早看出来了,他对叶赫那拉说:"我知道你的命运是什么。你身上有一种其他任何人都没有的力量。我第一眼看见你不是就看出来了吗?"②这种力量也是从眼睛里看出来的,李莲英为了将来的升迁甘心永远做她的仆人和奴才,在后宫嫔妃中,她鹤立鸡群。

从三等贵人到皇后,她为皇帝生下儿子是一个重要条件,在男性社会中,传宗接代、生育儿子是女性的主要职责。母以子贵,历史上的皇太后,大多是因为生下的儿子成为皇帝,地位才得以提升。叶赫那拉的丈夫咸丰皇帝,身体衰弱,沉迷女色,又吸食鸦片,子嗣艰难,后宫嫔妃众多,唯有叶赫那拉生下儿子,虽然不是嫡子,却是唯一的王位继承人,是无可争议的嗣子。在嗣子满月的庆功宴上,皇帝封叶赫那拉为西皇后——圣母慈禧。但是嗣子能否顺利地登上皇位,还要经过漫长的斗争。

斗争最激烈艰险的时刻就在咸丰皇帝殡天前后,那是在第二次鸦片战争中,咸丰皇帝听到清兵在二里桥战败,英法等侵略军即将兵临北京城时,咸丰又惊又怕,立刻带了皇后和嗣子逃出北京,到了热河行宫。咸丰本来就身体衰弱,加上途中劳累,从此一病不起。肃顺和奕亲王、成亲王三人密谋夺权,夺去嗣子,胁迫皇帝签

---

① [美]赛珍珠:《帝王女人》,王逢振,等译,东方出版社,2010年,第13页。
② 同①,第18页。

署圣旨,任命他们做嗣子的摄政大臣。当慈禧知道这个阴谋后,立刻写信给恭亲王,命他秘密从北京到热河行宫帮助她度过困境。并且她火速地代替皇帝写了一道传位诏书:由嗣子继位,任命西皇后和东皇宫为摄政皇后。然后她快速地带着荣禄和李莲英夺回嗣子,大胆地冲进皇帝的内室,要求皇帝签署遗诏,她捉住皇帝的手拿住毛笔,在她代拟的遗诏上签上名字。荣禄和李莲英帮助她抢在肃顺的前面拿到了皇帝的玉玺,夺权取得了第一回合的胜利,不过危险还在后面。

按照清宫的规定,皇帝如果死在外地,皇后必须先回皇宫迎候已故的君王,而大臣们则随后护送灵柩。肃顺等人设计新的阴谋,借口皇家卫队要护送去世的皇帝,肃顺命令自己的士兵跟随皇后先回皇宫,把总管太监和照顾慈禧的太监李莲英也留下送灵柩,最恶毒的是命令荣禄留下保护热河皇宫。这是釜底抽薪,让慈禧从热河行宫到北京的途中身边没有一个亲信,好任他们为所欲为。当夜幕降临时,车队在大雨中被迫停在龙山的山口,用旅行带的帐篷搭建避雨的场所。在这个最不安全的偏僻山谷,慈禧坚信荣禄会守卫在她的附近。她整夜不睡,默默地注视着,果然,一把锐利的短剑悄悄地割破了帐篷,一只男人的手伸了进来,她立刻抓起嗣子,跑到帐篷的一边,一瞬间,她看到另一只手,抓住了拿短剑的手,把它逼了出去。她知道肯定是荣禄,在男人的搏斗声中她听到了荣禄的声音。是荣禄杀死了暗杀者,并将其尸体扔下了峡谷。最后,荣禄骑着白马,带着 20 个卫兵,把慈禧一行送回北京皇宫。

慈禧回到皇宫,就抢到了先机,她召集以恭亲王为首的王爷们和宗室的长者,宣布她保护着国玺,嗣子拥有合法的皇位继承权,这就得到了大家的支持。按照她的命令,恭亲王安排了一支忠诚的军队驻扎在东华门附近,做好一切准备,等皇帝的灵柩一到达就一举拿下那三个叛臣。

在这场生死搏斗中慈禧的性格非常突出,她临危不惧,随机应变,机智果断,在斗争中处处居于上风,使敌人也自叹不如。她深知国玺是权力的象征,只有拥有国玺的人才有权继承皇位,她先抢到国玺并藏在化妆盒里妥善地保护,为胜利打下了基础。

《帝王女人》不是只局限在宫廷明争暗斗的宫斗小说,它也反映了晚清后期太平天国运动、第二次鸦片战争、甲午海战、戊戌维新、义和团、八国联军等重大历史事件,为人物的活动提供了广阔的历史背景,的确是名副其实的历史小说,慈禧在与人民起义军及外国入侵者的复杂关系中更呈现了她性格的多面与矛盾、残酷与软弱。

慈禧坐上摄正皇太后的宝座,也就成了内外矛盾的焦点,她重用曾国藩和李鸿章围剿太平天国,甚至勾结外国侵略者,任命英国军官戈登出任大清军队的领导,与之密切合作,一起镇压了太平天国军队。清王朝长期闭关锁国、夜郎自大,对西方现代化的战争特别是现代化的海战缺乏知识,对西式武器也不了解,以为法术可以对抗死亡,符咒能使刀枪不入,军舰只是像小孩子的玩具。慈禧虽然恼恨外国侵略者,一心要维持她的体面和尊严,内心却是虚弱和恐惧的。她对内独裁而冷酷,为了满足个人继续执政的野心,在亲生儿子同治皇帝病死后,要求青春年少的皇后自杀。她顽固保守,扼杀了戊戌维新,囚禁要实行改革的光绪皇帝,冷酷地命令把他的宠妃投入井中处死;对外国帝国主义的侵略,她却一再忍让、屈服,签订了一系列割地赔款的不平等条件。

关于这个复杂、矛盾的慈禧太后,赛珍珠对她恶的一面,总是轻描淡写,不做严厉谴责,也许是她太热爱中国了,把她爱中国的心怀都倾注在慈禧太后的身上。

慈禧为了庆祝自己的六十大寿,动用大清海军的款项建造自己心爱的颐和园。在中日甲午战争的腥风血雨中,前方将士浴血苦战,人民被侵略军野蛮杀戮之时,北京城内却歌舞升平庆祝慈禧寿诞,"听戏三天,诸事一概延搁不办"。因此,北洋舰队的全军覆没不是偶然的。慈禧心中也明白自己的过错,却推卸责任,怒责李鸿章损失了舰队,应该受到惩罚。

面对外国强悍的侵略,清政府在战场上连连失败,签订了一系列丧权辱国的条约,这一切是谁之过? 当然应该由当时的首席执政者——慈禧太后承担,又怎能推给领命前去签订不平等条约的李鸿章?

慈禧与荣禄的爱情是文本中一条贯穿始终的主要线索。从慈禧入宫时由荣禄传达诏书写起,在她一生中的关键时刻,荣禄都起了重要作用,因为有荣禄的保护,慈禧才得以化险为夷。例如,荣禄杀死了企图谋害慈禧的杀手;同治皇帝驾崩时,荣禄提醒慈禧要赶在民众还不知道皇帝的死讯前推出皇位继承人,才能保证她继续掌权,这一行为促使她立即赶到醇亲王府,把她妹妹的儿子抢来做了皇位继承人(光绪皇帝)。

古今中外的作家都重视写爱情,如此既能丰富小说的内容,也有利于人物性格的塑造,因为在爱情中更能显露人物的内心,给作品平添浪漫气息和可读性。像荣禄这种在正史中很少有记载的人物,作者既有虚构的自由,也要安排得合情合理。在《帝王女人》中赛珍珠把他俩安排为一对从小一起玩耍的表兄妹,本来可以成婚生子,奈何造化弄人,荣禄成为紫禁城的侍卫,慈禧贵为皇后,这种身份的悬殊使爱情只能在若明若暗中存在。两人发乎情,止乎礼,为了权力和地位,只好克制个人的情感。即使慈禧位至太后,权倾天下,似乎无所不能,但是在中国几千年封建意识的约束下,还是把爱情深埋心底。在作者的笔下,两人的爱情,处在渴望与绝望之中,想见又不敢见,为防隔墙有耳,处处小心,复杂而痛苦,只有在梦中才能倾诉衷肠。即使荣禄死时,慈禧也不能大声哭泣,只能独自黯然神伤,此处赛珍珠写得极有分寸,也入情入理。

这部写慈禧一生的小说,并没有写到她的死,而是以一个喜庆的场面作为结束:国家遭受两个月旱灾,却从东海上刮来大风,所有的人都听到了一阵雷声,天幕开启,大雨倾泻而出:"远处墙那边传来巨大的喊叫声,许多民众聚集在一起发出的叫喊声——'老佛爷——老佛爷——送来了雨!'老佛爷是指她,人民称她为女神。"①赛珍珠以人民称颂慈禧作为最后的结局。

赛珍珠这种安排是为了表明她对慈禧的颂扬,她在前言中已经写道:"她的人民喜欢她——不是所有的人民,因为急切的革命者从内心里恨她,她也恨他们。但农民和小城镇的人尊敬她。"②赛珍珠知道中国人民中的革命者恨慈禧,因为慈禧相信旧的体制比新的体制更好。她支持喜欢慈禧的人民,而这些喜欢慈禧的正是中国人民中麻木不仁、不觉醒的部分。

赛珍珠写《帝王女人》时已是 1956 年,岁月流逝,慈禧已经去世约半个世纪,世界发生了翻天覆地的变化,中国已经飞越了封建时代和半殖民地时代,中国人民已经站起来翻身做了主人,丧权辱国的不平等条约也已废除,但赛珍珠对此却不了解,她喜欢的中国人民还是在留恋慈禧太后的统治,这也正是赛珍珠的思想局限之处。

---

① [美]赛珍珠:《帝王女人》,王逢振,等译,东方出版中心,2010 年,第 358 页。
② 同①,前言第 1 页。

多模态视角下《小红》插图的解析

吴 婕

赛珍珠,一位充当中西方文化传播桥梁的诺贝尔文学奖的获得者,用她手中的笔让全世界认识了真正的中国文化及真实的中国人民。

早在 20 世纪 30 年代,中国文化界开始关注和介绍赛珍珠。在这 80 多年里,赛珍珠在中国的接受走过了从褒贬不一到全盘否定再到新时期以来逐渐走向公正客观评价的历程。现今,随着全球化时代的到来,提倡实现彼此接受、彼此包容、互相融合的相对主义文化理念的赛珍珠的跨文化文学作品越发引起世人的关注。综观整个中国文学界对赛珍珠文学作品的研究,其中涉及的研究文本以中长篇小说为主,但对于赛珍珠在抗战时期出版的短篇故事集的研究却少之又少。因此,笔者选取赛珍珠于抗战时期创作的短篇故事集《小红》为研究文本,期望能丰富赛珍珠文学作品的研究维度。

赛珍珠在抗战时期用英文写作的短片故事集《小红》由启发教育出版社于 1987 年出版。这部故事集以一个旁观者的视角描绘了一对脖子上戴着同样寓意深刻的红方巾的父子在抗战时期被迫分离直至团圆的感人故事。赛珍珠讴歌了中国人民艰苦卓绝的抗战精神,表露出她全力支持中国抗战的鲜明立场。全篇故事集中穿插着四幅色彩鲜明的插图。插图,即插在文字中间帮助说明内容的图画,从阅读功能上讲,文字叙述是通过诱导读者的想象来展开内容,而插图则是通过可视的形象,在提高读者阅读兴趣的同时帮助和引导读者正确理解文本内容。同时,随着插图艺术性的增强,其艺术欣赏的价值也逐渐提高。笔者尝试在 Halliday 的系统功能语法与 Kress 和 Leeuwen 的视觉语法理论基础上,运用多模态话语分析研究方法,分析短篇故事集《小红》中的四幅插图。通过解读图像的互动意义,深入探讨此故事集中插图与故事发展的互动情况。

一、理论背景

(一)多模态话语分析

所谓多模态话语,就是指一种融合了多种交流模式(如声音、文字、图像等)来传递信息的语篇。也就是说,多模态语篇指除了文字之外,还带有图像、图表等复合话语,或者说是由任何一种以上的符号编码实现意义的文本。小说插图一般位于文字描述的右边,与文字左右呼应,相辅相成,丰富语篇。由此,插图涉及文字、图像、色彩等多种符号变体,属于多符号系统多模态语篇。

(二)分析方法:视觉符号学系统

Kress 和 Leeuwen 在系统功能语法的基础上,建立了视觉语法理论。该理论认为图像也是视觉符号的一种,它不仅可以反映客观世界和主观世界发生的各种现象,也可以展现各种各样的人际关系。因此,以系统功能语法中的概念、人际和语篇这三大元功能为参照,视觉语法提出与之相对应的再现、互动和构图意义,将功能语法拓展到包括视觉模态和空间物体在内的多模态语篇。

Kress 和 Leeuwen 将图像中的人际意义定义为一种互动,认为视觉语法中的互动意义是关于图像制作者、图像参与者和图像观看者之间的关系，同时也提醒观看者对参与者应持的态度。图像通过接触、社会距离、态度这三个要素来实现互动意义。

1. 接触

在视觉语法的定义下，接触在图像参与者与观看者之间建立了一种有效的互动关系。根据图像参与者是否与观看者存在目光接触，Kress 和 Leeuwen 将图像分为两类，分别为索取类图像和提供类图像。在索取类图像中，参与者通过与观看者目光的接触建立起一种特定的社会关系，从而向观看者索取特定的情感。相反，在提供类图像中，图像参与者会避免与观看者产生目光接触，仅仅向观看者提供基本信息。由此可见，不同类型的图像能够建立起不同的社会关系，进而传递不同的社会意义。

2. 社会距离

在视觉环境中，图像参与者与观看者之间的关系同样受到距离选择的影响。一般来说，不同的社会距离反映着包括亲近、社交和冷漠三种不同的社会关系。亲近距离能够体现出图像参与者的肩膀与头部，一般通过短镜头来体现；社交距离通过中镜头显示图像参与者膝盖以上的部分，表示图像参与者希望与观看者保持一定距离；冷漠距离则是选择长镜头来展示图像参与者与观看者之间一种客观存在的关系，通常在此类距离中，参与者与观看者一般距离 4~5 人的距离，表示参与者拒绝与观看者产生互动，是一种非社交距离。

3. 态度

态度主要通过视角来体现，不同的视角能够反映观看者对图像参与者不同的态度。一般来说，视角分为垂直视角和水平视角。垂直视角分为仰视、平视和俯视，分别表示参与者处于强势地位、参与者与观看者权利相当、观看者占优势地位。水平视角则是指图像制作人与图像参与者之间一种正平面的关系。

二、《小红》插图的多模态解读

本文主要从仰视、平视、俯视、水平四个方面的互动意义来解析《小红》中的四幅插图。

第一幅插图向读者展示了图像参与者：女性参与者（妇女）及其余参与者（耕作的农民）繁忙劳作的生活景象。插图中女性参与者以侧影示人，专注于自身行为（烧饭），与观看者不存在目光交流，是典型的提供类图像；其膝盖以上的形象显示出其与观看者间存在社交距离，而其余参与者与观看者相距 4～5 人的距离，是一种非交际距离。从情态角度上分析，整幅插图使用了明亮的高情态色调。颜色分布的蔓延、对比鲜明的色彩均给观看者以强烈的视觉冲击力和远视力。从色彩的饱和度与协调度来看，该插图色彩层层递进，搭配协调。插图在深度、再现、照明和亮度方面也体现了高情态的量值。总体来看，这幅插图中参与者都只是在展示

图1 《小红》插图（1）

或者表演自身的行为动作,为观看者提供思考的机会,而并不要求观看者介入他们的生活情境。另外,女性参与者与其余参与者所展示的行为及高情态值的色彩搭配均为观看者描绘出一幅战前男主人公小红所生活的村庄安定祥和的生活画面。

第二幅插图所描绘的故事发生在外敌入侵村庄之时。男性参与者(小红)以侧面示人,怒目视向外敌,向观看者表达了他此刻对外敌愤恨的心情。插图中中镜头的使用拉近了男性参与者与观看者之间的距离,使观看者在潜意识中跟随男性参与者的目光怒视外敌,并对男性参与者此刻的心情感同身受。整幅插图背景色彩比较温和,但是却更加衬托出男性参与者脖子上红色方巾色彩的浓烈。这块红色方巾是贯穿全篇故事的关键。男主人公的祖母为自己的儿子和孙子佩戴红色方巾,不仅是为了保平安,更是为了使其在人群中拥有高度识别感。因此,这块红色方巾在小红解救父亲大红时也起到了关键作用。插图中提供类图像、中镜头的应用,以及对比强烈的高情态值色彩的使用,皆反映出男性参与者期望与观看者分享他的感受并且产生互动。画面中的男性参与者与其

图2 《小红》插图(2)

余参与者都是从平视的角度来描绘的,反映了观看者与参与者之间存在平等的关系,但是男性参与者的描绘角度也是侧面的,这说明故事中男主人公的世界与观看者的世界不完全相同,观看者不能完全进入插图中的世界。但由于本故事终究是忠于历史,源于现实生活,所以就更加激发了观看者的阅读兴趣。

　　第三幅插图描述了此刻故事的背景:在汹涌澎湃的大海上,人头攒动。图像的参与者包括男主人公小红及船只上的其余参与者,值得一提的是,船上有一位参与者脖子上也有一块颜色鲜艳的红方巾,这与男主人公形成呼应。画面中的男性参与者与观看者之间没有目光接触,不存在想象中的人际关系,只是单纯向观看者提供故事发生的场景。插图左下角展示了男性参与者的脸部特写镜头,该特写镜头能够吸引观看者的注意力,进而使其迫切想要了解发生在男主人公身上的故事,并试图与观看者建立一种亲密的个人关系。其余参与者与观看者的距离相对较远,并且与观看者没有目光接触,这说明这些参与者与观看者是远距离关系。但其余参与者中的一位因与男主人公有红方巾的呼应,在一定程度上

图3 《小红》插图(3)

拉近了与观看者的关系。这幅插画的颜色相较于其余三幅图略显暗淡，只有绿色与暗红色两种色调，这种情态值的色彩便于观看者营造紧张的氛围。

第四幅插图描绘了父子俩历尽艰难后终于团聚的画面。两位参与者相互拥抱，产生肢体互动，他们面向观看者，与观看者产生直接目光接触。在这幅索取类图像中，两位参与者的面部表情和姿势都是在"索取"观看者的关注，鼓动观看者分享他们的感受。插图中央展示了两位参与者的脸部特写，该近镜头的使用能够吸引观看者的注意力，试图与观看者建立一种亲密的个人关系。选取这种视角，体现出设计者的主观态度，他们期望该图像能够给观看者带来融入画面的感受。另外，插图中两位参与者的头像正对着观看者，表明此插图的目的在于呼吁观看者参与两位参与者的互动并分享他们团聚的喜悦，水平角度的切入也体现了观看者与图像参与者之间平等的关系。

图4 《小红》插图（4）

三、《小红》插图反映的事实

《小红》中的插图依次描绘了这样四幅画面:家人平静劳作、外敌入侵、男主人公海上拯救父亲、父子团聚。这四幅看似独立存在的插图其实连贯地反映了整个故事的发展过程。从一开始战争发生之前男主人公平静祥和的生活画面到外敌入侵、父子被迫分离,再到男主人公勇敢救出父亲,最终父子团聚,共同抗日。插图对故事情节加以形象地说明充分体现出它们能够配合故事内容,使得图文并茂,相得益彰,对阅读进行有效的引导,从而极大地推动了小说的流传。

后三幅插图运用特写镜头对男主人公的人物形象起到了展示作用。当男主人公的形象占据插图主导地位时,其人物形象被放大,其动作、姿态、面部表情都细致入微,有了喜怒哀乐的情感的表现,表现出人物深层次的内心情感,也使得插图符号的构形语言变得更加丰富,情感传递更为真挚、感人。

总的来说,文字与插图作为书籍中的主要视觉符号,是传递信息和人类情感的主要因素。故事中的插图与文字各司其职,插图的线条、颜色描绘出文字所无法叙述的意境,有利于文本信息被更加准确地传达。创作者们对画面的主次、位置的经营、人物的传神等方面的非凡驾驭也显示出其独特的艺术魅力;语义的清晰表达又弥补了难以直观显现的思想及时空变化,在这里文字与图画互相融合、协调,共同表现一个主题,创造一个世界。

论徐訏对赛珍珠的阅读

乔世华

徐訏和赛珍珠这一东一西两位文学大家生活的时代背景大体相同,人生命运中也有过交集,但徐訏对赛珍珠的评价不高。徐訏最初是在《东方》杂志上读到胡仲持所翻译的《大地》的,当时觉得很新鲜,后来从林语堂那里对赛珍珠的生平有所知晓。徐訏第一次见到赛珍珠是在 1944 年的纽约,那次见面,赛珍珠没能给徐訏留下太好的印象。《扫荡报》接到过赛珍珠所组织的 East and West Association 且有赛珍珠具名的信件,因此备办介绍信让时任《扫荡报》特派员的徐訏同赛珍珠联络。赛珍珠看了介绍信不知道《扫荡报》这份报纸,也不派人去查案卷,甚至连极简单普通的中国话都不会说,只是问徐訏中国的情形,评说中国政府的黑暗贪污。徐訏后来看过中国留学生演出的赛珍珠编写的戏剧,觉得赛珍珠所写的不像是中国农村,也不像是中国人。他由此认定赛珍珠"不但是一个假中国通的美国人,而且是一个必须摆出同情中国的面孔而内心里正是最看不起中国人的作家"[1],"赛珍珠在美国以中国通出名,但是她不但不通而且把中国歪曲得可耻可怕,赛珍珠的中文程度也很有限,对中国的历史及现状,更可说是完全无知,而美国人竟被欺蒙得承认她是中国通,也足见一般美国人对中国之认识之幼稚可笑。我真不知道她凭什么能力翻译中国的《水浒传》,后来

---

[1] 徐訏:《赛珍珠》,《徐訏文集第 11 卷 散文》,上海三联书店,2008 年,第 144 页。

才知道是八个中国的大学生帮她翻译的,而她在序里并没有提及,这使我感到是一个无耻的勾当。赛珍珠的小说,永远以中国为背景,而没有一本小说对于中国不表示歪曲无知,浮浅可笑的。其所著以美国背景的小说,美国人也是不要看的"。①

造成徐訏对赛珍珠印象不佳的原因很多。譬如:赛珍珠和徐訏见面时的怠慢;赛珍珠对中国的负面认知损害了其时在海外漂泊的徐訏的民族自尊;赛珍珠作品对中国有意无意地"误读"招致了徐訏的反感。当然,徐訏还有可能受到了好友(如林语堂)的影响,而对赛珍珠产生不好的印象。那么,除此之外,还有没有其他的原因?譬如,徐訏这位兼有中西文化背景的作家在阅读另一位同样有着中西文化背景的异国作家关乎本国的文字与想象时到底有着怎样的期待和追求?

赛珍珠小时候就受到诸如《三国演义》《红楼梦》《水浒传》一类小说的影响,并对这些经典名著评价较高,这是众所周知的。至于徐訏,读中学时就已经读了大量的中国古典文学名著,但对其中一些作品评价并不高:"以我个人的经验来说,我在十四岁以前已经看了《野叟曝言》、《红楼梦》、《西厢记》,大概十五六岁看到《金瓶梅》,读到潘金莲大闹葡萄架,就觉得'恶形',没有看下去。现在回想起来,《野叟曝言》引我入胜的是故事的变化繁杂,性描写的地方有的也曾使青年的我有点好奇,但有的则想不到的可怕,我相信对我童年的心理绝对有害的。《红楼梦》对于童年的我,实在也不是有益的读物。但是最有害的,则实在是《西厢记》。那本书我后来又读过两次,觉得除了那些曲词的绮丽动人外,实在是一部下流的无聊的作品。"②

---

① 徐訏:《文艺趣味与背景》,《徐訏文集第 11 卷　散文》,上海三联书店,2008 年,第 236 页。
② 徐訏:《两性问题与文学》,《徐訏文集第 10 卷　散文》,上海三联书店,2008 年,第 375 页。

　　赛珍珠在对中国新文学的成果有肯定的同时,也毫不留情地指出中国新文学作品存在着的质量上的问题:"但必须承认,这些作品大都质量低劣","当时几乎没有独创性的作品"。她还分析了这其中的缘由,主要是从其时中国新锐作家与传统文化决裂这一层面来探究的:"自认为是现代人的中国青年心中燃烧着一种无名的激情,他们既有强烈的叛逆精神,又雄心勃勃。但实际上,他们还是没有东西可写,他们与传统决裂得太突然,失去了自己的根基,接受西方文化又太快,也太肤浅,当他们写作时,也就只能是摹仿。但是,因为他们拒绝摹仿中国古代的伟大作家,他们只好去摹仿那些对他们来说显得很新颖的西方作家;虽然他们的本意是成为现代人,也就是说成为西方人,但实际上当时根本没有真正的现代中国人,他们只是西方化的中国人。"①赛珍珠对中国新文学中所谓的浪漫主义嗤之以鼻,认为"令人作呕"。赛珍珠对鲁迅、郭沫若、冰心等均有评价,其中就有不尽准确的地方:"周树人——笔名鲁迅——也许是第一个清醒者。他意识到虽然自己的灵感可能来自于西方文学,但只有把自己新产生的激情用于写自己的民族,才能摆脱摹仿。于是,以日常生活中的普通人物为题材,他开始写杂文,写短篇小说,最后开始写长篇。郭沫若是我最喜欢的作家,尽管他的犬儒主义有时对他毫无益处。他才华横溢,一向坦荡为怀,真实的激情喷发着真理。"②虽然赛珍珠没有专门提到对徐訏的评价,也很有可能根本没看过徐訏的作品,但显然徐訏的文学创作也是赛珍珠所批评的"西方化"的一部分。而徐訏的西方化是有目共睹的,香港散文家董桥就有这样的记述:"徐先生小说的文字欧化得很流畅,很有风格;人物的意识形态也不带什么中国传统味道,

---

① ［美］赛珍珠:《我的中国世界》,尚营林,等译,湖南文艺出版社,1991 年,第 194 页。
② 同①,第 195 页。

动作、感情都有几分洋味儿；他写小说又喜欢用第一人称，读起来更像毛姆"，"徐先生的创作想象力可能不比毛姆高许多，但是，徐先生把眼中看到的中国社会中国人物想象成受西方思想影响的中国社会中国人物，他笔下的故事总是浮现出一种奇异的气氛，把中国读者带进一个'特殊的世界'里去"，"可以在中国文学史上构成一个'整体的徐訏'的，仍然是《荒谬的英法海峡》《精神病患者的悲歌》《吉普赛的诱惑》《鬼恋》《风萧萧》《盲恋》等代表徐訏特殊的、西化的创作想像力的作品"。①

徐訏对五四新文学的认识和赛珍珠有相通之处。在香港授课期间，他的讲义和其后整理发表出来的一些文章对新文学有颇多触及，如《关于新旧之争的检讨》中肯定"胡适之所谓先求文学文体之解放，也就是所谓形式的解放，自然是正确的途径"。② 在谈到新诗人在后来的写旧诗的时候，他表达了自己的疑惑："而值得我们思索的是那些先驱的诗人，如沈尹默、鲁迅、刘半农、周作人、陈独秀及稍后的郁达夫、俞平伯、左舜生后来都写旧诗，而且否定自己过去'新诗'的作品。……这是不是可以证明这些人后来都发现新诗是无法成为诗，而承认旧诗是最好的诗的形式呢？"③徐訏谈到以郭沫若等为代表的创造社时如是说："引用一些创造社当时所流露浪漫趣味，我们马上可以发现这只是拾欧美日本浪漫主义运动的极浅粗的口号而已"④，"他们这种浪漫趣味是不够空灵也不够浩阔"。⑤ 他还在后来表示了对郭沫若诗歌的反感，这主要是基于"其嘶声极力的呼喊，惊叹号的乱飞，唯恐读者听不见的风格是一样

① 董桥：《这一代的事》，广西师范大学出版社，2011 年，第 153 - 154 页。
② 徐訏：《关于新旧之争的检讨》，《徐訏文集第 10 卷 散文》，上海三联书店，2008 年，第 11 页。
③ 同②，第 16 页。
④ 同②，第 25 页。
⑤ 同②，第 24 页。

的"①而言的。徐訏对包括冰心在内的女作家评价都不高,主要是就评论家对女作家的吹捧而言的:"中国自新文学运动以来,女作家都比较容易得别人称赞,如以前的文学研究会之对于冰心……大都是言过其实,几近肉麻。"②从这些同样是针对中国新文学的有关论说来看,徐訏和赛珍珠还是有诸多共同点的。

徐訏在谈到赛珍珠等美国作家时还谈到了对海明威作品的认识:"我觉得除了他有他的特殊风格以外,内容没有一点曾使我感到兴趣。在他的《战地钟声》《战地春梦》的两本书中,所表现的美国人的民族优越感,实在令人可憎。其所写的性爱,尤其令人作呕,而他竟自夸这是近代罗密欧与朱丽叶的爱情。至于《老人与海》,我觉得写得不能算坏,可是是一篇平面的东西,丝毫没有深度。"③"海明威的作品,是美国人一般所喜欢读的,但是在中国读者之中,除了为广告所欺骗以外,很少会喜欢他的。因为他缺乏含蓄与深度。而中国人对文艺的要求,传统上是最看中这些的。"④由此,徐訏对这两位正受着美国大众喜爱的作家有如下认知:"在海明威与赛珍珠两个作者之中,海明威所代表的正是美国人的趣味,简洁有力,活泼有生气,乐观与积极,但是简单幼稚浅薄肉麻;赛珍珠所代表的正是一般美国人对中国的态度,歪曲无知而又冒充内行,表面上表示同情,下意识含着轻视。而又非常自信,好像他们对于中国的问题比任何中国人都了解透彻,而又最有能力解决这些问题似的。"⑤在另一场合中谈到海明威的局限性时,有关其"所

---

① 徐訏:《文艺大众化问题》,《徐訏文集第 10 卷 散文》,上海三联书店,2008 年,第 71 页。
② 徐訏:《谈小说的一些偏见》,《徐訏文集第 11 卷 散文》,上海三联书店,2008 年,第 1–2 页。
③ 徐訏:《文艺趣味与背景》,《徐訏文集第 11 卷 散文》,上海三联书店,2008 年,第 236–237 页。
④ 同③,第 237 页。
⑤ 同③,第 237 页。

能表现的只是限于民族限于场合的一些个别的特性而已"①的论说也能说明徐訏对赛珍珠书写中国的作品的某种认知。简言之,仅就对赛珍珠的评判来说,徐訏认定赛珍珠并不了解中国且充满了偏见。

其实,赛珍珠作品中对那些自以为是的、充满优越感的要向东方人强行传播西方文化理念的高高在上者颇多讽刺,徐訏很有可能有所不知或视而不见了。以《大地》来说,深受王源尊敬的美国老师玛丽的父亲是个虔诚的基督徒,他年轻时曾想成为一名传教士,因此一心劝导王源入教,希望王源将来能回国做一名基督教领袖,而热情开朗的玛丽则无疑代表着赛珍珠的态度,她明确对王源表示:"他们感到,如果能赢得你加入他们的行列是多么光荣,因为你本无信仰!对我说来,想到你可能被宗教改造成另一种样子,我便感到这是多么专横!你属于你的民族和时代。别人怎能将异国的东西强加在你身上呢?"②再以《群芳亭》来说,其中出现了两位传教士:夏小姐和安修士,他们都同样为了信仰而抛弃了个人幸福漂泊异乡,忍受着孤独寂寞在中国传教。但两人的观念和做法大相径庭:夏小姐断言世界上只有一种真正的宗教,那就是她自己的宗教,极力劝说别人信仰她的上帝;她屡屡登门为吴太太祈祷布道,以为靠着自己的虔诚让吴太太有了宗教的信仰,殊不知吴太太却完全是出于同情为着解决夏小姐的孤单空虚才接纳她、忍受着她对教义的机械宣讲的。而安修士呢,他从不强调自己的上帝,也从不排斥其他宗教与神灵,不把自己的信仰强加于人,他宣称上帝可以等待,却对吴太太产生了巨大的灵魂感召力,让她懂得了爱、宽容与理解。很显然,赛珍珠认同的是安修士的宗教文化传播方

---

① 徐訏:《论艺文创作中之个人的与民族的特性》,《徐訏文集第 11 卷　散文》,上海三联书店,2008 年,第 67 页。

② [美]赛珍珠:《大地三部曲》,王逢振,等译,漓江出版社,2001 年,第 802 页。

式,而很不认同夏小姐那种一厢情愿、自以为是的宗教布道。所以,在中国生活近 40 年的赛珍珠虽然是传教士的女儿,也一度以美国长老会国外传教部传教士的身份在中国从事教书活动,但她因为自小就接受了父亲关于孔夫子和耶稣的思想绝非偶合、"世界上所有的宗教都作出了贡献"①的想法,因而尊重各民族的文化差异,对现实生活中西方开展的强势的海外传教活动是抱持质疑态度的,也因此在后来会与长老会发生激烈争论,并在 1933 年辞去传教士的职务,也因此才会屡屡在作品中关注不同方式的传教活动,塑造出可笑的与可敬的两种传教士形象。

徐訏对包括赛珍珠在内的部分美国文学作品的印象不佳或者说一定程度上存在着误读的情形,很大一部分原因应该归于其与异国作家之间所存在着的巨大文化差异,纵然如徐訏和赛珍珠有着那么多相通相似的中西文化养分作为自身成长的背景。这恰好说明了不同文化之间进行交流的必要性,只有彼此包容而不是其中某一方高高地凌驾于另一方之上,才可能消弭东西方民族之间的文化偏见和对对方不切实际的文化想象。从这个意义上来说,徐訏对赛珍珠的误读乃至于徐訏所认定的赛珍珠作品中对中国的误读元素就都是很有价值的,它们可以给我们提供更好的认识异民族和审视自我的视角。

---

① ［美］赛珍珠:《我的中国世界》,尚营林,等译,湖南文艺出版社,1991 年,第 70 页。

赛珍珠小说中留学生/海归派形象分析

——基于个人知识管理视角

张雁凌

赛珍珠是第一个以中国题材进行创作并获得诺贝尔文学奖的美国女作家,也是美国文学史上最有争议的作家之一。作为一个外国人,赛珍珠具有深厚的中国生活基础,她接受过中国传统文化教育,熟悉中国传统文化,清楚地了解中西方文化的同和异,采用同异全识的视角来描写中国社会生活,塑造了一大批生动真实的人物形象。尤其是她小说中的中国留学生/海归派形象,开创了中国小说以异域文化为视点的先河。现在世界文坛上异质文化写作已经成为一股澎湃的潮流,而在赛珍珠生活的时代,她却因此承受了巨大的争议。通过留学生这种独特的文化视角,赛珍珠游刃有余地将她对中西方文化的理解表达出来。她对留学生这一特殊群体的观察与描绘更接近真实,也更为深刻、更为全面,在沟通东西方文化的过程中建立起了独特的风格。

随着现代管理学理论和现代信息技术的飞速发展,对中外文化的研究也出现了一些全新的学术观念,个人知识管理(Personal Knowledge Management,简称PKM)理论就是近年来涌现出来的新理论。个人知识管理理论的主要特点在于对研究对象进行多学科的交叉研究,从而对研究对象产生更加全面有效的综合观照。

中国知识管理中心的田志刚认为,影响PKM的五大因素为:环境因素,主要是知识工作者的外部环境;认知模式(认知结构),

是指知识工作者如何从外部环境中获取信息和知识；知识因素，主要指知识工作者的隐性知识方面；技术因素，主要是知识工作者的信息素养水平；心理因素，有积极的和不良的心理因素之分。① 赛珍珠笔下的留学生和海归派们身上蕴含着丰富的文化符码，从个人知识管理理论来看，他们由于深受东西方文化的双向影响，在人格观照和价值取向上具有一些独特之处。赛珍珠作为成功作家，是典型的知识工作者，个人知识管理理论对其小说中留学生/海归派人物创作有着巨大的影响。

一、赛珍珠笔下的中国留学生/海归派形象塑造类型分析

（一）报效祖国型

《同胞》（另译名《亲族》）中的詹姆斯和他妹妹玛丽及刘成大夫、《东风·西风》中的桂兰丈夫、《群芳亭》里的峰镆等都是这种类型的典型代表。他们出国留学，所学的专业不同，生活经历也不一样，但是他们共同的特点是不羡慕国外优越的物质生活环境，学业完成后都非常坚定地返回了祖国，利用自己的学业，通过不同形式报效国家。

《同胞》里的梁家老二——在美国长大和接受教育的玛丽在抗日战争期间放弃纽约的工作机会，和兄长詹姆斯一道返回家乡，支持哥哥办医院，并创办学校，以自己的专业知识为农民服务，把老家这个买不到口香糖、听不到收音机的落后村庄变成了一个干净健康而又有学问的地方，移风易俗，将爱情焕发出来的情感变成内

---

① 田志刚：《真的学会了吗？》．［2013－10－12］．http//www.pkmcenter.org/htlm/2/pkm/201309/17－14942.htm.

在的动力,克服焘大叔这个集邪恶、幽默和慈祥于一身的封建残余分子的种种偏见,高高兴兴地开辟新生活,最终与刘成大夫结婚。在此过程中她找准了自己的定位,并为祖国做出了力所能及的贡献,永远留在家乡,报效祖国。①

他们的老家就是当时中国农村的写照,这里的现实也就是当时中国其他任何地方的现实。兄妹俩的形象具有典型意义,因为他们执着的归乡之情,饱含了一腔爱国主义激情。他们不像那些落魄的游子,只有在风雨交加、困顿无依时才会对温馨家园产生浓浓的乡思。他们并非厌弃喧闹、拥挤的城市生活后,转而怀念清风明月、小桥流水的农村风光,而是对人生道路做出了慎重选择。他们把从西方学来的先进文化和科学知识运用到祖国,娶妻嫁人扎下根,本身就是爱国之举,真正发挥了留学生/海归派的作用,对我们当代出国的中国留学生来说依然具有示范意义。

赛珍珠另一部被拍成电影的小说——《群芳亭》中的峰镆,回国后虽然穿洋装,抽洋烟,用洋烟斗,但他心中装着伟大的理想和事业。他办学校,还想去办医院,而且要求不论男女老少都要进学堂,恨不得马上改变家乡的落后面貌。经过他的努力,村子里发生了巨大变化,到处干干净净,一派繁荣的景象,孩子们的鼻子上不再成天拖着鼻涕,头发也梳得整整齐齐的,生活环境和人们的精神面貌都有翻天覆地的改变。②

《大地》三部曲中王源的老师也是一个留学生/海归派形象代表,他总是戴着西式眼镜,用关于改造国家的革命言论来教育、训导自己的学生。他总是鼓励王源,使王源幼小的心灵被这些伟大、勇敢、美好的言辞点燃。后来王源的这位老师参加革命军队,在革

① [美]赛珍珠:《同胞》,吴克明,等译,漓江出版社,1998年,第20—45页。
② [美]赛珍珠:《群芳亭》,刘海平,等译,漓江出版社,1998年,第15—20页。

命队伍中锻炼成长,从做小队长开始,最后成为革命军的总司令,带领队伍为改变祖国的命运而奋斗。

而王源,学生时代就参加了地下革命,因政治避难去美国留学,东方古老民族的自豪感使他觉得自己国家的文明比西方世界的文明更加源远流长,他把自己看作一个在异国的土地上代表了中国形象的人。后来王源回国后投身革命队伍,在大学当老师期间,还带着学生去种外国良种,以前所未有的热情投身于国家的事业。①

(二) 肤浅的爱国型

这批留学生有爱国的理想,有报效祖国的动机,但只停留在表面,没有深入国家最需要的地方,只是口头的革命者或者肤浅的爱国者。

小说《龙子》中的梅丽作为驻美外交官的女儿,性格无拘无束,执意放弃国外的优裕生活,不再穿洋装,而是换上了旗袍,准备参加抗战。由于长期生活在美国,她的汉语讲得很糟,回国后先在华中西部深山老林山洞的教会女子学校任教。她和洋人校长菲丽姆小姐发生了冲突,鼓动学生们逃出去,到前线去打仗。离开教会学校后,她在海滨城市所见到的一切都是令人非常可恨的,她把全部的情感都凝聚成了对敌人的愤怒。②

还有《同胞》中北京医院的大夫们,大都是从国外留学回来的,但绝大多数人都不真正关心同胞,没有扎下根,没有把爱国的热情化为具体行动。

---

① [美]赛珍珠:《分家》,刘硕良,等译,《大地三部曲》,王逢振,等译,漓江出版社,1998 年,第 35-40 页。

② [美]赛珍珠:《龙子》,丁国华,等译,漓江出版社,1998 年,第 37-45 页。

(三)婚姻自由型

留学生活丰富了他们的人生阅历,也拓展了他们的视野,他们学到了西方先进的科学文化知识,进而反对中国的封建包办婚姻,他们要为爱情而奋斗,认为婚姻的幸福应该掌握在自己手里,具有鲜明的现代意识。《同胞》里的路易丝梁和《东风·西风》中的桂兰哥哥属于这一类型。

路易丝在家中排行老三,非常美国化,她在美国长大,在美国接受教育,习惯于美国的生活方式;讲究爱情至上,以追求与白人小伙子谈恋爱和结婚为自己的人生目标,一心想嫁美国人。在美国时她就爱上了美国小伙子菲力普,但事实上他们不可能结合,为避免路易丝受到更大的伤害,父亲梁博士把她送回国。但她在花市偶遇一美国大兵,并对其一见钟情,甘愿新婚就做后妈。

桂兰哥哥也是美国化的典型,早在国内北京的洋学堂,他就穿西装,一副外国人的打扮,他违抗父母之命,向封建传统的家庭观念发起挑战,与美国姑娘玛丽成婚。后来虽然搬进了家族的大宅子,但只与洋妻子生活在二人世界中,共同期待着未来。最终他们还是没有得到家族的承认,为了爱情,只有脱离家庭,把一切财产抛弃,"我们会像外国青年那样自由自在,我们要有一个新的种族,摆脱这古旧、可憎、强加于我们灵魂的枷锁"。[①] 最终他走出旧式大家庭,到官办学校教书,和美国妻子开始新生活,而孩子的出生标志着东西方文化的完美结合。

从个人知识管理角度来讲,知识因素对个人知识管理起到积极的作用。隐性知识是知识工作者在实际生活经验中提炼出、不

---

① [美]赛珍珠:《东风·西风》,林三,等译,漓江出版社,1998年,第519页。

能被别人所复制、无法用语言表达的个人知识。① 对于赛珍珠而言,丰富的生活阅历使其具有大量的隐性知识,透过对小说中留学生/海归派人物的塑造,以显性知识的形式表现出来。

赛珍珠小说的中外联姻是为了说明不同种族文化之间不仅可以沟通,还可以产生人类最伟大的情感——爱情,从全方位文化比较的角度来看,她具有更为开阔的视野,更为深邃的历史穿透力,更高的客观性和公正性,也更具有现实意义。

这两个留学生/海归派形象表现了赛珍珠文化观的另一面,西方的一切都是好的,中国人必须全盘西化,伸开双臂迎接西方的一切。有人认为这是一种文化侵略,其实这是由赛珍珠特殊的生活经历决定的。她出生在美国,在中国长大,又回美国接受了高等教育,所以她的文化观具有两面性。美国是她的家乡,她人生中最关键的时期又是在美国度过的,她对西方文化有一种根深蒂固的热爱。而在中国生活期间,经历了荒灾、战乱、瘟疫等带来的痛苦,她提倡全盘西化的观点,是源于她在中国的经历的,也是其隐性知识的外化方式。②

(四) 学习西方文明型

留学生们回国带来的不仅有先进的科学文化知识,还有西方文明的生活方式,他们改变国人落后的生活习惯,先从家人做起,率先开文明之风。

《东风·西风》中的桂兰丈夫是一位留过洋的阔少爷,在美国学习 12 年后回国从医,是从美国回来的医学博士,对家人及周围人祛除封建思想和接受西方文化起了决定性作用。例如,他带

---

① 柯平:《知识管理学》,科学出版社,2007 年,第 9 – 10 页。
② 伍忠贤,王建斌:《知识管理策略与实务》,中国纺织出版社,2003 年,第 15 – 16 页。

妻子到洋人家做客,学习如何带小孩,坚持让妻子自己给孩子哺乳,把母亲给儿子戴的辟邪耳环扔掉等,最终向妻子灌输民主思想成功,赛珍珠想表达的是东西方文化在中国大地上的成功结合。

《群芳亭》里的峰镆,从和妻子重新培养感情开始,最终改变了懒散的妻子。琳旎在婆婆的眼里,言谈举止和以前大不一样,待人恭敬礼貌,做起事来手脚麻利,也是一个成功的例子。[①]

他们虽不是投身革命的爱国者,但能把西方先进的文明生活方式带入中国,教人们最基本的卫生常识,并开启文明生活新风尚,让异域文化在中华大地上扎根,也是东西方文化结合的一种方式,是赛珍珠个人愿望的表达。

(五)随波逐流型

到国外镀金并不能完全改变一个人的灵魂,也许他们当时很激动,下决心拯救中华民族于水深火热之中,但当他们真的回到国内,待上一段时间后,热情逐渐冷却,大多数人还是过着老婆孩子热炕头的平凡生活。

《东风·西风》中的刘太太毕业于西方的女子大学,聪明有趣,身体健康,通情达理,与当时的女性不同,拥有一双健全的脚,但她只是过着一种安逸舒适的生活,别无他求。

《分家》里的副市长女儿,在回国的船上高喊自由,想回国有一番作为,回国后生活内容却变成了白天赌博,晚上和男人出去通宵达旦闲聊跳舞,醉生梦死,虽然偶有不满,也只是发发牢骚而已,已经陷入所谓上流社会的生活而不能自拔。

---

① 赵一凡:《美国文化批评集》,生活·读书·新知三联书店,1995 年,第 7 - 9 页。

（六）投入革命型

由于赛珍珠本人对共产主义和共产党的了解有局限性,她的小说中这类形象不多见,真正投入革命、坚决斗争、勇于抗争的中国留学生/海归派形象极少。

《同胞》中的彼得是一个典型,他回国后勇敢地投入学生运动,他是以年轻莽撞的方式为拯救国家而死的。

二、赛珍珠个人知识管理对其笔下留学生/海归派人物形象塑造的影响

首先,从个人知识管理角度来讲,环境因素对知识工作者的影响是第一位的。赛珍珠的外部环境曾几次发生变化,出生在美国,很小便随父母来到中国,长期的中国生活经验奠定了她坚实的中国文化基础。她在美国大学完成学业,形成了比较完整的现代西方文化观念,回到中国致力于中西方文化比较活动,取得丰硕的文学成果,又到美国度过余生。外部生活环境的辗转变化,中西方文化的撞击,使她在熟知东西方文化的精髓之后,在小说中的第一类留学生/海归派形象身上寄托了她的人生理想,用西方文明来促进中国传统文化的现代发展,第一类留学生能够把西方先进的文化运用到中国,把它为我所用。在肯定西方文化先进的同时,揭露了中国文化丑陋的一面,这是她作为传教士的经历所留下的痕迹,她的传教士文化观是发现中国文化的短处,把西方的文化介绍过来,并以西方的模式加以改变。赛珍珠的中国文化底蕴让她清楚意识到,只有立足于中国文化土壤才能发挥作用,这在第一类留学生王源身上体现得很明显。他从国外学成归来,希望以西方农业科技来改变中国的农业生产水平,可是面对父辈常年劳作的土地,他深

刻意识到中国土地作为中国文化的底座不能轻易改变。赛珍珠在中国度过人生的很大一部分时光,怀着对中国人民深厚的情感,由此创作出了这一类留学生形象。

其次,认知模式对个人知识管理起着巨大作用。赛珍珠虽然生活在中国,但由于语言和文化的差异,她所获得的信息和知识是支离破碎的,不全面的。赛珍珠之所以刻画第二类人物形象,是为了表明她作为传教士文化观的另一面:中国人不可能自救,只有依靠美国的帮助才有可能实现。赛珍珠对西方传教士的态度是复杂而矛盾的,她既看到西方传教士的热忱和救赎意识,又对西方传教士的文化偏狭感到不满。她在诺贝尔奖受奖演说中宣称自己既是基督徒,又是佛教徒,显示了她打破文化壁垒的决心和前瞻性。她从两个向度上看到了中西方文化的互补作用,而事实上这个文化互救的观念直到20世纪80年代才被世人真正提倡。这在赛珍珠的第三类留学生形象上得以体现,赛珍珠和其他的中国二三十年代的作家一样,把个人救赎,特别是女性个人救赎放在婚姻恋爱自由这个突破口上。

再次,知识因素对知识工作者的影响是非常深刻的。赛珍珠作为一个外国人生活在那时的中国,尤其是以传教士身份,她不可能卷入任何政治斗争,对现状的了解也是道听途说、不完整的,而且她本人的宗教信仰也妨碍了她对中国革命和中国共产党的深入接触和了解,这是个人知识管理的外部环境对她小说中留学生/海归派人物创作的一种局限性。赛珍珠的留学生形象流露出她对中西方文化交流和文化冲突的矛盾心态与个人担忧,赛珍珠在第二类和第五类留学生身上反映出,从文化表层来解决社会问题往往会适得其反。大部分的留学生往往会沦为不伦不类、不中不西的文化他者,或者是文化无根者,既不能通过西化成为现代文明使者,也无法通过对传统文化的继承成为旧文明的改造者。

赛珍珠笔下的这些留学生/海归派形象,反映了作者长期生活在中国,已经熟知中国人的惰性,她认为绝大多数中国人还没有觉醒,还没有意识到"国家兴亡,匹夫有责",只有他们这些传教士才能帮助中国人完成这伟大的使命,救中国民众于水深火热之中。

从个人知识管理的视角看,五个方面的影响因素之中的三个方面对赛珍珠小说中留学生/海归派人物创作产生了积极的影响,奠定了其创作的基础。由于时代的局限性,另外两个方面的因素对其创作的影响不太明显。

赛珍珠在她的小说中为我们展现了不同类型的中国留学生/海归派形象。一方面,她生活的外部环境及对中国的深厚感情,使她通过小说中的中国留学生/海归派人物创作表达她对中国文化的认同、对中国文化魅力的认识和对中国文化精神的喜爱。她深爱中国的孔子,崇信儒家思想,对中国文化之魅力,对家庭之孝道及容忍,对中国人民之勤劳、勇敢、坚强、善良、质朴,给以充分的重视与褒扬。她独特的生活经历,尤其是中国奶妈和私塾先生的教导,使她深深地沉浸在中国文化的丰厚土壤中,并与中国人民结下了深厚的情谊。所有这些都使她能以一种其他西方作家无法比拟的优势,近距离地观察中国人民的生活。尽管由于种族与家庭社会地位的差异,她不可能完全与中国人融合,她的这种观察只能采取一种旁观者的态度,但她以一个女性作家的敏感、一个宗教徒般的虔诚,以及与众多中国人共同生活而产生的相濡以沫的亲和力,将旁观者的陌生感与偏见完全消解,以被叙述者平视的亲切眼光来叙述。① 她的生存环境使她与中国文化之间建立起一种天然的联系,通过小说中的这些人物表达出来。

另一方面,由于外部生活环境的巨大变化,一段时期生活在美

---

① 金开诚:《文化古今谈》,新世界出版社,2001年,第6-7页。

国,另外一段时间生活在中国,而且来来往往,一会儿东方,一会儿西方,赛珍珠又认真地表现了东西方文化的冲突①,同时也表达了希望通过联姻达到东西方文化互动的水乳交融境界的美好愿望。她认为中西文化各有优点,但她毕竟是美国人,不可避免地与中国文化有着深层的距离与隔膜。她虽是白人,但有一颗黄色的心。她的民族主义是双重的,美国是她的祖国,赋予其身体,中国是她的第二故乡,赋予其精神与心灵。文化没有国界,她希望两种不同的文化相互理解、补充和渗透,实现中西文化思想融合。

个人知识获得过程中环境和途径的变化,使赛珍珠具备丰富的隐性知识。有人认为赛珍珠是中西文化当中的边缘人,出生于美国传教士家庭,生活在乡土中国,对中国文化有更多的留恋,以中国题材作品饮誉世界文坛。笔者认为其难能可贵之处在于她能做到以中国人的视野看待西方文化,以西方人的视野看待东方文化,文化交流是以本土文化为主题,汲取他种文化的有益成分以发展自身,形成多元文化。

由赛珍珠小说中的中国留学生/海归派形象,我们不难看出赛珍珠的文化观,她不是简单地进行文化输入或输出,而是切切实实参与跨文化的交流,踏踏实实进行跨文化的输入或输出,且文化输入或输出也得到了广泛认同,由此形成了她独特的文化审视风格。个人知识管理对赛珍珠创作的影响可见一斑。

---

① 张岱年,汤一介,等:《文化的冲突与融合》,北京大学出版社,1997 年,第 12 – 15 页。

民族建构的多元要求:20世纪30年代的《大地》中译本

梁志芳

引 言

现代民族的形成需要一个长期持续的民族建构(nation-building)过程。① 所谓民族建构,指的是民族共同体的一系列共享价值、文化与民族认同的传递、发展与强化,以及民族身份的确立与建构。② 作为一种"想象的共同体"(imagined community),民族的形成有赖于民族成员通过各种文化手段或途径对它进行"想象"与建构。③ 最初兴起于18世纪欧洲的两种想象形式——小说与报纸——为"表述"(re-present)民族提供了技术手段;民族最初而且最主要是通过文字(阅读)来想象的。④ 18世纪印刷技术的发展使小说与报纸成为大众消费品被广泛传播与阅读,从而使越来越多的人用这种深刻的新方式思考自身,并将自己与他人关联起来。

① 本文所说的"民族"(nation)是现代意义上的"民族",并非生物学或人类学意义上的"民族"。根据民族主义研究的主流范式现代主义(modernism)流派的观点,民族与民族主义都是现代现象,它们于18世纪晚期产生于欧洲,并迅速蔓延至全世界,成为近代以来世界最强大的政治与社会力量之一。参见 Anthony D. Smith. Nationalism and Modernism: A Critical Survey of Recent Teories of Nations and Nationalism. Routledge, 1998:1.

② Anthony D. Smith Nations and Nationalism in a Global Era. Dolity Dress, 1995:89.

③ Benedict, Anderson. Imagined Communities: Reflections on the Origin and Spread of Nationalism. verso, 1983.

④ 同③:30.

通过小说与报纸联结而成的读者群,奠定了民族意识的基础,形成了民族这一"想象的共同体"的胚胎。拉丁语的衰亡与民族语言的产生亦是决定民族兴起的重要因素之一。① 民族语印刷品(主要是小说和报纸)的广泛流传有效地传播了民族意识,为"想象"民族提供了媒介,阅读这些印刷品的公众则构成了民族的基础与原型。

安德森通过分析现代小说的结构与叙事技巧,探讨了文学作品如何"表述"人类对民族的"想象"②,他的这一尝试直接影响了20世纪80年代后期兴起于英美文学界的民族主义研究风潮。霍米·芭芭(Homi K. Bhabha,1946—)的《民族与叙事》(Nation and Narration,1990)便是这方面较早期的成果。芭芭认为,文学参与了民族的"想象"、书写了民族,"民族的形成是一种文化指称(cultural signification)行为,是对社会生活而不是社会政治制度的文化表述"。③ 质言之,民族建构过程包含了一个文化表述过程,民族成员通过各种文化手段来"表述""想象"民族,文学就是其中一种重要的文化手段。作为文学的一个分支,翻译文学在民族建构过程中也发挥了积极作用,翻译是民族建构的一种重要途径。

中国的民族建构已历经百年,晚清以来中国人一直在试图回答"何为中国人? 何为中国?"这一百年历史命题。④ 第一次鸦片战争使"天朝上国"的中国形象遭受致命打击,如何重建中国在世界格局中的新形象成了现代中国人为之奔走呼号的世纪工程。20世

---

① Benedict Anderson. Imagined Communities:Reflections on the Origin and Spread of Nationalism. Verso,1983:24 – 25.

② 同①:30 – 37.

③ Homi K. Bhabha. Introduction:Narrating the nation, Homi K. Bhabha (ed.), Nation and Narration. Routledge,1990:1 – 2.

④ 学界一般认为,中国民族主义兴起于晚清民初,而1912年中华民国的成立则标志着形式上的民族国家在中国的建立,以及现代民族意义上的中华民族的形成,如刘禾:《语际书写:现代思想史写作批判纲要》,上海三联书店,1999年,第192页;王振辉:《中国民族主义与马克思主义的兴起:清末民初知识分子的困境与抉择》,台湾韦伯文化事业出版社,1999年,第8 – 12页。

纪中国(翻译)文学参与建构新的民族国家,主要通过在文学作品中塑造各种"中国形象"这一方式来进行。① 晚清、五四、20 世纪 30 年代、20 世纪五六十年代、20 世纪 80 年代等民族建构的关键时期,文学、艺术领域均涌现了大量"中国形象"书写。② 作家、诗人、艺术家、翻译家们从不同角度去书写、描绘、"想象"中国。他们通过对中国形象的反复寻找、表述或者重建,来表达他们重建"中国"、重塑"民族"的理想与决心,进而实现其对民族建构的个人要求。那么,中华民族百年的民族建构过程中,翻译或翻译文学是如何参与其中的? 有哪些具体途径与策略? 作为知识分子的译者如何通过翻译表达他们重塑"民族"的理想与希冀? 诸如此类,却鲜有学人论及。为此,本文以《大地》(*The Good Earth*)20 世纪 30 年代的三个中译本为中心,对上述问题进行讨论,以期对翻译与现代中国民族建构之间关系的研究有所推进。

一、《大地》及其中译本简介

《大地》是美国女作家赛珍珠(Pearl S. Buck,1892—1973)的代表作。1938 年,赛珍珠主要凭借《大地》对中国形象的成功塑造获得诺贝尔文学奖,成为第一位以写中国题材作品获诺贝尔文学奖的作家,被誉为"自十三世纪的马可·波罗以来描写中国最有影响力的西方人"。③《大地》在南京创作完成,于 1931 年 3 月在美国出

---

① 本文所说的中国形象,是指文学或其他艺术形式对有关中国的人、物、事的心理、话语表述或看法,它掺杂着关于中国的知识与想象,其本质是表述、阐释中国的话语方式。

② 有关 20 世纪中国(翻译)文学中的中国形象书写,可参见梁志芳:《翻译与中国形象的自我建构——形象学理论视角下的〈大地〉中译研究》,香港浸会大学博士学位论文,2011 年,第 21 −25 页。

③ James C. Thomson, Jr. "Why Doesn't Pearl Buck Get Respect?" Philadelphia Inquirer, July 24, 1992(A15).

版,是 1931 年、1932 年最畅销的作品①,也是"美国小说史上最著名的畅销书之一"。② 在 20 世纪三四十年代的美国、中国乃至全世界,《大地》都具有广泛影响。根据联合国教科文组织 1970 年的一项调查,当时《大地》已被翻译成 145 种不同语言和方言在世界各地传播,赛珍珠是截至 1970 年被翻译最多的美国作家。③ 美国历史学家伊萨克斯(Harold Isaacs)指出,《大地》是 20 世纪 30 年代西方描写中国最有影响力的作品之一:"没有任何一本书能像《大地》那样影响广泛。几乎可以说,赛珍珠为整整一代美国人'创造'了中国。"④

《大地》在西方的中国形象史上具有重要地位,它为 20 世纪 30 年代美国乃至整个西方的中国形象向肯定、积极方面转变发挥了重要作用。⑤ 20 世纪 30 年代,美国的中国形象发生根本性转变,美国人开始以不同的方式想象中国:中国不再是陌生、原始、野蛮、异域的国度,而是受美国保护、监护的弱者,是美国利用其进步的民主、道德、文化进行改造"拯救"的对象。而 1931 年《大地》在美国的出版与广受欢迎则是这一转变的重要标志。对美国人而言,中国不再是神秘、遥远、无时间性的国度,中国人也不再是"异教徒"或"傅满洲"式的恶棍,赛珍珠为美国对华态度的转变付出了巨大努力。⑥

在 20 世纪三四十年代的中国,赛珍珠与《大地》成了轰动一时

---

① Peter Conn. Pearl S. Buck:A Cultural Biography. Cambridge University Press,1996:123.

② Paul A. Doyle. Pearl S. Buck. Twayne Publishers,1980:29.

③ Peter Conn. "Introduction:Rediscovering Pearl S. Buck",Elizabeth J. Lipscomb,Frances E. Webb and Peter Connl(eds.),The Several Words of Pearl S. Buck:Essays Presented at a Centennial Symposium. Greenwood Press,1994:2.

④ Harold R. Isaacs. Scratches on Our Minds:American views of China and India. The John Day Company,1958:155.

⑤ Mari Yoshihara. Embracing the East:White Women and American Orientalism. Oxford University Press,2003:151.

⑥ 同⑤:151.

的文化事件,她的大部分中国题材作品均被译成中文,甚至在她获诺贝尔文学奖后还出现了抢译其小说《爱国者》(*The Patriot*)的现象。各种期刊、杂志刊登了大量评介赛珍珠的文章,大家褒贬不一,争论的焦点是《大地》描述的中国形象是否真实。鲁迅、茅盾、巴金、叶公超等文化名人的加入,则使得这场争论更趋白热化。据笔者考查,这一时期共有六个不同的《大地》中译本,其中三个全译本,三个编译(节译)本。① 全译本包括:(1)1932年,当时中国最有影响的综合性杂志《东方杂志》第29卷第1-8号刊出了宜闲(胡仲持笔名)翻译的《大地》,1933年胡仲持的译文集结成书,由上海开明书店出版,至1949年共发行12版之多,是该时期最受欢迎的译本;(2)1933年,北平志远书店推出了张万里、张铁笙合译本(上、下册);(3)1936年、1948年上海启明书局与古今书店分别出版了《大地》由稚吾译本,期间,该译本1945年曾改署罗致,由重庆新中国书局再版。② 三家出版社均将《大地》作为"世界文学名著"推出。本文将重点考查以上三个全译本,以下简称胡译、张译与由译。

鉴于《大地》在西方的中国形象史上的重要地位,以及其中国形象真实性与否在20世纪30年代的中国所引发的热议,本文围绕《大地》中译本之中国形象建构,探讨中译本如何描述中国、重新建构民族自我形象,中译者如何借此表达他们对"中国"与"中华民族"的"想象"与期待,以及他们对民族建构的个人要求,《大地》中

---

① 三个编译(节译)本包括:1932年7月上海黎明书局出版的伍蠡甫的节本《福地述评》;1934年上海中学生书局推出的马仲殊的编译本;上海经纬书局出版的凌心渤的编译本(该译本版权页未印出版年月)。

② 重庆新中国书局署名罗致的《大地》译本,版权页所列出版社为"上海启明书局"和"新中国书局"。笔者仔细比较了1936年启明书局与1945年新中国书局的《大地》译本,发现两者内容完全相同。因此这两家出版社出版的乃同一译本。有些研究者误以为罗致译本为新译,故认为20世纪三四十年代中国存在七种不同的《大地》译本。

译如何参与现代中国的民族建构这一宏大工程。为了论述方便,本文接下来将源文本的中国形象分解为中国农民形象、父权统治的封建中国形象及淫乱纵欲的中国形象这三种,考察它们在三个中译本中的呈现有何不同,并论述出现这种不同的原因。

二、《大地》中译本对中国农民形象的塑造

首先,我们来看三个译本对中国农民形象的刻画。《大地》对中国农村社会、中国农民生活进行了生动描绘,王龙是其中最主要的人物,是小说着力刻画的中国农民的代表。《大地》虽然对以王龙为代表的中国农民进行了人性化描写——王龙具有勤劳、善良、顽强不屈、热爱土地等中华民族的传统美德,但赛珍珠依然将中国农民置于与西方人完全对立的"他者"位置。在她笔下,中国农民是封建、愚昧、盲目无知、懒惰、贪婪、势利的,他们始终生活在自己狭小、封闭的世界中,对外部世界正在发生的"革命"与帝国主义对中国的入侵等变化充耳不闻。

那么,20世纪30年代的中译者是如何看待、处理《大地》所刻画的农民形象的呢? 笔者研究发现,他们对此持三种不同态度。

其一,具有左翼倾向的译者由稚吾①,对《大地》中中国农民形象持完全否定的态度。他在其译者序开篇便指出:"她(赛珍珠,笔者注)的父亲赛祥琴博士,是一个帝国主义的先锋队,一位传教士……为了传教的关系,和中国人民发生密切接触。"②《大地》之所以能博得"虚名",是"我们这个东方大国的神秘,被暴露了一部

---

① 有关由稚吾的生平及其左翼倾向的具体表现,参见梁志芳:《翻译与中国形象的自我建构——形象学理论视角下的〈大地〉中译研究》,香港浸会大学博士学位论文,2011年,第105－107页。

② [美]赛珍珠:《大地》,由稚吾译,香港启明书局,1936年,小引第1页。

分的缘故"；而《大地》描摹中国"失却真实"的地方，"便是译者节删的主要一部分"。① 因此，他通过删减、改写、增饰等方式对中国农民形象"失却真实"的地方进行了彻底"改造"，旨在提升农民形象，使他们符合左翼人士为之设定的中华民族优秀代表的身份。

其二，译者胡仲持受其中西文化调和折中思想的影响②，对《大地》的农民形象持褒贬参半的态度。一方面，他认为王龙是中国"农村社会穷苦、愚昧、'靠天吃饭'"的农民的典型③，"其前半的生涯代表着颠沛流离的饥饿的贫农，后半则代表着生活优裕的富农"。④ 另一方面，胡仲持又认为，《大地》表现的中国农民，"有不少地方，因为偏于想象，似乎有些离奇，而不近情"。⑤ 从这一态度出发，胡仲持对源文本中的中国农民形象进行了筛选与改造，只传达自己认同的部分。他在其译文的短序中曾指出："我却以为中国的命运全系于这些哀苦无告的农民，我们要使中国得救，首先应该彻底地认识他们。"⑥胡仲持借助《大地》译文，表达了他个人在民族生死存亡之际对如何"使中国得救"、重建中华民族的见解。

其三，两位推崇西方文化的合译者张万里与张铁笙，则完全认同赛珍珠对中国农民的描述。张铁笙认为《大地》"毫无隐晦地表现了……一般农民的思想"，这是因为——

王隆（即王龙——笔者注）的时代，仍在盘踞着我们所处的这个空间：贫穷，愚拙，盲目，流离，贪污，自私，仍

---

① ［美］赛珍珠：《大地》，由稚吾译，香港启明书局，1936 年，小引第 1 页。
② 有关胡仲持的生平及其中西文化调和折中思想的具体表现，参见梁志芳：《翻译与中国形象的自我建构——形象学理论视角下的〈大地〉中译研究》，香港浸会大学博士学位论文，2011 年，第107－109 页。
③ 宜闲：《译者的前言》(1932)，郭英剑《赛珍珠评论集》，漓江出版社，1999 年，第 30 页。
④ ［美］赛珍珠：《大地》，胡仲持译，开明书店，1933 年，第 3 页。
⑤ 同③。
⑥ 同③。

旧主宰着我们的社会；发财，投机，买地，娶姨太太，生小

孩子的观念……牢牢地抓住每个农民的思想意识。①

也就是说，张铁笙认为，中国农民与王龙一样贫穷、愚拙、盲目、自
私，纳妾、传宗接代等封建思想仍占据着他们的头脑。张万里则大
为欣赏《大地》所表现的王龙对土地的热爱，认为《大地》是描写中
国"乡农意识中土地观念的伟著"，中国农民和王龙一样"爱田地甚
于爱他的一切"，并且"无条件地接受了命运的支配"②。因此，两
位译者在译文中甚至强化了赛珍珠对中国农民的描述，试图通过
否定、审判民族"自我"来提高西方"他者"经验的权威性，以西方为
模式来重建中华民族。

本文试以三个译本对中国农民蓄辫、愚昧及无知描写的翻译，
来说明上文所提到的三个译本对中国农民形象的不同处理方式。

（一）中国农民蓄辫

源文本中，中国农民的迂腐集中体现在王龙对待其长辫的态
度上。王龙一直留着当时大部分中国男性早已剪掉的长辫，并视
之为命根子。任凭外人劝说或者讽刺挖苦，他仍固执地留着长
辫，直到后来迷上妓女荷花，才在她的怂恿下剪掉。《大地》中有
关中国男性蓄辫的描写在 20 世纪 30 年代的中国引起了极大反
感。胡风在《〈大地〉里的中国》一文中曾提到，他见过一幅题为
《〈大地〉的主角》的漫画，所画的不是人而是辫子、小脚、尿壶、鸦
片烟枪等。③ 那么，三个中译本是如何处理王龙长辫的呢？请看
表一。

---

① 张铁笙：《译后自记（算作序）》，[美]赛珍珠《大地》，张万里，等译，北京志远书店，1933 年，
第 2 页。

② 张万里：《致读者》，[美]赛珍珠《大地》，张万里，等译，北京志远书店，1933 年，第 1－2 页。

③ 胡风：《〈大地〉里的中国》（1936），《文艺笔谈》，生活书店，1937 年，第 310 页。

表一　三个中译本对王龙长辫的处理

	第 1 章	第 11 章	第 12 章	第 14 章	第 18 章	第 19 章
源文本	出现 5 处王龙在自己的大喜之日梳洗辫子、剃头的描述	出现 1 处北方城里的车夫讽刺王龙辫子的描写	出现 1 处北方的城里人讽刺王龙辫子的描写	出现 2 处王龙的长辫遭到城里人、革命青年取笑的场景,他的辫子被人取笑为"猪尾巴"	出现 1 处刚富起来的王龙去茶馆喝茶时依然留着长辫的描写	王龙为了讨好妓女荷花剪掉辫子后阿兰的惊愕
由译	删除	删除	删除	删除	删除	删除
胡译	删除	删除	删除	删除	删除	删除
张译	基本保留,只删除 2 处王龙梳编辫子的描述	保留	保留	保留	保留	保留

　　从表一可见,由译、胡译对源文本有关王龙留长辫的描写采取完全抵制的态度,将它们一律删除并未译出。张译对之则比较包容,基本保留了源文本中王龙蓄辫的外貌描写。这是因为,在具有左翼倾向的译者由稚吾看来,作为中国革命中坚力量的先进分子,中国农民不可能愚昧迂腐到仍留着长辫,因而在其译文中"改造"了王龙的外形,将其长辫完全删除未译。译者胡仲持则认为,《大地》对中国农民蓄辫的描写,"似乎有些离奇,而不近情"①,因而在其译文中亦没有任何体现。张译的译者张万里、张铁笙则不同,他们对民族"自我"持完全否定的态度,认为中国农民正如赛珍珠小说中那样愚拙、落后、迂腐,因而在译文中基本保留了王龙的辫子。本文重点分析三个译本对第 19 章中王龙辫子的处理:

---

① 宜闲:《译者的前言》(1932),郭英剑编《赛珍珠评论集》,漓江出版社,1999 年,第 30 页。

(1) When she(即王龙姨太太荷花——笔者注) laughed at the braid of his hair, although part of every day he spent <u>in braiding and in brushing it</u>, and said, "<u>Now the men of the south do not have these monkey tails</u>!" he went <u>without a word</u> and had it cut off, although neither by laugher or scorn had <u>anyone</u> been able to persuade him to it before.

When O-lan saw what he had done she burst out in terror, "You have cut off your life!"①(底线为笔者所加,以下均同)

由译:

全部删除②

胡译:

全部删除③

张译:

> 当她笑着他每日<u>留心梳刷</u>的长辫子,说"<u>南方的人们</u><u>都没有这种猴儿尾巴了</u>"的时候,他一句话也没说,便把它剪掉了,虽然在从前,<u>邻居们</u>也都嘲笑过他,但没有一个人劝说得动他的。

> 娥兰(即阿兰——笔者注)看见了他作的事,愕然地道:

> "哦,你把你的命剪断了"!④

小说最后安排王龙在妓女荷花的怂恿下剪掉辫子,可谓"别有用心":剃头匠、革命青年、城里的普通老百姓曾多次劝说王龙剪辫子,却只有荷花劝说成功。王龙只听从他所迷恋的妓女的劝说,体

① Pearl S. Buck. The House of Earth: The Good Earth, Sons and A House Divided: A Trilogy. Moyer Bell, 1931/1995: 106.

② [美]赛珍珠:《大地》,由稚吾译,香港启明书局,1936/1959 年,第 36 页。

③ [美]赛珍珠:《大地》,胡仲持译,开明书店,1933/1949 年,第 169 页。

④ [美]赛珍珠:《大地》,张万里,等译,北京志远书店,1933 年,第 247–248 页。

现了色欲对王龙的重要性及王龙的好色,这与小说中其他章节有关中国人淫乱、荒淫无度的描写相呼应。由译、胡译将此部分整体删除,而张译则保留。总体来说,张译较好地再现了王龙为了讨好荷花把自己心爱的辫子剪掉的那种迫不及待的心情:第一,原文"in braiding and in brushing it"用两个"介词 + 现在分词"的并列结构充分体现了王龙梳洗辫子时的小心翼翼及对它的喜爱,张译"梳刷"的效果虽然不及原文,但它增添了"留心"进行补偿;第二,原文"without a word"体现了王龙为了赢得荷花的欢心毫不犹豫地剪了辫子,张译"他一句话也没说,便把它剪掉了"的效果基本与原文相当;第三,阿兰的反应"You have cut off your life"大致是赛珍珠从汉语"你把命根子给剪了"直译而来,体现了王龙视辫子如命根子的观念,张译"你把你的命剪断了"基本体现了辫子对王龙的重要性。

当然,张译的此处译文也并非尽善尽美。笔者认为它至少有两处不妥的地方:其一,"the men of the south"被译成"南方的人们"不妥,这里"men"之前有定冠词"the"修饰,应该指的是"男人"而非泛指"人们",况且中国女性特别是封建时期的女性有留长发或长辫的传统,张译"南方的人们都没有这种猴儿尾巴了"会让读者误以为南方的女人也不留辫子了,这显然与赛珍珠的本意不符;其二,此处原文没有具体指出以前嘲笑王龙辫子的人是哪些人,只用"anyone"一概而过,而张译将之明晰化为"邻居们也都嘲笑过他",但这与小说前部分的描述不符。事实上,小说中嘲笑王龙辫子的人主要是第 1 章的剃头匠、第 14 章的城里人与革命青年,根本不是张译此处的"邻居们",细心的读者肯定会对此产生疑惑。据笔者推测,张译此处之所以会犯这种前后矛盾的错误,应该与两人合译有关。该译本 1—18 章为张万里所译,19—34 章为张铁笙所译,而此处的描述刚好处于 19 章,后部分译者张铁笙翻译时可能未细读前部分的相关内容,因而导致了这种错误。

(二) 中国农民的愚昧、无知

《大地》还从多方面刻画了王龙的愚昧、无知、落后,这突出地表现在他对中国革命与帝国主义侵华的无知。小说第 12、14、32、34 章出现了多处爱国青年或王龙的儿孙向他宣传中国革命的场景,王龙对此不是置若罔闻便是答非所问,其愚拙无知暴露无遗。试看第 12 章逃荒至南方大城市的王龙见到年轻人进行爱国演讲的场景:

(2) ... and the young man said that China must have a revolution and <u>must rise against the hated foreigners</u>, Wang Lung was alarmed and slunk away, feeling that he was the foreigner against whom the young man spoke with such passion. And when on another day he heard another young man speaking—for this city was full of young men speaking—and he said at his street corner that the people of China must unite and must educate themselves in these times, <u>it did not occur to Wang Lung that anyone was speaking to him.</u> ①

由译:

那年青人说,中国必需有一次革命,<u>必需要排外</u>,那时候王龙以为自己便是外国人,不禁心里一慌,便悄悄地溜走了。②

胡译:

那年青人说,中国必须来一个革命,<u>必须起来反对可</u>

---

① Pearl S. Buck. The House of Earth:The Good Earth, Sons and A House Divided:A Trilogy. Moyer Bell, 1931/1995:63.

② [美]赛珍珠:《大地》,由稚吾译,香港启明书局,1936/1959 年,第 57 页。

憎的外国人,那时候,王龙觉着自己便是那年青人的气昂昂的话语里所反对的外国人,不禁心里一慌,便悄悄地溜掉了。又有一天,他又听得一个年青人讲着——原来这城市里满是演讲着的年青人——那人在街角说,现今时候,中国人必须联合起来,必须注重教育,那时王龙也没有觉到那人正对他讲着。①

张译:

那青年人说,中国必须有一次的革命,必须起来反对可恶的外国人。王隆便吃惊地偷着走开,觉着自己就正是那青年人所说要反对的外国人。当另外的一天,他又听见另一个青年人演说——原来在这个城市里,是充满青年人演说——他在那街上一个拐角的地方说,在这个时候,中国人必须大联合起来,他们必须受教育,王隆没有想到,那人是正向他说着。②

原文记叙了两位青年向王龙宣传革命与爱国的场景。胡译与张译将二者的宣传保留,由译则只保留了前一场景,将后一场景完全删除未译。这是因为,由译的译者由稚吾具有明显的左翼倾向,在他看来,中华民族的优秀代表中国农民已经完全摆脱了阿 Q 那样的奴性形象,而成长为阶级觉悟高、反抗性强、有组织性、有革命性的革命英雄,他们是中国反帝反封建革命斗争的主力军。因此,《大地》所描述的王龙对中国革命的愚昧与麻木是他无法接受的,所以他才将第二场景完全删除。此外,就第一场景的翻译而言,由译与其他两个译本还有一处较大差异:它将"must rise against the hated foreigners"译为"必需要排外",与胡译、张译的"必须起来反

---

① [美]赛珍珠:《大地》,胡仲持译,开明书店,1933/1949 年,第 97 - 98 页。
② [美]赛珍珠:《大地》,张万里,等译,北京志远书店,1933 年,第 142 - 143 页。

对可憎/可恶的外国人"相比，"必需要排外"所体现的反抗外敌入侵的决心更大，由译在一定程度上强化了爱国青年的革命热情。由译受左翼意识形态的影响，一方面大大弱化了王龙的愚昧无知，另一方面强化了爱国青年反对帝国主义的决心。

胡译与张译将两位青年的宣传保留，是因为他们认为中国农民有愚昧落后之处。胡仲持曾指出，所谓的"高等华人"的"通弊"，在于他们"不愿意外国人知道我们大多数平民的穷苦和愚昧"；事实上这没有什么"丢脸"的。[1] 在张译的两位译者看来，"贫穷，愚拙，盲目……仍旧主宰着我们的社会"。[2] 胡译与张译基本译出了原文的内容，但两者对第二个场景最后一句的处理稍有不同。原文"it did not occur to Wang Lung that anyone was speaking to him"，表示王龙没有想到青年是在向包括他在内的所有中国人进行爱国宣传。王龙身为中国人，理应对此有所反应，但他却以为青年根本不是在和他说话，由此可见，他真是愚拙落后之极。张译"王龙没有想到，那人是正向他说着"忠实传达了原文的意义，而且它将原文的长句一分为二变为两个短句，语气更为强烈，由此体现的王龙的愚昧无知也稍有加强。胡译"那时王龙也没有觉到那人正对他讲着"沿用了原文的长句，但"没有觉到"在表现王龙的感受上与原文的"it did not occur to..."有一定差别。"没有觉到"是说王龙"没有意识到"，表明王龙只是在第一感觉、表面上没有意识到自己是中国人，也许在深层意识中或仔细思考后他会发现自己是爱国青年宣传的对象；而"it did not occur to..."是说王龙"没有想到"，表明王龙在深层意识中或仔细思考后还是认为自己不是中国人。因此，胡译所体现的王龙的愚昧无知稍有减弱。

---

[1] 胡仲持：《〈大地〉作者赛珍珠重来中国》，《文学》，1933 年 11 月第 1 卷第 5 期，第 738 页。

[2] 张铁笙：《译后自记（算作序）》，[美]赛珍珠《大地》，张万里，等译，北京志远书店，1933 年，第 2 页。

概言之,由译所表现的中国农民,几乎完全过滤掉了他们对革命与抵抗外敌入侵的愚昧无知、封建落后的长辫等落后特征;胡译则完全剔除了王龙长辫的描写,大大淡化了中国农民的愚昧无知;张译则在一定程度上强化了源文本对中国农民各种落后特征的描写。三个译本对中国农民的不同刻画,体现了它们的译者对"中国""中华民族"的不同想象与期待,表达了译者对民族建构的不同要求。

三、《大地》中译本对封建中国形象的翻译

接下来我们分析三个译本对父权统治的封建中国形象的翻译。在《大地》封闭、落后、愚昧的封建农村社会里,人们抽鸦片、男人蓄长辫、女人裹小脚;"三纲五常"是中国人的道德准则;"三从四德"是女性必须遵守的礼教;男尊女卑,女人是男人的附属品与传宗接代的工具。20 世纪 30 年代的大部分《大地》中译者对吸鸦片、裹小脚等封建习俗的描写持抵制、批判的态度。由稚吾在其译者序言中指出:"我们这个东方大国的神秘,被暴露了一部分……但说起暴露来,有些地方又暴露得过火,失去真实……这些地方,便是译者节删的主要一部分。"①吸鸦片、裹小脚等封建习俗的描写属于由稚吾所说"暴露得过火,失去真实"的地方,由译对其进行了大量删减。译者胡仲持对小说的封建习俗描写持部分认同的态度,在译文中对其进行了筛选与部分删改。张译的译者则完全认同赛珍珠对中国的描述,认为中国社会与民众就如赛珍珠描写的那般封建、落后,因而几乎完全保留了封建习俗的描写。

---

① [美]赛珍珠:《大地》,由稚吾译,香港启明书局,1936 年,小引第 1 页。

(一) 裹小脚

首先,我们来看有关女人裹小脚的描述。小说女主人公阿兰(王龙的妻子)是大脚女人,第 1 章中王龙一见到阿兰的大脚,就表现出了失望。作者在第 25 章更明确表明,因为阿兰是大脚女人,所以她一生都得不到王龙的爱。小说多次描写荷花的三寸金莲及王龙对它们的迷恋。另外,阿兰为小女儿裹了小脚,王龙的大儿媳也是小脚女人。由译、胡译基本保留了原文有关中国女性小脚的尺寸大小,以及她们踩着小脚迈着碎步的体态描述,但两者均删除了小说对中国女性如何裹小脚的直接描写。例如第 26 章荷花、王龙婶婶为即将过门的新娘子用新的白布裹上小脚的细节,两译本均删除。① 而张译则基本保留了小说有关小脚的全部描述。试看第 25 章阿兰为小女儿裹脚的描述:

(3) …and she was a pretty child and her mother had bound her feet well, so that she moved about with small graceful steps.

But when Wang Lung looked at her thus closely he saw the marks of tears on her cheeks, and her face was a shade too pale and grave for her years, and he drew her to him by her little hand and he said,

"Now why have you wept?"

Then she hung her head and toyed with a button on her coat and said, shy and half-murmuring:

"Because my mother binds a cloth about my feet more

---

① [美]赛珍珠:《大地》,由稚吾译,香港启明书局,1936/1959 年,第 137 页;[美]赛珍珠:《大地》,胡仲持译,开明书店,1933/1949 年,第 242 页。

tightly every day and I can not sleep at night".

"Now I have not heard you weep", he said wondering.

"No," she said simply, "and my mother said I was not to weep aloud because you are too kind and weak for pain and you might say to leave me as I am, and then my husband would not love me even as you do not love her."①

由译:

完全删除。②

胡译:

完全删除。③

张译:

……她是个很好看的孩子,她母亲把她的脚缠得很小,所以走起路来摇摇摆摆地迈着小步。

但是当王隆挨近她的时候,看见她脸上有泪痕,便拉住她的小手,把她拉到跟前说道:

"你为什么哭呢?"

她低下头,捏着衣服的底襟,带羞地情情说道:

"因为我妈用一块布把我脚每天缠得紧紧地,我黑夜连觉都不能睡"。

"那么怎么我没有听见你哭过呢?"他惊异地问。

"没有哭?!"她简单地道:"我妈说,我不要大声哭,因为你的心太软,听了我哭,就要把我的脚放开和从前一样,日后我的男人一定不爱我,和你不爱她一样。"④

① Pearl S. Buck. The House of Earth:The Good Earth,Sons and A House Divided:A Trilogy. Moyer Bell,1931/1995:144.

② [美]赛珍珠:《大地》,由稚吾译,香港启明书局,1936/1959 年,第 130 页。

③ [美]赛珍珠:《大地》,胡仲持译,开明书店,1933/1949 年,第 231 页。

④ [美]赛珍珠:《大地》,张万里,等译,北京志远书店,1933 年,第 336 - 337 页。

由译、胡译将中国女性如何从小就开始裹小脚的细节完全删除，而张译则将其保留。我们重点分析张译对几个关键词句的译法。首先，是"she moved about with small graceful steps"，该句形象地描述了中国小脚女人走路的姿态，并将其描述为"graceful"(优雅的)。而张译"摇摇摆摆地迈着小步"只说明小女儿走路时有些不稳，并未体现原文所说的"优雅"姿态，因而淡化了中国以小脚女人走路的优雅姿态为美的观念。其次，是"her face was a shade too pale and grave for her years"，该句表现了裹小脚对女性的残害——王龙小女儿因此脸色苍白、闷闷不乐。张译将此句直接删除了。最后，是"Because my mother binds a cloth about my feet more tightly every day"，此句的"more tightly every day"表明小脚必须一天比一天裹得更紧，这将裹小脚习俗表现得更为残忍。张译的"因为我妈用一块布把我脚每天缠得紧紧地"未译出原文的这层意思。总之，此处有关裹小脚习俗的残忍，以及中国认为小脚女人走路姿态优雅的审美观，在由译、胡译中完全没有体现，张译则对此稍有淡化。

(二) 男尊女卑

《大地》所刻画的父权制的中国封建社会，还突出表现为男尊女卑、夫为妻纲这一主导两性关系的准则。《大地》中的女性地位是极其卑微的：重男轻女的观念在中国社会盛行，认为女儿是替别人家生养的；第3章阿兰生头胎时王龙迫切希望是男孩，第7章阿兰生了一个女孩，王龙认为这是不祥之兆；灾年里人们或卖掉女儿，或在女孩刚出生时就将其弄死。对于源文本中有关女性地位卑微、男尊女卑的描述，由译通过删减等方式大大提升了中国女性的地位，胡译则对之进行了一定程度的提升。而张译的处理方式不同，在其译者看来，"……娶姨太太，生小孩子的观念，不但牢牢地抓住每个农民的思想意识……"①也就是说,在他们看来,娶妻子或姨太太是为了生儿子传宗接代,姨太太如物品一样是中国男人财富与地位的象征,这仍是中国农民思想意识中根深蒂固的观念。因此,张译不但保留,而且还强化了对中国社会男尊女卑的刻画。试看第 7 章王龙获知阿兰生了女儿之后的心理描写:

(4) And then he thought of that new mouth come that day into his house and it struck him, with heaviness, that the birth of daughters had begun for him, daughters who do not belong to their parents, but are born and reared for other families.②

由译:

……随又想到他又添了一个孩子了。女儿不能终生在父母身旁,却为别人家生养的。③

胡译:

……随又想到这一天又是一个新的家口落到他的家里来了,于是这一个念头沉重地打动了他的心:生女儿这事情在他已经开头了——女儿是并非爹娘所有,却为别人家生养的。④

张译:

他想他家里倒霉的日子来了,生了这个女孩子,迟早不是自己的,总是别人家的人,这就是个起头。⑤

① 张铁笙:《译后自记(算作序)》,[美]赛珍珠《大地》,张万里,等译,北京志远书店,1933 年,第 2 页。

② Pearl S. Buck. The House of Earth: The Good Earth, Sons and A House Divided: A Trilogy. Moyer Bell,1931/1995:39.

③ [美]赛珍珠:《大地》,由稚吾译,香港启明书局,1936/1959 年,第 35 页。

④ [美]赛珍珠:《大地》,胡仲持译,开明书店,1933/1949 年,第 59 页。

⑤ [美]赛珍珠:《大地》,张万里,等译,北京志远书店,1933 年,第 86 页。

除由译外，其他译本均表现了原文的主要意义。我们首先来看"it struck him, with heaviness, that the birth of daughters had begun for him"一句。由译直接将它删除。胡译"于是这一个念头沉重地打动了他的心"属于直译，意思与原文接近。张译"他想起家里倒霉的日子来了"强化了王龙对女儿降生一事的反感，原文只说"it struck him, with heaviness"（让他心情沉重），张译却将其视为"家里倒霉的日子来了"，由此所表现的女性地位较原文更为低下。再看"daughters who do not belong to their parents, but are born and reared for other families"一句。该句从侧面体现了中国封建女性必须遵守的"在家从父、出嫁从夫"这一伦理规范。胡译、张译较好地再现了原文的这一层意思。由译则对原文进行了一定程度的改写，"女儿不能终生在父母身旁"仅陈述女儿出嫁后离开父母这一客观情况，淡化了女性出嫁前附属于父母这一伦理规范，因而提升了中国女性的地位。此外，与其他两译本的"为/给别人家生养的"相比，张译"总是别人家的人"更直观地体现了中国女性必须"出嫁从夫"，强化了女性的附属地位。综合看来，源文本此处所体现的男尊女卑、只有儿子才能传宗接代这一中国封建伦理规范，由译将之大大淡化，胡译基本忠实保留，张译则进行了一定的强化。

（三）封建礼教

《大地》可谓中国封建礼教的大舞台，各种道德观念纷纷粉墨登场，展示了中国封建社会的各种伦理观念。小说穿插了大量关于中国封建礼教的描述。例如，第 1 章中王龙成亲的描述中介绍了新娘未入洞房不得与其他男人见面的规矩；第 7 章王龙叔父教训他不得与长辈顶嘴；第 17 章王龙带两个儿子去私塾时没有和他们并排走，因为父子并排走是不合礼数的；第 30 章王龙二儿媳头胎应该生女儿，以表示对长嫂的尊敬；第 31 章王龙大儿子见王龙堂弟违背礼教,与王龙的两个儿媳说话,因而恼羞成怒。《大地》对中国封建礼教的刻意描述引起了 20 世纪 30 年代许多论者的不满。季羡林先生曾深入分析《大地》对中国封建礼教的表现。他认为,由于赛珍珠不了解中国人的人生态度,所以《大地》表现的中国礼教完全流于形式:

> 此外,夫人未能了解中国人对人生之态度,亦为缺点之一。随之表现于此书中之中国礼法,完全在形式方面。
>
> 自夫人观之,中国所谓父子兄弟夫妇朋友皆为形式的,毫无真情。此乃一般外人之偏见,夫人自非例外。然中国五伦之相互关系,实多出于至情,绝非纯由矫揉造作者。夫人有先入成见,写来多与实情扞格。①

三个译本对源文本着力描绘的封建礼教与伦理道德采取了不同的翻译策略。由译通过删减、改写等策略将这类描写几乎完全排除在译文之外,例如,上文提到的小说第 17 章、30 章、31 章中的各种礼教,由译一律删除未译。② 胡译的译者认为,“也许因为力求迎合美国的大众趣味吧,作者(赛珍珠——笔者注)对于中国旧礼教却未免刻画的太过分”。③ 因此,胡译对中国旧礼教描写采取了选择性删改的策略,删改了译者认为“刻画的太过分”的部分,例如,译者删除了上文指出的第 31 章所描述的礼教。④ 张译则将这些礼教描写基本保留。第 26 章有一中国礼法描写如下:

> (5) Wang Lung did not speak with the maiden, since it
> was not fitting, but he inclined his head gravely when she

---

① 季羡林:《勃克夫人新著小说〈诸子〉》,《大公报·文学副刊》,1933 年 5 月 22 日第 11 版。
② [美]赛珍珠:《大地》,由稚吾译,香港启明书局,1936/1959 年,第 87、162、166 页。
③ 胡仲持:《〈大地〉作者赛珍珠重来中国》,《文学》,1933 年 11 月第 1 卷第 5 期。
④ [美]赛珍珠:《大地》,胡仲持译,开明书店,1933/1949 年,第 294 页。

bowed…①

由译：

王龙没有同新娘讲什么话，不过当她<u>弯腰</u>时，他严肃地点一点头。②

胡译：

王龙没有同新娘子讲什么话，不过当她<u>弯腰</u>时，他严肃地一点头。③

张译：

王隆没有和这媳妇讲话，<u>因为那是不合适的事</u>，只在她<u>行礼</u>的时候庄重地点了点头……④

小说此处描述了中国封建社会的两种礼法：其一，儿媳过门时必须向公婆鞠躬行礼；其二，儿子成亲那天公公不能与儿媳讲话。三个译本在翻译这两种礼法时体现出两种完全不同的倾向。由译、胡译删除了王龙与儿媳讲话不合礼数的描述，并将儿媳的行为"bowed"译为"弯腰"，"弯腰"仅描述了儿媳朝王龙弯下身体这一动作，不带任何感情色彩，也未表明儿媳这么做是为了遵从一定的礼教规范。张译则采取了完全相反的策略：忠实传达了王龙不和新婚妻子说话是因为那样做不合礼数；"bowed"被译为"行礼"，充分体现了儿媳这一行为遵从了一定的伦理规范。

从以上译例分析可以看出，源文本所描述的父权专制统治下的封建中国形象，在三个译本中有不同的表现。由译对源文本所描绘的中国父权社会各种封建习俗、旧礼教与伦理道德采取抵制态度，几乎彻底删除了相关描写，大大弱化了中国社会的封建落后

① Pearl S. Buck. The House of Earth：The Good Earth，Sons and A House Divided：A Trilogy. Moyer Bell，1931/1955：150.

② ［美］赛珍珠：《大地》，由稚吾译，香港启明书局，1936/1959 年，第 150 页。

③ ［美］赛珍珠：《大地》，胡仲持译，开明书店，1933/1949 年，第 240 页。

④ ［美］赛珍珠：《大地》，张万里，等译，北京志远书店，1933 年，第 352 页。

程度。胡译则以批判的态度对待这类描写,并进行了选择性删减,因此,所体现的中国社会的落后、封建程度较源文本更低一些。张译基本保留了这类描写,并在多处对此进行了强化,因此所体现的中国社会的落后、封建程度较源文本更高。

四、《大地》中译本对淫乱纵欲的中国形象的处理

最后,我们来看三个译本如何处理源文本塑造的淫乱纵欲的中国形象。《大地》以大量笔墨着力描写了中国人的性,塑造了女性化、感性、荒淫、堕落的中国形象。小说所表现的中国人,不是感官纵欲主义、性欲旺盛的,便是淫乱、道德堕落的,乱伦、不道德的两性关系随处可见。正如史景迁所论述的,《大地》中的性描写让赛珍珠"得以探索许多西方读者深感好奇的,东方人的性欲及放浪情形"。[①]

(一) 中国人的纵欲与好色

《大地》突出描绘了中国男性的感官纵欲主义:地主黄家老爷、少爷们不断借丫鬟或姨太太发泄性欲;发家致富后的王龙经常去茶馆找妓女荷花,后来干脆把她买回家当姨太太;王龙的大儿子未成年便找娼妓厮混;王龙的堂弟是十足的好色之徒,经常色眯眯地盯着家里的丫鬟,他甚至试图强奸王龙的小女儿,当兵回家后又不断骚扰家里的丫鬟、王龙的两个儿媳与荷花,最后王龙只好给他一个丫鬟泄欲;王龙 60 多岁时突然重燃性欲,纳 18 岁的丫鬟梨花为妾,等等。

三个译本对源文本有关中国人"性欲及放浪情形"描写所采取

---

① [美]史景迁:《大汉之国:西方眼中的中国》,阮叔梅译,台湾商务印书馆,2000 年,第 236 页。

的翻译策略各不相同。由译一般将这类内容大量删减或改写,例如,第1章地主婆黄太太描述儿孙们随意糟蹋丫鬟的情形及第14章地主黄老爷不断娶幼女以维持性欲的描写,由译都直接删除了①,因此,大大弱化了中国人的纵欲与好色。而在译者胡仲持看来,"她(赛珍珠——笔者注)对于崇拜着林黛玉式女性美的中国人的性心理的描写似乎也有几分不自然"。② 因此,胡译适当删减或淡化了这类描写,例如,上文提到的第1章中的性描写就有所删减③,在一定程度上弱化了中国人的好色。张译则一般保留,甚至强化了这些内容。本文以第14章地主黄家少爷、男仆们对丫鬟的性蹂躏为例做一说明:

(6)"Aye,beaten or carried to a man's bed,as the was, and not to one man's only but to any that might desire her that night,and the young lords bickered and bartered with each other for this slave or that and said,Then if you tonight, I tomorrow,and when they were all alike wearied of a slave the menservants bickered and bartered for what the young lords left,and this before a slave was out of childhood – if she were pretty."④

源文本此处借阿兰之口,叙述了地主黄家丫鬟遭受性侵犯、性虐待的遭遇。在赛珍珠的笔下,丫鬟们完全是地主阶级及其男仆们发泄性欲的工具。试看三个译本的翻译:

由译:

"嗳,挨打呢,还要带到少爷们的床上去,看他们的高

---

① [美]赛珍珠:《大地》,由稚吾译,香港启明书局,1936/1959年,第9、37页。

② [美]赛珍珠:《大地》,胡仲持译,开明书店,1933/1949年,序第3页。

③ 同②,第17页。

④ Pearl S. Buck. The House of Earth:The Good Earth,Sons and A House Divided:A Trilogy. Moyer Bell,1931/1955:78.

兴。待到他们对于一个丫头大家都厌了,便轮到当差的。一个标致丫头还未过童年,就这样子了。"①

胡译:

　　"嗳,挨打呢,还是带到男人的床上去,看他们的高兴。男人呢,不单是一个,谁想到她,夜里就得陪谁睡,少爷们为了这丫头,那丫头,彼此商量着,"你今天呢,我就明天,"待到他们对于一个丫头大家都厌了,当差们便就少爷们留下来的商量着。一个丫头还未过了童年,就是这样子——如果她长得标致。"②

张译:

　　"哎,挨打或是弄到男人床上,那就看他们的高兴,而且不止是到一个人床上,谁需要她,那一晚上就得陪着谁,少爷们为着这个或是那个丫头,彼此叶咕着,"哦,要是你今天,明儿可是我";少爷们玩够了,男仆们便就他们剩下的丫头们打着主意;在一个丫头没有过了童年,就是这个样子——如果她长得好看的话。"③

三个译本中,只有由译对原文进行了大规模删减。原文中,只要哪位少爷想要某个丫鬟,这个丫鬟就得陪他睡,少爷们还互相交换丫鬟来满足各自的性欲。由译将这一描写完全删除,其他两个译本则保留,因此由译降低了小说对中国人纵欲的刻意突出。我们主要看三个译本对几个关键词的处理。首先,是"carried to a man's bed"中的"carried"。由译、胡译均译为"带到",不含任何强迫色彩,与原文意思较为接近;张译的"弄到"带有明显的强迫色彩与贬义,强化了少爷们的恶劣行为。其次,是两处"bickered and

①　[美]赛珍珠:《大地》,由稚吾译,香港启明书局,1936/1959 年,第 71 页。
②　[美]赛珍珠:《大地》,胡仲持译,开明书店,1933/1949 年,第 123 - 124 页。
③　[美]赛珍珠:《大地》,张万里,等译,北京志远书店,1933 年,第 179 页。

bartered"。"bicker"指的是"争吵","barter"意为"物物交换"。原文以"bickered and bartered"这一押头韵(alliteration)的表达,生动表现了少爷们整日无所事事,终日为争抢丫鬟而争吵,将丫鬟当作物品一样互相交换的场景。胡译两处都改译为"商量着",少爷们为了抢夺丫鬟发生的争吵被美化为和平的"商量","bartered"则完全未被译出。张译分别译为"叶咕着""打着主意",带有比较明显的贬义,强化了少爷与男仆们的恶行,但"bartered"的含义也未被译出。最后,是"all alike wearied of"。"be wearied of something"指"对……不再感兴趣,感到厌烦"。由译、胡译均译为"对于……厌了",这是一种更为口语化的表达,它所表达的厌倦程度较低,两译本此处弱化了少爷们将丫头当作玩物、喜新厌旧的恶劣行为。张译"玩够了"则恶化了少爷们的行为——他们随心所欲地玩弄丫鬟。综合以上分析,我们可以看出,原文中有关中国人纵欲、好色的描写,由译大量删减,胡译进行了适当删改,张译则强化了这类描写。

(二) 不道德的两性关系

接下来本文将重点论述三个译本如何体现源文本中不道德的两性关系。赛珍珠在描述王龙发家史的同时,对其家庭成员之间混乱、不道德的两性关系或乱伦进行了重点描述,突出表现了中国人的淫乱与堕落。王龙的大儿子与王龙的小妾荷花曾有暧昧关系;王龙的堂弟试图强奸王龙的小女儿,并多次骚扰王龙的两个儿媳、荷花;王龙夺走了小儿子的心上人梨花,小儿子一气之下离家出走,这成为父子之间永远无法跨越的鸿沟。那么,这些乱伦关系在三个译本中又是如何呈现的呢? 本文以它们对王龙与小儿子争夺梨花的处理为例进行说明:

小说第32、33章描述了王龙与小儿子争夺梨花、最后小儿子

愤然离家出走的情况。第 32 章最后一段生动地刻画了王龙知道
小儿子也喜欢梨花后的愤怒心情:

（7）He was confused with <u>many angers</u>, but, although he could not understand why, <u>this anger</u> stood forth most clearly; <u>his son had looked on a little pale young maid in the house and had found her fair.</u> ①

由译:

整段完全删除。②

胡译:

因了许多的<u>气恼</u>, 他心乱了, 然而虽是他理会不得所以然的缘故, 这一种<u>气恼</u>却觉得最分明:<u>他的儿子细看了家里的白脸小丫头, 觉得她相貌好。</u>③

张译:

他的心里<u>万般怒气</u>交错着, 但是他也不明白到底为了什么原因。他的<u>怒气</u>分明地存在着, <u>他的儿子对于这个家庭里他看着很秀丽白静年青的姑娘竟看上眼了。</u>④

由译直接将整个段落删除, 其他译本则基本保留了原文的主要意思。我们重点分析胡译、张译对两个关键词句的处理。首先, 原文用"many angers"与"this anger"(愤怒)表明王龙的心情及他当时对小儿子的态度。两译本分别译为"气恼""万般怒气"/"怒气"。两者中, "万般怒气"/"怒气"所表现的不悦显然大于"气恼"。其次, 是小儿子对梨花的态度, "his son had looked on a little pale young maid in the house and had found her fair"只说明小儿子仔

---

① Pearl S. Buck. The House of Earth: The Good Earth, Sons and A House Divided: A Trilogy. Moyer Bell, 1931/1955:196.

② ［美］赛珍珠:《大地》, 由稚吾译, 香港启明书局, 1936/1959 年, 第 173 页。

③ ［美］赛珍珠:《大地》, 胡仲持译, 开明书店, 1933/1949 年, 第 307 页。

④ ［美］赛珍珠:《大地》, 张万里, 等译, 北京志远书店, 1933 年, 第 464 页。

细看了梨花并觉得她漂亮,并未明说小儿子也喜欢上了梨花。胡译忠实表现了原文的这层含义。张译的"他的儿子对于这个家庭里他看着很秀丽白静年青的姑娘竟看上眼了",对原文进行了改写、增添,将王龙与小儿子直接置于对立面:小儿子"看上眼了"那位"他(王龙)看着……的姑娘",原文"his son had looked on…"被改写为"他(王龙)看着……";张译还增译了"竟",突出了王龙对小儿子喜欢上梨花一事的不悦,因而更突显了王龙父子之间的冲突。

第33章中小儿子获悉王龙已纳梨花为妾后表现出极大的愤怒:他犹如即将猛扑向猎物的小豹子一样站在王龙面前,双眉紧锁,两眼闪着凶光恶狠狠地紧盯着父亲。① 由译同样完全删除了这一描写。也就是说,王龙与小儿子争夺梨花这一情节,在由译中完全没有出现,译者完全删除了60岁老父与18岁儿子因抢夺一个18岁丫鬟而引发的冲突。第33章的这一描写在胡译中也被大量删除②;而张译则基本保留这一描写。③ 整体而言,王龙与小儿子因争夺梨花而引发的激烈的父子冲突,由译完全删除,胡译将之大为弱化,张译则保留其至强化了这一冲突。

综合以上译例我们可知,源文本所表现的女性化、感性、荒淫、堕落的中国形象,在三个译本中的表现程度完全不一样。由译所表现的中国,几乎完全过滤掉了中国人的纵欲与好色,王龙家庭成员之间乱伦或淫乱的两性关系也被最大限度地淡化,从而使整个译本呈现的中国形象较源文本更为积极、肯定。胡译则对源文本有关中国人纵欲、荒淫的描写进行了筛选与"改造",剔除了译者不认同的部分,在一定程度上修正了赛珍珠笔下的中国形象,提升了

---

① [美]赛珍珠:《大地》,由稚吾译,香港启明书局,1936/1959 年,第 177 页。
② [美]赛珍珠:《大地》,胡仲持译,开明书店,1931/1949 年,第 314 页。
③ [美]赛珍珠:《大地》,张万里,等译,北京志远书店,1933 年,第 477 页。

民族自我形象。张译则完全保留了这类描写,甚至在很多地方强化了中国人的荒淫无度与堕落,从而使译本表现的中国形象较源文本更为消极。

五、结语

综上所述,赛珍珠笔下愚昧无知的中国农民形象、父权统治的封建中国形象与淫乱纵欲的中国形象,在 20 世纪 30 年代三个中文全译本中有完全不一样的呈现。译者由稚吾受左翼文化思潮影响,完全抵制赛珍珠所代表的"帝国主义",彻底颠覆了源文本的中国形象,建构了积极、肯定的民族自我形象,以此来提升民族自我,迎合民族超越自我的要求。译者胡仲持受其中西文化调和折中思想的影响,部分认同赛珍珠对中国的解读,在翻译中不断与源文本、原作者进行协商、角力,对源文本的中国形象进行了筛选,同时按照译者理想的民族自我形象进行了一定程度的"变形""改造""修正",从而在一定程度上提升了民族自我形象。张译的两位具有"西化"倾向的译者完全认同赛珍珠对中国的描述,试图通过否定、审判民族"自我"来提高西方"他者"经验的权威性,以西方为模式来重建中华民族,因而其译文明显强化了源文本消极、否定的中国形象。

《大地》在中国的翻译与接受过程中,中国始终以此为参照不断反思、反省,《大地》中的中国形象或多或少地修正了中国人的自我形象。《大地》中译本如何重新建构中国形象,总是取决于中国自己的需求,更确切地说,是取决于中国在民族建构方面的要求。20 世纪 20 年代后半期至 30 年代上半期,中国存在三种主要的"自我—他者"(即中国—西方)关系模式①:明显偏向自我的左翼思潮与民族主义、明显偏向"他者"的"全盘西化"论,以及试图在自我与"他者"之间保持平衡的东西文化调和折中主义。这些模式也代表着这一时期中国存在的三种民族建构的路径或方向:左翼知识分子与民族主义者主张以民族自我为本位,通过整合自我的精华要素来完成中华民族的重建;全盘西化派致力于完全以西方"他者"为模式来实现中国的民族建构;而调和折中派则试图通过融合"自我"与"他者"的长处来重建中华民族。

由于 20 世纪 30 年代的中国在如何进行民族建构方面存在多元要求,因此这一时期的三个《大地》中文全译本所建构的中国形象呈现出不同面貌,这正好也反映了当时的中国知识分子力图以不同方式进行民族重建,以救亡图存、振兴民族。20 世纪 30 年代《大地》的中译者基于不同的利益、认知与期望,对"中华民族"应有的形貌产生了差异悬殊的想象,对民族的表述与叙事各有不同,这些形形色色的中国形象昭示了中译者对国家未来、民族命运的关注及重建民族的理想。总之,由于中译者民族自我意识的不同,加上他们在民族建构方面的要求不同,而且 20 世纪 30 年代《大地》中译本对源文本之中国形象的态度也不同,因此他们对源文本的中国形象"改造"的程度与方式也不一样。

---

① 有关 20 世纪 20 年代后半期至 30 年代上半期中国存在的三种主要的"自我—他者"关系模式,参见梁志芳:《翻译与中国形象的自我建构——形象学理论视角下〈大地〉中译研究》,香港浸会大学博士学位论文,2011 年,第 90 - 94 页。

从陌生化句式看文学翻译者的权力与责任
——基于赛珍珠《水浒传》英译本的翻译伦理思考
唐艳芳

引　言

作为四大古典文学名著中唯一一部以造反为题材的作品,《水浒传》在我国文学史上享有很高的声誉,是研究中国传统小说艺术的重要证据和了解中国古代社会文化生活的活化石。也正因此,它成了西方翻译家们译介时的首选作品之一。仅就英译而言,1870—1970 年,就先后推出四个有影响的译本,在数量上居四大名著之首,而且都是西方人翻译的。① 由于小说本身成书的复杂性及演变过程中的各种人为影响,《水浒传》流传过多种版本,并曾在国内学界引发关于其版本的长期争鸣。这一情况也直接影响了其英译者的版本选择。例如,1872—1873 年苏格兰人 H. S.②以连载形式在《中国评论》(*The China Review*)上所发表的最早的水浒译文《中国巨人历险记》(*The Adventures of a Chinese Giant*),就是节译了今天通行的《水浒全传》第 3—8 回(亦即金批 70 回本《水浒传》之

---

① 这里需要说明的是,沙博理是在 20 世纪 60 年代加入中国国籍后开始《水浒传》翻译工作的,但由于英语是他的母语,从译者主体的语言和文化背景出发,似可将其归入西方译者的行列。其他三部小说,则是既有西方人也有中国人的译本。

② 译者姓名的完整拼写形式已无可考。参见 Richard G. Irwin. The Evolution of a Chinese Novel:Shui-hu-chuan. Harvard University Press,1953:94 – 95.

2—7 回)关于鲁智深的故事内容;赛珍珠和杰克逊的译本所依的均为 70 回本[①];沙博理的译本是 70 回本与 100 回本的结合,但前 70 回则完全采用了金批本的内容。[②] 译本的不一致有可能给翻译批评带来一定的难度,但鉴于这几个译本(尤其是后三者)所依照的原文均有 70 回本的内容,因而在它们之间进行比对研究并不像人们担心的那样,缺乏确定的原文作为比对的基础。[③] 本文拟对历史上关于赛译本的评价做一扼要综述,在此基础上以陌生化为切入点,考察赛译本《水浒传》在原文句法特征的处理上与杰译本和沙译本的不同之处,最后从翻译伦理的角度对译者主体的权力与责任进行反思。H. S. 的译本,一则因为是局部节译,二则因为无法获取,故暂不纳入本文的研究范围。

一、赛译本评价综述

赛译本是《水浒传》三大英译本中引发争议最多的一个,而且有意思的是,无论是针对作品本身还是赛珍珠的翻译策略,评论者意见褒贬不一。以译本语言风格为例,美国汉学家白之(Cyril Birch)在评价沙译本时曾间接批评赛译本的语言:"赛珍珠的《四海之内皆兄弟》,将《水浒传》部分地带给了西方。但是沙博理努力的成就要优秀三倍。他的中文知识,使这个译本更加准确;他的直截了当的易懂的英文,证明比赛珍珠模仿中国古文的难懂的话更加优美得体。"[④]欧文在承认赛译本是"迄今为止最认真、最完整"

---

① Pearl S. Buck Trans. All Men Are Brothers (Shui Hu Chuan). The Heritage Press, 1948. Jackson. J. H. Trans. Water Margin 2 Vols. The Commercial Press,1963.

② Sidney Shapiro. Trans. Outlaws of the Marsh. 3 Vols. Foreign Languages Press,1980.

③ 笔者曾就此问题求教丁丹麦学者 Cay Dollerup 博士,他也表达过类似的担心。

④ 沙博理:《我的中国》,宋蜀碧译,中国画报出版社,2006 年,第 266 页。

的译本①的同时,也批评了赛珍珠采用的古体语言风格,并称"由于她译风过直,不幸令小说神韵尽失,而此种神韵与作品的叙事技巧是密不可分的,让人只要读过原著就会爱不释手"。② 但同样是针对她的语言风格,我们也可以找到不少溢美之词,譬如赛译本出版之初,国内《中华月报》上就有人撰文盛赞其"以确切的词句"和"栩栩如生的笔法"使西方人领略到了这部"不易多得的杰作"的风采。③ 美国著名汉学家裴斐④也认为,"它(指《水浒传》——笔者注)的美穿透了翻译的面纱,哪怕是英语这样同汉语结构相去甚远、二者连大致对等都难以建立的语言,这种美也照样可以畅行无阻地进入",并称赞赛珍珠"本人就是一位艺术家,她不仅使作品充满了美感,而且尽力捕捉住了汉语语言独特的韵味。……在词语的选择、短语的锤炼以及句子的节奏与结构上,处处都体现了汉语意趣横生、甘美醇厚、细致简洁的风格。这本身就是一项令人惊叹的文学技能"。⑤

　　评论者从自身好恶出发对赛译本所做的评价自然是见仁见智的,不足以完全采信,否则面对众多龃龉之见必定无所适从。但不管对赛译本持何种态度,有两个事实却是研究者必须承认的:一是赛译本曾上过美国权威的"每月图书俱乐部"排行榜⑥,这是反映作品的文学价值与读者认可度的一个重要证据(以笔者的了解,沙译本与杰译本均未享受过这一殊荣);二是沙译本虽然在不少人(尤其是国内和国外华人研究者)看来翻译质量"更好一些",读者人数

---

① Richard G Irwin. The Evolution of a Chinese Novel:Shui-hu-chuan. Harvard University Press,1953:94.

② 同①:97.

③ 郭英剑:《赛珍珠评论集》,漓江出版社,1999 年,第 591 页。

④ Nathaniel Peffer. "A Splendid Pageant of the Chinese People:Rev. of All Men Are Brothers,trans. by Pearls. Buck". New York Herald Tribune Books,15 Oct. 1933:3.

⑤ 同④.

⑥ 龚放,王运来:《南大逸事》,辽海出版社,2000 年,第 230 - 231 页。

却并不比赛译本更多。① 由后者虽不能直接推出"赛译本更佳"这一论断,但至少可以说明在西方读者眼里赛译本并不逊色于沙译本,而且这一事实也间接提醒了我们:译本的优劣并无绝对的判定标准,不能简单地以翻译策略为唯一尺度,因为翻译策略本身就不是简单的道德评判可以解决的问题。事实上,20世纪30年代国内外关于赛译本的评论,大多针对的是作品本身及译者的选材和翻译行为,较少涉及微观翻译技巧与策略,正如廖康所言,"所有批评针对的都是小说本身,而不是她的翻译"。② 这也从另一个侧面印证了赛译本在时人眼里并非一部问题译作,其语言风格和文化传译的策略是得到了认可的。

国内对赛译本的评价从20世纪80年代开始转向译文本身,而且以微观技巧上的负面意见居多。根据马红军③的考证,自1981年钱歌川先生的《翻译的基本知识》起,"误译"说在坊间广泛传播达20年之久,"不能不说是译界的悲哀"④。李林波⑤分析赛译本在国内外迥然不同的反响时,解释了赛译本招致国内恶评的原因:"他们(指国内研究者——笔者注)站在英语语言和文化的角度上来做出判断,以阅读英语的惯性思维去衡量这个译本的'常规'与'出轨',以规范英语读物作为参照物,因此,赛珍珠这个以保留中国文化与语言的本来面目为目的的'异化'译本就显得'误译'百出。"这一局面在21世纪初虽然有所改观,但离彻底为赛译本"正名",显然还有不小的距离,其中实证研究就是一项烦琐但却十分重要、亟须加强的工作。

---

① Kang Liao. Pearl S. Buck:A Cultural Bridge Across the Pacific. Greenwood Press,1997:132.

② 同①。

③ 马红军:《为赛珍珠的"误译"正名》,《四川外语学院学报》,2003年第3期。

④ Richard G Irwin. The Evolution of a Chinese Novel:shui—hu—chucon. Harvard University press,1953:126.

⑤ 李林波:《对赛珍珠〈水浒传〉译本文化意义的再思》,《四川外语学院学报》,2004年第6期。

二、文学翻译中的陌生化及其句法表证

在讨论陌生化翻译及其表现形式之前,有必要对这一概念的外延做一简单界定。本文所探讨的陌生化翻译,是指译者通过有意识的努力,在译入语中创造出既不同于译出语规范,又有别于译入语原创文学风格的文本的过程。陌生化翻译的操作方式在某种程度上相当于波斯盖特①的"后瞻式翻译"(retrospective translation)和韦努蒂②的"异化/小众(少数)化翻译"(foreignizing/minoritizing translation),其结果/产品则类似于沙芙娜等人提出的"杂合文本"(hybridized text):"这种文本显示出一些对于目标文化来说有些'不正常/奇怪'的特点……一是保留原文中原文化的一些或所有特点,从而在目标文化中产生了一种新的文本类型;二是反映了与目标语规范相冲突的具体的(词汇、句法、风格等)文本特点。"③但陌生化翻译的范畴还不止于此。陌生化的译文除了异于译入语的语言文化规范之外,与译出语的规范也不尽相同,属于弗洛雷④所谓的"第三种语码"。不过由于长期以来人们想当然地认为译文理应不同于原文,也由于后殖民语境下人们关注更多的是彰显少数族裔/弱势文化的身份、"反抗英语的全球霸权地位"⑤,陌生化翻译颠覆(非中心地位的)译出语语言及文学规范的可能性被有意无意地忽略了。这也是一个值得反思的现象。但陌生化翻译作为译者

---

① Postgate, J. P. Translation and Translations: Theory and Practice. London: G. Bell & Sons, Ltd., 1922.

② Lawrence Venuti. The Translator's Invisibility: A History of Translation. Routledge, 1995.

③ 韩子满:《文学翻译杂合研究》,上海译文出版社,2005年,第15－16页。

④ William Frawley. "Prolegomenon to a Theory of Translation". In Venuti, Lawrence (ed.), The Translation Studies Reader. Routledge, 2000:257.

⑤ Lawrence Venuti. The Translator's Invisibility: A History of Translation. Routledge, 1998:10.

打破译入语常规、挑战后者诗学规范的尝试,对于后殖民语境下处于边缘位置的语言文化来说,其文化与政治上的积极意义还是主要的。陌生化翻译在文学翻译史上并非孤立的现象,其表征与动因也多种多样,简单地将陌生化译文打入道德冷宫本身就值得商榷,将"责任"完全推至译者就更是有失公允。因此,我们提倡以历史的态度对这一现象进行系统的研究:一方面,通过译文语料统计和分析,获取陌生化翻译的证据;另一方面,全面考察译者所处时代两种语言文化的强弱对比、译者的个人经历及由此形成的语言文化观、翻译过程中的促进性或干扰性外因等,探索陌生化翻译的原因或启示意义。

文学作品是人类语言最为凝练的产物,其主题的确立与风格的构建,无不倚仗语言这一重要的平台。而句子作为构筑意义的基本语言单位之一,与风格的关系则恰如商标之于商品,是区别一位作家或一部作品的重要标志,因而也是文学翻译中判定原作风格是否成功传译的一个重要指标,诚如傅雷先生所言,"风格的传达,除了句法以外,就没有别的方法可以传达"。① 因此,文学翻译中的陌生化首先就体现于句式的陌生化。根据笔者对赛译《水浒传》楔子和第一回内容的取样调查,其句法特征的陌生化主要表现如下。为方便对照及讨论,沙译本与杰译本的对应部分一并列出。

(一)陌生化表征一:并列句式

汉语作为一门竹式结构的语言,同英语树式结构的最大区别就在于它既不存在一个主干结构,也没有主干和枝杈之分。② 换言之,汉语的句子结构是以语义散列和层层推进为特点的,言尽则意

---

① 傅雷:《"致林以亮论翻译书"》,刘靖之主编《翻译论集》,香港三联书店,1981 年,第 70 – 74 页。
② 潘文国:《汉英语对比纲要》,北京语言文化大学出版社,2002 年,第 202 页。

尽(反之亦然),并无相对于"主干"成分而言不重要的"枝丫"。这就意味着并列句是汉语造句的首选句式。我们的调查显示,赛译本在多数情况下保持了原文的这一句法特征,从而向习惯于树式结构的英语读者展示了一种略显陌生但却是原文常用的造句法:

(1)那时西岳华山有个陈抟处士,是个道高有德之人,能辨风云气色。(楔子)

(1a) At that time there was a very virtuous and learned man named Chen Tuan living on the Western Sacred Mountain, Hwa Shan, and he could foreknow the weather. (Jackson,1963:xvi)

(1b) At that time on Huashan, the West Sacred Mountain, lived a Taoist hermit named Chen Tuan. A virtuous man, he could foretell the future by the weather. (Shapiro,1980:2)

(1c) Now at the great Western Mountain Hua there was a certain Ch'en T'uan, who was a Taoist hermit. He was a man of deep religion and of great virtue and he could divine the winds and the clouds. (Buck,1948:3)

原文由三个子句组成,其中后两个并列句从语义上是说明第一个子句的主体"陈抟处士"的。整体安排上,只有(1a)将第二句处理成短语前置定语,从而打破了原文的顺序,(1b)和(1c)除了一处断句之外,语序上均未做改变。但(1b)对后两者采取了一主一次的安排,而(1c)则采用了并列句。事实上,原文的后两句都是描述主体特征的,孰重孰轻很难确定。按(1b)的处理办法,我们也完全可以这样来译:"He was a virtuous man, capable of foretelling the future by the weather."但到底哪一个更"正确"?似乎难有定论。(1c)采用原文那样的并列句应该也是有一定道理的。

　　另外,原文的主体"陈抟处士"出现在第一个子句的末尾,这一点三位译者都注意到了,因而(1a)和(1c)采用"there be"结构、(1b)采用倒装,均保留了原文的顺序。但在主体本身的重心处理上则出现了分歧:(1a)和(1b)不约而同地按照英语的习惯,把"处士"放在了中心位置,其后以分词短语引出姓名;唯独(1c)反其道而行之,将姓名作为中心词,"Taoist hermit"反而成了从属成分。这里就牵涉英、汉语在同一性定语和中心语关系的表述方式上的差异:英语一般只有一种表达,而汉语有两种,语序不同则侧重点不同(如"陈抟处士"强调"陈抟"这个人,"处士陈抟"则强调"处士"的身份/职务)。① (1a)与(1b)如果译回汉语应为"处士陈抟",这就改变了原文的信息重心。而(1c)的陌生化表达方式,也说明了译者对汉语语序及其所反映的信息结构细微差别的敏锐洞察。

　　但同时我们也注意到,(1c)为了照顾原文的这种并列句式而多用了一个代词"he"和一个连词"and"(这一现象在赛译本中十分普遍),而这些恰恰是原文所没有的。后者无可指摘,因为它是英语并列句在形式上的要求,但人称代词(尤其是第三人称代词)的使用无论在古代汉语还是现代汉语中都是受到限制和排斥的②,译文中过多出现这样的重复代词,即便对原文来说也是"陌生"的。这样做虽然可以帮助英语读者领略汉语对重复的偏好,但另一方面却难免会使其形成"汉语人称代词使用与英语并无差别"的错觉。

　　(2) 洪太尉看时,另外一所殿宇:一遭都是捣椒红泥墙,正面两扇朱红格子;<u>门上使着胳膊大锁锁着,交叉上面贴着十数道封皮,封皮上又是重重迭迭使着朱印</u>;檐前

---

① 潘文国:《汉英语对比纲要》,北京语言文化大学出版社,2002 年,第 261 页。
② 同①,第 349 页。

一面朱红漆金字牌额,上书四个金字,写道:"伏魔之殿。"
(楔子)

(2a) One of these attracted Hung's attention. It was
surrounded by a red mud wall; the entrance had a large red
door with two leaves which were fastened by a very big lock.
There were about ten strips of paper sealing the door, and
these were all stamped with red seals; above the door was a
board with four gilt characters, "The Subdued Fiends Hall."
(Jackson, 1963: xxi)

(2b) There he observed a building with walls as red as
peppers, and vermilion-colored lattice-work on its two front
windows. A lock as thick as a man's arm clamped together its
double doors. A dozen strips of paper, pasted across the
crack where the doors met, were stamped with innumerable
red seals. Beneath the front eaves was a red plaque inscribed
with letters of gold, reading: "Suppression of Demons Hall."
(Shapiro, 1980: 10 – 11)

(2c) ... and when the Commander looked about there
was yet another temple separate from the others and its walls
were red as peppers. At the front of it were two vermilion
windows and upon the doors were great locks as long as a
man's arm and these held fast the doors. The doors were
sealed with many paper strips and upon these papers were
stamped many scarlet seals. Under the eaves was hung a red
horizontal tablet written in letters of gold, and there were four
gold letters which said, "Hall Of The Subjugated Magic
Devils." (Buck, 1948: 8 – 9)

原文下划线部分的三个子句,前两者话题均为"门",到第三句才转至"封皮"。① (2a)与(2b)至第二句时,出于同第三句衔接的考虑,均提前将主语转移到了"封皮"上。其中(2b)甚至连第一句的主语也不是"门",而是"锁";后两句的处理上,(2a)通过主次安排,突出了第三句,但却破坏了原文竹式结构并列推进的句法特征,而且导致原文的信息重心也发生了改变。(如果译回汉语就成了:"胳膊大锁锁着两扇门。交叉贴于门缝上的十数道封皮上,盖着重重叠叠的朱印。"其中第二句成了附属成分,不知理据何在?)而(2c)显然是考虑到了原文的话题位置的,因而第一、三句采用状语前置,第二句则直接以"门"为主语,保留了原文的话题结构。傅雷在谈及外译汉的句法问题时说过:"在最大限度内我们是要保持原文句法的,但无论如何要叫人觉得尽管句法新奇而仍不失为中文。这一点当然不是容易做得到的,而且要译者的 taste 极高才有这种判断力。"②此处(2c)尽管在微观层面上尚有可商榷之处(如"胳膊大锁"的翻译等),但其为保持原文句法特征所做的努力,却值得我们研究和学习。

(二) 陌生化表征二:语序及主体变换

汉语不像英语那样有严格的形式要求,特别是主谓之间并无一致性的限制,这就为汉语句式的开放性提供了基础,使汉语句子在语序上灵活多样,主体亦可频繁变换而不显累赘。但语序和主

---

① 作为一种"话题—说明"型语言,汉语句子的"主语"种类远远多于英语,其中很多在英语里是不可能充当主语的,而只能处理成状语(如本例的"门上""上面"和"封皮上"在汉语里即属地点主语)。因此我们采用"话题"这一范畴更广的语义型概念,来统指汉语句子中与英语主语居于同等地位的成分。有关汉语主语的语义类型,参见潘文国:《汉英语对比纲要》,北京语言文化大学出版社,2002 年,第 211－212 页。

② 傅雷:《"致林以亮论翻译书"》,刘靖之主编《翻译论集》,香港三联书店,1981 年,第70－74 页。

体的变换并非无章可循,而是受汉语深层语义机制的支配。也就是说,前者的任何细微变化都会带来语义上的不同。"我用这把刀切肉""这把刀我用来切肉"及"切肉我用这把刀"等①,其侧重点——亦即话题——明显是不一样的。以下例(3)和例(4)分别反映了汉语语序和主体变换上的典型特点。

(3) 又行不到三五十步,掇着肩气喘,只见山凹里起一阵风。风过处,向那松树背后奔雷也似吼一声,扑地跳出一个吊睛白额锦毛大虫来。(楔子)

(3a) He struggled on for about fifty paces more, but was now panting for breath. A strong gust of wind blew down the ravine, and roared through the pines. Just then he saw a tiger rush out from the trees. (Jackson, 1963: xix)

(3b) He was panting hard, his shoulders heaving, before he had gone another fifty paces. A strong wind blew through the hollow. When it had passed, a roar thundered from behind the pines and out leaped a huge tiger, with bulging eyes, a white forehead and striped fur. (Shapiro, 1980:7)

(3c) He had gone but thirty or fifty paces more and his shoulders were heaving with his panting when suddenly between two mountains he saw a great wind rise. When this wind had passed there came after it a great noise like the clap of mighty thunder from behind the pine trees and there leaped out suddenly a white-browed, slant-eyed, many-hued tiger. (Buck, 1948:6 – 7)

---

① 潘文国:《汉英语对比纲要》,北京语言文化大学出版社,2002 年,第 265 – 266 页。

原文第二句从"风"到"松树"再到"大虫"，符合汉语时空上的逻辑（由先而后、由大而小），但却刻意违背了汉语里更为重要的心理重轻律（即"重要的先说"），将全句的核心"大虫"放到了最末尾。这是中国古代说书艺术中惯用的手法之一，意在制造悬念，紧紧抓住听众的注意力，同时也说明汉语在主体位置上具有很强的灵活性。三个译文中，（3b）将原文描写老虎特征的前置定语处理成了后置定语，在结构上应该说是比较符合英语习惯的，但这样一来主体的相对位置就发生了变化，不可能再有原文那种悬念效果了；（3a）则不但未考虑主体的位置，而且连老虎的特征也不见了，语义和神采均与原文相去甚远。只有（3c）充分考虑并依次再现了原文的这种顺序；尤其是后一句，"there be"结构与句子主语"tiger"之间插入了一个副词和三个复合定语形容词，使二者遥遥相隔，似乎首尾难以相顾。表面看来译文的句式结构显得累赘，不太符合英语常用的造句规范，但正是这种陌生化的句法特征才使原文的悬念效果得到了最大限度的保留和传达。

另外我们注意到，原文的"只见"（3a）和（3b）均未译出，只有（3c）按字面译成了"he saw"。从常识上来说，风是不可能看到的，但"只见"是原作里常用的一个词，其含义并不限于视觉，有时候还用于其他感官（如听觉）描写。现代汉语里常见的表达如"说说看"（而非"说说听"，但有"说来看看/听听"），证明汉语的"看"或"见"有时并不专指视觉。根据笔者的统计，《水浒传》的楔子和第一回里总共使用了21个"只见"，其中纯指视觉的14个，视觉听觉混合型和其他感觉类的（如本例）共7个。显然赛珍珠是注意到了原文这个词语的频频出现及它所带来的生动效果的。从她对其他"只见"的处理来看，也印证了她的陌生化表达是一种刻意的选择。

（4）这两个贤臣出来辅佐这朝皇帝，在位四十二年，改了九个年号。（楔子）

(4a) These two worthy ministers assisted the Emperor Jen Tsung for forty-two years. (Jackson,1963:xvii)

(4b) With the help of these two ministers, Ren Zong ruled as emperor for forty-two years, in the course of which he gave special names to nine periods of his reign. (Shapiro, 1980:3)

(4c) These two great statesmen came forth and they supported this Emperor and he reigned for forty and two years, and nine times he changed the names of the years. (Buck,1948:4)

潘文国①在讨论英汉语树式和竹式结构的差异时曾提及,句内主体变换对英语而言十分麻烦,但对汉语来说却很简便。从本例我们同样也可以看到汉语的这一句法特征:刚开始时主语是"贤臣",却在不经意间转到"皇帝"上去了。(4a)与(4b)均未顾及原文主体的这种转变,一个选择"贤臣"作为全句的主语(导致第三个子句无法处理,只好略去),另一个则选择了"皇帝"。整句处理上,(4b)是典型的树式结构的英语句子,有主有次,但如果仔细斟酌原文就能看出问题:"在位四十二年"和"改了九个年号"在汉语读者看来,恐怕还是后者更能吸引注意力。这就意味着(4b)虽然通顺流畅,却很可能改变了原文的信息重心。相比之下,(4c)的并列简单句和随原文变换的主体更能体现汉语的风格,尤其是最后一句的"nine times"置于句首,有效地保留了原文的整体语义重心。

(三) 陌生化表征三:句子节奏

节奏是语言在音律方面的重要特征和表现。句子的节奏来

---

① 潘文国:《汉英语对比纲要》,北京语言文化大学出版社,2002年,第207-208页。

源于语言基本单位,即字或词的音韵动力。汉字音节极强的孤立性,使得汉语在句法层面也表现出明显的骈偶与对仗风格,中国古代的骈文、诗词、散文、对联、章回小说等文学体裁,句式特征无不如此。相对于散行句式(如大多数英语句子),骈偶句式除了将汉语形式上的工整发挥到了极致之外,最主要的贡献就是使句子节奏感非常明显。尽管以散行见长的英语句子也有自己的节奏特点,但比起汉语句子这种强烈的节奏感来,恐怕就稍逊一筹了。

(5) 看了史进,头戴一字巾,身披朱红甲;上穿青锦袄,下着抹绿靴;腰系皮搭膊,前后铁掩心;一张弓,一壶箭,手里拿一把三尖两刃四窍八环刀。(第一回)

(5a) Shih Chin wore a towel round his head and was equipped with red mail over an embroidered black wadded coat. On his feet were embroidered green boots and round his waist a leather belt. In front and behind were round metal plates. He carried a bow with quiver full of arrows. In his hand he held a double-edged sword with three-sharp spikes at the end and four holes with eight rings attached. (Jackson, 1963:15)

(5b) They found Shi Jin wearing a ridged turban, a vermilion coat of mail, iron breastplate and backpiece, an embroidered black robe, green boots and a leather belt. He had a bow and a quiver of arrows, and he grasped a three-pointed double-edged sword with four holes and eight rings. (Shapiro, 1980:34 – 35)

(5c) There they saw Shih Chin wearing a wide gold cap on his head and on his body a war garment of vermilion and over this a blue wadded silk robe and on his feet a pair of green boots and around his waist a leather belt. Front and back he had iron plates for shields. On his person he had hung a bow and a quiver of arrows and in his hand was a three-pointed, double-edged, four-holed sword with four links of chain for rattles. (Buck,1948:22)

这是《水浒传》描写人物特征时常见的一种句式,既有诗的韵味,又有词的灵动。全句节奏明快,读来琅琅上口,一气呵成。三个译本中,(5a)断句过多,虽不能说佶屈,却难免期期艾艾,未能再现原文行云流水般的句式风格;(5b)以一个动词统御所有衣饰名词,语法和意义上均无问题,但略去原文的"头""身""上""下""腰""前后"这些表示身体部位的词语之后,译文便成了名词的简单堆砌,平淡而无生气。而赛珍珠童年时期在中国镇江听艺人说书的体验,使她能深刻领会原文这种铿锵流畅的句法格调(尤其是从说书人口里朗诵出来的效果),因此(5c)前五句一口气用了四个"and"连接,中间未做任何标点停顿;至第六句"前后铁掩心",大约是出于原文句式发生改变(未用动词)的考虑,才进行断句处理。考察(5c)对整句的处理,除第一句"头戴一字巾"是把"on his head"放在末尾(这也是英语行文的需要)之外,其余各句表身体部位的词语均置于句首,与原文如出一辙。姑且不论以上这些做法能否完全获得英语读者的认同,赛珍珠对原文句子节奏的把握及再现此种句法特征的努力,却是我们必须承认的事实。

当然,(5c)微观层面的瑕疵也不难发现,例如"前后铁掩心"的译文,"Front and back"放在句首似有语法问题:"front"不能用作副词,而"back"做副词是"向后"之意;二者做名词解似乎也说不通;看来只能做形容词了,可以理解为"He had front and back iron plates for shields. "的倒装,但英语形容词可以前置的只有表语形容词,鲜见定语形容词前置的例子。故笔者认为,此处赛译可能系"On his front and back he had iron plates for shields. "之误。此外还有"八环刀"的译法,赛译与杰译、沙译存在出入,疑系龙墨芗先生阐释之误,等等。但这些都不属于本文关注的句法特征的范畴,因此不予展开讨论。

至此,我们从译本句法特征的抽样调查中获得了两个重要的、同时也是相反的发现:一方面,赛珍珠对汉语作为"话题—说明"型语言的句法特征十分熟悉并推崇,这一点从她译序中所持"汉语的风格最适合这部作品的题材"①的观点中也可得到旁证。因此,她在翻译中坚持原文"话题先行"的造句顺序和层层推进的竹式结构,通过并列句的频繁使用、主体位置及其变换同原文保持一致、句子节奏的再现等手段,以"句法新奇而仍不失为英文"的译文,为英语读者带来了超越其期待视野的阅读体验。而且这种句法上的忠实也使译文在信息结构和重心上与原文保持了较高程度的一致,使读者在领略异域语言之美的同时不致偏离其中心语义。但另一方面,赛译为帮助英语读者了解汉语对重复句式的偏爱而过多地采用了原文很少使用的第三人称代词,反而导致译文在句法特征上偏离了原文。同为陌生化翻译的表征,前者是赛译本句法处理方面的主要特征和价值所在,也是后殖民语境下翻译理论所积极研究和倡导的做法;后者虽然基本属于词语层面的瑕疵,但与句法密切相关,而且也涉及英汉语之间一个重要的区别性特征,特别是,它可能反映译者主体性内在的矛盾,即译者所宣扬的理念与其实际操作之间并非总是一致的。陌生化翻译的这种两面性集于赛译本一身,本身就有着重要的翻译伦理意义和学术研究价值。

---

① Pearl S. Buck Trans. All Men Are Brothers(Shui Hu Chuan)﹒ The Heritage Press,1948;xxi.

三、译者主体的权力与责任：基于翻译伦理的讨论

译者的权力与责任是译者主体性研究关注的一个重要话题。20世纪下半叶的翻译研究，在经历了由静态文本研究（语言学派）到外部因素研究（系统理论和文化理论）的演变之后，开始将目光投向译者这一翻译过程中最重要的主体的行为。这是因为越来越多的研究者已经认识到前两者均忽略了对译者主体的描述与研究，使翻译研究不可避免地走向孤立与片面。对译者主体的权力与责任进行系统的研究，既离不开译本分析和翻译外部因素阐释这两个重要的基础，又应当具备超越这两者之外的研究视野，因为译者主体性虽然以文本为表现形式，与翻译的外部权力话语也息息相关，但译者的主体选择和行为却更多的是一个翻译伦理的问题，涉及译者的价值取向（亦即"忠实"于何者）、对两种语言文化的尊重程度及对翻译的性质、功能和方法的认识，等等。

但纵观西方翻译史，译者主体在很长一段时期里都是备受压制的，从早期宗教翻译要求译文与原文亦步亦趋、字字对应，到近代通顺翻译观确立译入语规范的中心地位，译者一直都处在各种外部力量的支配和影响之下，实际上并无权力可言。到了20世纪，解构主义从文本意义的消解出发，间接地为译者主体的解放提供了契机。后者在摆脱了权力政治和意识形态等外部力量的限制之后，其个人的权力便更多地与其作为翻译主体的责任连成一体，成为翻译伦理关注的内容。也就是说，在译者不再需要为所谓的"误译"承担政治乃至人身的风险之后，其翻译行为的动机及约束力便主要来自主体自身的价值取向和对翻译的理解等内在因素了。因而，无论是以译入语为中心的通顺翻译、以译出语为中心的"异化"翻译，还是"杂合"式的陌生化翻译，都是译者主体权力意志

的体现,也从一定程度上反映了不同译者面对语言文化的不平等所承担的不同的历史与文化责任。

从翻译伦理的角度考量译者的翻译行为,就不可避免地要面对译者主体的权力与责任该如何界定的问题。20 世纪之前的译者由于普遍地位低下,其权力与责任的界定并无太多争议;但随着译者主体的解放,外部因素对译者行为的制约力已明显减弱,这一问题就变得复杂化了。阿普特在批评近现代翻译史上的伪翻译(pseudotranslation)现象时一针见血地指出:“翻译所隐含的道德规范是以读者和译者间的契约为前提的,依据契约,前者通常假定后者会真心实意地努力传达原作的真实文本。(然而译者却)违反了这一契约……所有译者在某种程度上都是冒牌的艺术家和语气、风格方面的造假专家。”①阿普特对 19 世纪末法国译者 Pierre Louÿs 和战后美国译者王红公(Kenneth Rexroth)假托翻译之名推出的自创诗集②进行辨伪之后所说的这番话,至少说明了外部约束的缺位可以导致译者主体的权力与责任失衡,从而使其背离基本的翻译道德,上演翻译史上的“丑闻”。

当然,由于“真实文本”(authentic copy,或译“权威文本”)的界定本身就具有时代性,因此我们在评价译者的行为时,不能只着眼于孤立的文本研究并据此得出武断的评判,而应结合译者的价值取向与翻译观、翻译的时代背景及其跨文化交际意义等因素进行分析。既然翻译有着与生俱来的叛逆/颠覆性,它背叛/颠覆的是译出语还是译入语就不应成为翻译研究关注的重点,因为不同的时代有不同的翻译伦理规范,任何翻译在特定的历史情境下都可

---

① Emily Apter. “Translation with No Original: Scandals of Textual Reproduction”. In Bermann, Sandra, and Michael Wood(eds.), Nation, Language, and the Ethics of Translation. Princeton University Press, 2005:167.

② 同①:162 – 167.

能是原作最真实的文本。相比较而言,更有价值的应当是译者的这种选择性叛逆/颠覆的主客观诱因及启示意义,尤其是当译者在历史和文化责任感的驱使下采取与通行的翻译规范相抵触的翻译策略时,其行为就更具翻译伦理意义。

以上文本调查已经证实,《水浒传》赛译本和沙译本在翻译策略上形成了鲜明的对照。我们可以对两者所反映的翻译伦理问题做一简单分析。从译者的个人背景来说,赛珍珠和沙博理都精通汉语且在中国生活过多年,这一点应无争议。但赛珍珠一生的前40年大部分在中国度过,尤其是童年时期受汉语熏陶先于英语,因而可说是以母语习得汉语的;而沙博理正好相反,20世纪40年代末他(成年之后)才开始在中国生活,汉语只能算他的第二语言。这种个人经历上的差异,直接导致了二者对待《水浒传》原作语言风格的迥然不同的态度,尽管两人对原著作为文学经典的价值和地位均推崇有加。由上述分析我们知道,赛译虽然在某些方面既不同于汉语又有别于英语(如第三人称代词的滥用等),属于典型的陌生化翻译,但句法特征上大部分还是尊重汉语原文的,正如她在译序中所言,"我尽可能地采取了直译,因为我觉得汉语的风格最适合这部作品的题材,我唯一要做的就是尽我所能使译文读起来像汉语,因为我希望让不懂这门语言的读者至少能恍然觉得自己在阅读原著"。① 可见赛珍珠高度重视原作的语言特征,而且将在译文中保持此种特征看成译者应尽的责任。与赛氏"尽可能地直译""使译文读起来像汉语"的做法形成对照的是,沙博理的译文在句法特征上完全符合英语的造句规范,属于典型的通顺翻译。他在译序中明确表示:"我们尽可能忠实于(原作的)内容,即便此

① Pearl S. Buck Trans. All Men Are Brothers(Shui Hu Chuan). The Heritage Press,1948:xxi.

种忠实导致事实上的不准确也在所不惜"①;由于"宋时的口头语同中国许多地方至今仍可听到的语言有些相似",因而他认为译语的风格应"以浅近的、既不过于尖锐也不过分俚俗化的英语为宜"。②这就表明了他与赛珍珠在翻译的侧重面上是不同的,一个重语言风格,一个重内容。沙氏对待汉语语言的态度,还可以从他明确赞成汉语书写拼音化(即采用拉丁字母拼写形式取代方块字)的观点中得到旁证。他认为汉字对普通人学习读写"是一个障碍",因为"至少需要认识 2000 个字才能读报,稍微复杂一些的材料就需要认识 3000 或 4000 个单字",而这是一般人难以做到的③;他批评那些坚持保留汉字形态的人是"老卫道者""因循守旧的铁杆分子"④汉字的形式是否应予以保留,是国内汉语界曾经争论不休的一个话题,原非本文关注的内容,但由沙氏观点可以看出,他对汉语语言的态度远不如赛珍珠那样推崇,因而他的译文在句式风格上走归化的道路,也就是顺理成章的结果了。当然,归化也好,异化(乃至陌生化)也罢,都是译者的权力,本身无可厚非,但从翻译伦理的角度来审视两位译者的行为,我们更应看到赛珍珠作为翻译主体的历史与文化责任感及挑战译入语(英语)强势规范的勇气。尤其是在对翻译的政治权力话语的关注还远未进入人们的视野之前,能有如此见地与精神,实属难能可贵。

四、结语

贝尔曼⑤指出,好的翻译应当"去神秘化"(demystifying,或译

---

① Sidney Shapiro. Trans. Outlaws of the Marsh. 3 Vols. Foreign Languages Press,1980:viii.

② 同①:viii – ix.

③ 沙博理:《我的中国》,宋蜀碧译,中国画报出版社,2006 年,第 281 页。

④ 同③,第 281 – 283 页。

⑤ Lawrence Venuti. The Translator's Invisibility:A History of Translation. Routledge,1995:11.

"祛昧"),亦即能以自身独特的语言风格让人们了解异域文本的陌生性(foreignness)。在英语日益成为全球语言、其影响已危及其他弱势语言文化生存的今天,从边缘文化译入中心文化的过程中采取陌生化的翻译策略,其最大的价值就在于可以通过异质话语的输入,彰显边缘语言文化的身份,从而打破译入语的主流规范,改变其内部稳定单一的权力关系。从长远看,这对保持英语语言文化的活力也不无裨益,因为当前英语已成为全世界译出最多的语言和译入最少的语言之一①,也需要吸纳异域语言和文化的精髓来维持自身的活力。赛珍珠以一个强势文化译者的身份,能在70多年前那种文化交流向西方一边倒的历史时期推出一部语言风格对西方读者来说如此陌生的译作来,足见其作为译者的强烈的责任感、非凡的胆识和超前于时代的文化与翻译观。赛译本让后殖民语境下的译者更清楚地看到了自身权力与责任的限度,为后世的译者树立了一座翻译伦理的丰碑。

---

① Lawrence Venuti. The Translator's Invisibility:A History of Translation. Routledge,1995:12 – 14.

赛珍珠:童年与成年之中的宗教影响

[美]埃德加·鲁萨

三岁时,我想在沙箱里打一个通向中国的洞。这个洞足足有十五厘米深。我此次参加的研讨赛珍珠活动成为连接东西方的一座桥梁,非常具有启发与挑战意义,我也由此实现了童年的梦想。

我坚信赛珍珠是东西方相互沟通交流的一个见证人。她的作品使我们坚信文学能够表达宗教机构所不能表达的宗教与人类情感。通过收养无人愿意收养的混血孩子,满足他们的特别需求,赛珍珠强调了人生的真正价值。而后人们要做的正是继承和维护她的精神遗产。

赛珍珠出生于西弗吉尼亚州希尔斯伯勒的一个长老会传教士家庭,不到六个月就随父母来到了中国。在其最早的写作中,她告诉读者,她的长兄来到中国是为了向中国人介绍耶稣。她的另一个弟弟克莱德四岁夭亡,让她悲伤不已。她相信四岁的弟弟在天堂很安全,天堂是一个基督徒最好的归宿。受父母与她的塾师孔先生的教诲,她非常看重家庭。她谈论耶稣的方式和我在主日学校从一位热爱孩子的老师那里所了解的一模一样。

西方文化中,天堂是人死之后与上帝团聚的地方;在东方,它是统治宇宙一切的宏大体系。汉语中与"天堂"对等的字"天"的字面意思是"蓝色的苍穹"。赛珍珠写了小说《天下一家》(*All Under Heaven Are One Family*)。

在其父亲传记《战斗的天使》(*Fighting Angel*)中,赛珍珠告诉我们她儿时非常害怕父亲与其他传教士。她生活在自己的空间中———一个没有上帝的花园。

一次，父亲不在时，她没有祷告就上床睡觉了。她害怕黑夜，因为上帝仿佛就是镶在其中、洞察一切的眼睛。这是否可以说明为什么她在作品中经常描述人物的眼睛？让她惊讶的是，她早上醒来后非常安全，因此再也不那么害怕父亲了。我认为，赛珍珠将父亲与上帝混淆起来，丰富的想象力使她忘记只有一个上帝。

赛珍珠有个保姆叫作王妈，她星期天会去参加教堂的礼拜，但一周的其他时间王妈会带她去寺庙烧香拜佛。赛珍珠认为佛寺比教堂占上风，因为可以去佛寺参拜的时间比去教堂多了许多。

1900 年，赛珍珠的父母趁探亲假带她去位于西弗吉尼亚的外婆家做客。这时，中国正值义和团运动，她的表姐将要加入希尔斯伯勒的长老会。赛珍珠很想一起入教。她能回答父亲提出的那些关于耶稣的问题吗？母亲也非常犹豫，担心她年龄不够。她还是参加了那个教会，尽管后来发现自己并不喜欢。她每次都快步走到教堂前边，表姐几乎无法跟上。

为了做大学入学准备，她进入了位于上海的朱厄尔小姐开办的寄宿学校。当朱厄尔发现赛珍珠认为儒家思想与基督教思想同等，她将赛珍珠单独安置在一个房间中，这样她就不会影响别的学生。赛珍珠并不在乎，因为这样她可以在熄灯之后不受任何打扰地继续阅读，她从窗户能看到一个葡萄牙家庭，这让她能看到外面的世界。母亲发现她在上海的一切之后，一月份没有再把她送回那所学校。

赛珍珠接受各路神祇，尤其是慈悲、善良、优雅、美丽的观音。在她看来，圣母玛利亚是观音的妹妹。约瑟夫受骗是因为他在主日学校用的图片中靠边站。赛珍珠从孔先生那里学到的最重要的教诲就是：不能因为追求幸福而与邻居疏离。在赛珍珠的大学岁月里,她在基督教青年会中做志愿者,而且还参加一些非常好的圣经班。

大学毕业之后,赛珍珠回到中国照顾生病的母亲。20世纪30年代,赛珍珠在一次美国纽约举行的传教士大会中抨击传教工作。她的所有书都会多少提到信教的人或宗教思想。到了晚年,她已脱离了宗教与任何组织。

以下是对她作品的一些简短评论。《东风·西风》揭示了小说人物对佛教诸神的敬畏之情。《战斗的天使》的副标题是"一幅灵魂的肖像",这是她父亲的传记。赛珍珠公开反对父亲的观点,不认为唯一真正的基督上帝高于并统治其他众神的信条。在《永远长不大的孩子》中,赛珍珠描写了一位母亲对自己有先天发育障碍的孩子卡罗尔·格雷丝·布克无私的爱,以及她如何为孩子找到了一个家。

有时,她的作品标题体现了宗教信仰的影响。《来吧,亲爱的》的书名就来源于犹太基督教《圣经》之中的《所罗门之歌》。在书的扉页,她引用了第七章的诗句:"来吧,亲爱的,让我们去田野中,让我们住在村庄里。"第三代传教士泰德(Ted)就与妻子路德住在乡村里。书中,她还引用了印度诗圣图卡茹阿姆(Tukaram)的诗句:"他对众生显示仁慈,他赐予众生平等的爱。"《牡丹》(Peony)一书则讲述了在中国的犹太人社区发生的故事。

1966年,赛珍珠出版了一本书,描写在朝鲜一座桥下寄居的无家可归的儿童。书名与孩子的名字都取自《圣经·新约》的福音书:马修、马克、卢克与约翰。赛珍珠写了一篇名为《店里无房》的文章,其中引用了关于耶稣出生的故事。她认为爱德华·R.默罗的一本书中,把孩子比作一株生长的植物。如果植物长在石头之下,那么会在生长过程中将石头移开,帮助孩子就如同帮助石头之下的植物,我们要"让石头滚开"。当然,"让石头滚开"引自庆祝耶稣复活的复活节。

在生命最后的岁月，她发表了一本适合任何年龄段儿童，同时既适合有宗教信仰者，也适合没有宗教信仰者阅读的书，书中有 72 个有关犹太教与基督教的圣经故事。在《群芳亭》中，"爱邻如同爱己"作为信仰得以确定。这句话出自犹太教和基督教《圣经》的《利未记》，赛珍珠在书中做了详细阐释。

赛珍珠从不附和任何信条，然而，她的写作中展示出宗教对人类灵魂的塑造意义，展示出一种引导我们认识宗教与人类最深情感的精神动力。

在宾夕法尼亚州赛珍珠的故居中，饭厅中有两个中式紫檀木椅，椅子中间是一个宾夕法尼亚式家具。我走着向来访者介绍，这体现了赛珍珠的理想——成为连接东西方的桥梁与纽带。

（朱骅 译）

附录

附录 I   2015 中国镇江赛珍珠国际学术研讨会会议小结

蔡文俊

尊敬的各位专家,女士们、先生们:

历时半天的赛珍珠国际学术研讨会,在与会专家、学者、代表们的共同努力下,圆满完成了各项议程,取得了丰硕的成果。

此次研讨会,我们共收到大会主旨发言论文及提要 68 篇,其中美国赛珍珠国际等提供的英文稿 10 篇,国内论文 58 篇,充分反映了专家、学者们的研究热情和为此付出的辛苦劳动。

综观本次研讨会,我感到有以下几个鲜明特点:

第一,赛珍珠与中国抗战的题材占了较大的比重。本次研讨会的召开,适逢纪念中国抗战胜利 70 周年。专家、学者们紧紧围绕这一主题展开深入的挖掘和研究,其中研究抗战小说《龙子》《爱国者》的论文多达 23 篇,占国内论文总数的 40%,充分展现了赛珍珠在她所处年代,旗帜鲜明的人文正义立场和对中国人民抗日给予同情、支持的大义深情。

第二,对赛珍珠的研究正在逐步向更高层次和更广领域发展。无论是今天上午陆建德、郭英剑、姚君伟三位专家在大会上的主旨发言,还是今天下午 11 位中外学者的精彩演讲,都从不同的角度,致力于东西方优秀文化的传承、碰撞和融合,探索新领域、发掘新材料、运用新方法、展示新观点,为我们进一步拓展了发现赛珍珠、理解赛珍珠、研究赛珍珠、阐释赛珍珠的广阔视野。如通过对赛珍珠和中国抗战的史实研究,进一步了解赛珍珠对中国抗战所做的贡献,有专家呼吁对赛珍珠评价国家层面的表达;又如通过对其作品的深入研究,有的专家提出了"赛珍珠一生多方面成就"的议题;再如姚锡佩研究员通过对赛珍珠1938年对中国人民的一封公开信、重要国际人物与赛珍珠通信原件的展示及演讲,给我们带来了新的惊喜。还有我市裴伟、周小英、张正欣三位学者,历时五年撰写并出版了《寻绎赛珍珠的中国故乡》这一专著,不仅是本次研讨会的献礼之作,也是对全国赛珍珠研究方面的一大贡献。

第三,一批新人加入赛珍珠研究队伍。本次研讨会,我们高兴地看到:刘海平、王逢振、张恩和、姚锡佩等几位老专家,身体健康,思想活跃,不断有新的研究成果问世,起到了楷模榜样的作用。同时让我们感到欣慰的是,越来越多的年轻同志逐步加入,尤其是一批"80后""90后"大学生、硕士生、博士生也积极参与,给我们的赛珍珠研究工作带来了新的气象,使我们的研究队伍充满了生机与活力。

第四,为赛珍珠研究者提供了新的文献资源平台。江苏大学对赛珍珠研究工作一直高度重视,经过会前的紧张准备,以江苏大学图书馆为载体,建设了国际赛珍珠文献资源中心,并开通了网站。这在国内是第一家,是为国际国内赛珍珠研究工作者提供的研究服务平台。希望各位专家、学者在今后的岁月里,关心、支持这一平台的建设和发展,经常提出你们的真知灼见,同心协力把这一平台打造成有特色、有作为的赛珍珠研究者的家园。

由于时间比较短,本次研讨会上很多作者不能在会上交流发言,对此我们深表歉意,并打算在今年的年会上让大家发表各自的研究成果,同时,通过编辑出版论文集来弥补此次不足。

2015年9月7日

附录Ⅱ　2015 中国镇江赛珍珠国际学术研讨会简述

裴　伟

　　2015 年 9 月 7 日下午,由镇江市赛珍珠研究会主办、江苏大学承办的 2015 中国镇江赛珍珠国际学术研讨会在江苏大学图书馆举行。这是镇江市继 1991 年 1 月举办赛珍珠文学创作讨论会以来,举办的第六次跨地域/国界的赛珍珠研究大型学术盛会,也是镇江市赛珍珠研究会成立以来第二次举办以"赛珍珠与抗日战争"为主题的学术研讨和历史纪念活动。

　　中共镇江市委常委、市政府常务副市长张洪水,市人大常委会副主任凌苏,江苏大学校长袁寿其、副校长宋余庆、图书馆馆长卢章平,镇江市老领导、市赛珍珠研究会原会长许晓霞,市赛珍珠研究会会长蔡文俊,美国赛珍珠国际基金会董事会主席大卫·布雷丁格尔,基金会总裁和首席执行官珍妮特·明泽,中国社会科学院文学所所长、研究员陆建德,中国社会科学院外国文学所研究员、《大地》中译者王逢振及来自海内外各单位的研究者参加了本次会议。

　　研讨会开、闭幕式由蔡文俊主持。开幕式后,江苏大学校长袁寿其致欢迎词。张洪水、袁寿其为"江苏大学国际赛珍珠文献资源中心"揭牌。凌苏、宋余庆、大卫·布雷丁格尔、珍妮特·明泽共同主持国际赛珍珠文献资源中心网站的开通仪式。镇江市赛珍珠研究会原会长许晓霞和江苏人民出版社总经理助理、编审韩鑫为新书《寻绎赛珍珠的中国故乡》揭幕,该书由裴伟、周小英、张正欣合撰,是镇江市赛珍珠研究会为纪念赛珍珠诞辰 123 周年而推出的。这也是文学研究界第一本对一个作家与一座城市及作品折射的种种文化意象进行研究且源流并重、融会贯通的论著。

当日上午,与会学者参加了镇江市政府主办的"2015 中国镇江赛珍珠文化交流活动"开幕式。大卫·布雷丁格尔、陆建德、韩国文化院院长金镇坤、中国人民大学教授郭英剑、上海犹太研究中心客座研究员沙拉和南京师范大学教授姚君伟等来宾在开幕式上发表演讲。全国人大外事委员会原主任委员、中国公共外交协会会长李肇星为活动发来贺电。

次日上午,镇江市赛珍珠研究会、江苏大学出版社、江苏大学杂志社部分人员及部分专家学者应邀参加了江苏大学图书馆国际赛珍珠文献资源中心建设座谈会。与会学者围绕中心资源完整性、国际化、专业化建设等方面展开讨论,提出了建设性意见与建议,并表示将积极与江苏大学合作探索学术成果与文献保藏的新空间、新形式,嘉惠全球赛珍珠研究学人。

一、大会交流撮要

9 月 7 日下午的研讨活动由郭英剑教授、姚君伟教授主持,11 位学者和赛珍珠研究专家做了大会交流发言。发言者紧扣主题,将赛珍珠的人生经历和著作与抗战历史相结合,立足不同视角予以阐述。

南京大学历史学系教授李良玉认为,当下国内的二战研究和抗战研究受陈旧的研究思路的影响,所涉及的范围和研究视野都很狭窄,我们应秉持尽可能客观的历史研究意识,吸收国内外最新的研究理论,扩大我们的研究范围:不仅留意宏大叙事,而且也注意民间的微历史叙事;不仅收集国内的抗战资料,而且收集散布国外的大量资料;不仅留意国内的抗战动员,而且关注国外的抗战动员,形成一张有效的彼此联系的抗战研究网络与系统的历史语境。从任何一个点切入的研究都会因为置于这样的背景下而显得客观、全面,与赛珍珠相关的抗战研究也因此体现出巨大的历史价值。

苏州市职业大学教育与人文学院副教授孙宗广以赛珍珠第一部支持中国抗战的长篇小说《爱国者》为例,对日本人在侵华战争时期的形象进行还原与批判。《爱国者》不同于国内众多的"抗日神剧"将日本人形象脸谱化,而是称当时的日本人"半是天使半是魔",将日本人从天使走向魔鬼的历程归因于日本传媒对日本国民的精神控制,并剖析深层原因,深刻揭露了日本军国主义发动战争的罪行。

上海海洋大学外语学院教师朱骅以知识分子为研究主线,梳理与阐述了赛珍珠的相关文学著作,如在抗战前《分家》等小说中探讨知识分子的作用,抗战期间《龙子》《今天和永远》等延续了知识分子的领导作用,以及战后的几部代表作如《群芳亭》《同胞》直言留美知识分子拯救中国的必要性和重要性,指出作品折射出赛珍珠倡导的"社会福音"论至此脱离神学框架,转变为知识精英引导的"社会服务"论,呼吁中国年轻一代知识分子走向基层,实现全中国渐进式振兴。

北京鲁迅博物馆研究馆员姚锡佩题为《日本永远不能征服你们——读赛珍珠致中国民众的信及有关争论》的报告,将赛珍珠于1938年2月在美国《亚洲》上发表的《致中国民众的一封公开信》与同年3月12日在上海《大美晚报》上刊登的批评文章《一个中国青年致赛珍珠女士的信》加以比较分析。两文观点针锋相对,如对民众的不同认识、对西方国家利益的不同看法、对政府的不同视角等。她认为这种观点上的冲突甚至代表着两种思潮,而且在当今的中国依然存在。

中国社会科学院文学研究所所长、研究员陆建德认为,从古至今,中国知识分子非常反对"他者"对自己评头论足,而且始终以社会认同,即"待遇"来证明自身价值,而不具有西方知识分子传统中的"社会服务"意识。我们应冷静看待赛珍珠对中国知识分子的评价,看到评价中的合理性,同时思考她所提倡的知识分子走向基层的时代需求与国情的必然性。

中国社会科学院外国文学研究所研究员王逢振认为,赛珍珠与中国的抗日战争有着密切关系,在某种意义上,她的作品和行动也是抗战历史的一个重要组成部分。历史并非像某些人所说的那样是一系列相互争论的叙事,而是一系列的真实事件和灾难。对历史和真实本身的探讨必须通过先前对它的文本化及对它通过政治无意识的叙事化。要深入了解赛珍珠与中国抗日战争的关系,应该更多地关注赛珍珠的作品、文章和演说所产生的影响,关注人们所做的文本化的解释。

中国社会科学院研究生院教授张恩和在会上讲述了自己出生于战争年代,亲历日军对中国国土的狂轰滥炸。抗战时期赛珍珠虽不在中国,没有像其他国际友人那样投身于中国人民抗战的洪流,但也用自己的声音,有力地支援了中国。这在当时,对于正在受难和急需支援的中国人民也是十分宝贵的。她支持中国人民的斗争不仅有声音,也有行动,这种患难中的援手,堪称雪中送炭。

南开大学文学院副教授徐清以赛珍珠的小说《共产党员》为例,将其与其他相同题材的小说加以比较分析,指出它们之间具有相似性,即将暴力革命与浪漫爱情交织杂糅,同时具有革命第一、爱情第二的特质。但限于创作主体的特殊性,《共产党员》在文化内涵的深度与广度上还不及"革命＋恋爱"小说。

南京师范大学外国语学院副教授魏兰剖析了赛珍珠小说"土

地主题"的探讨总是离不开"母亲"意象的文学研究特点,指出二者既是赛珍珠赖以创作的原型,也是其创作的结晶,二者血脉相连,融会贯通。

美国赛珍珠国际基金会志愿者埃德加·鲁萨追溯了赛珍珠在不同人生阶段的宗教信仰的发展变化历程。从中我们可以发现,成年以后的她与任何宗教组织都保持距离,同时在她的写作和演说中仍经常引用圣经的表达和象征。埃德加·鲁萨指出,赛珍珠自己没有宗教信仰,但从不干涉任何人的信仰。

二、提交论文简析

本次研讨会共收到赛珍珠研究论文或摘要 68 篇,赛珍珠政论文译文 1 篇,会议主旨演讲 3 篇。

收到的论文(提要)有四大特点。

首先,综述赛珍珠与中国抗战关系的文章有 15 篇(包括发言稿),从赛珍珠在中国抗战过程中所表现出来的同情和支持的态度、积极和努力的活动,赞扬了赛珍珠旗帜鲜明的人类正义立场和对中国人民的深情大义。综述性研究中姚君伟的专题研究《赛珍珠中国抗战叙事研究:对象和方法》所提出的问题尤其引人瞩目:自 1938 年获奖演说、《爱国者》到《龙子》,文学的和史实的双重价值值得我们从文学的和历史的,尤其从被西方和世界忽视的二战史角度去认识和研究;这一角度使本次专题探讨赛珍珠和中国抗战具有启发性。

其次,从文本角度研读赛珍珠的与中国抗战题材有关的作品,本次会议尤其集中,特别是对有中国人民奋力抗战、以南京大屠杀为背景的《龙子》的研究文章达到 15 篇,占本次论文(提要)总数的 22%,研究《爱国者》的也有 8 篇,作者扣题而作,且角度多样:作家赛珍珠或其作品与宏观的人文主义、中日民族性比较、人物分析、与同名电影及《水浒传》的互文关系等。这类文章从数量上来说最多,也是 21 世纪以来研究赛珍珠愈来愈明显的现象,从积极意义上说,赛珍珠的作品得到阅读和阐释,不仅有助于对其创作意义和价值的正面肯定,而且能使其得到更广范围的推荐普及。

再次,一些新的研究动态现象的出现,标志着赛珍珠研究已经向更深入、更广泛的方向和领域发展,这显示了赛珍珠研究的新的活力涌入和应能展现的前景。如通过对赛珍珠和中国抗战的历史实证研究,呼吁对赛珍珠评价的国家层面的表达;通过具体作品研读和中国传统人文主义的关系,揭示我们纪念赛珍珠的意义;通过研读一些未曾进入评论视域的作品,展示赛珍珠数量丰富的创作中也蕴藏着独特别样的艺术价值。

最后,赛珍珠国际基金会提供的 10 篇英文论文(提要)内容多样化,涉及赛珍珠的人道主义精神、公正正义、文化身份(几个世界)等问题,可见赛珍珠现象至今仍有深远影响的一面。

三、成绩总结与展望

联合国中文组、中国比较文学学会、江苏省哲学社会科学界联合会、苏州大学文学院、宿州学院图书馆等学术机构,以及乐黛云、王缉思、张子清、刘海平、汪应果、廖康、格非、叶兆言、映碧、萧成等学者、作家发来贺信贺电 20 封(件)。

本次研讨会无论从参与人数、举办规模、跨机构与跨媒体的参与度还是学术高度与研究方法的创新等方面,都是空前的,非常明显地突破了过去几年赛珍珠研究的瓶颈,综合起来有如下几个特点和成果。

首先,更多的文学与非文学文本进入学界视野。过去的研究重点是以《大地》三部曲为代表的获得诺贝尔奖之前的作品，如今赛珍珠备受争议的冷战时期作品、抗战时期作品、儿童文学作品、演讲与期刊评论等，均已得到不同程度的关注，并有重要的研究成果问世。

其次，赛珍珠跨学科研究得到重视。著名史学家李良玉、鲁迅研究专家张恩和等提出以新的历史研究方法切入赛珍珠研究，呼吁对赛珍珠评价的国家层面的转变；美国学者埃德加·鲁萨提出从宗教学视角切入赛珍珠的价值体系研究；姚君伟在赛珍珠的中国抗战叙事的研究对象和方法方面提出新的启发性方向等；郭英剑等学者再次强调要超越派别利益，对赛珍珠进行更公允的评价。

再次，以赛珍珠的具体文本研究为起点，提炼与综合她的个人思想体系及中西思想交流特点。如姚锡佩将赛珍珠于 1938 年 2 月发表的《致中国民众的一封公开信》与同年 3 月在上海《大美晚报》上刊登的反驳文章《一个中国青年致赛珍珠女士的信》加以比较分析，系统指出中美知识分子不同的民众观、不同的国家利益观、不同的政府观等；朱骅则通过梳理战前小说《分家》、抗战小说《龙子》、战后小说《群芳亭》《同胞》等，指出赛珍珠倡导中国知识分子走向基层，实现全中国渐进式振兴的"社会服务"论；陆建德研究员则从赛珍珠的中国知识分子观引申到整个中国知识分子的自我定位与自我形象史研究。郭英剑、姚君伟、王逢振等资深研究学者对新的研究领域、研究方法的呼吁与倡议，对未来的赛珍珠研究将起到强大的推动作用。

最后，赛珍珠研究队伍逐步扩大。王逢振、刘海平、姚锡佩等几位老专家，身体健康，思想活跃，不断有新的研究成果问世，起到了楷模榜样的作用。同时，令人欣慰的是，越来越多的年轻同志逐步加入，尤其是一批"80 后""90 后"硕士、博士和青年学子的积极参与，给赛珍珠研究工作带来了新的气象，为赛珍珠研究队伍增添了生机和活力。值得一提的是,镇江市赛珍珠研究队伍目前已初具形态。除了镇江市赛珍珠研究会向会议献礼之书《寻绎赛珍珠的中国故乡》外,在镇高校、市属文化科研机构、社科组织、其他学校的赛珍珠研究者越来越多,论文总量超过 20 篇。镇江市赛珍珠研究会还辑录了赛珍珠有关抗日战争题材作品的出版及翻译情况、赛珍珠研究报刊文献题录(2012—2015),受到与会学者的欢迎。

从事赛珍珠研究 30 多年的南京大学外国语学院原院长刘海平、现任院长杨金才两位教授出席了交流活动开幕式,他们一直关注镇江的赛珍珠研究活动动态,在接受采访时说"镇江无疑已成为我国最具活力和最有影响的赛珍珠学术和文化研究中心","学术会议和文化活动都以赛珍珠和中国抗日战争为主题,会前还在镇江的学生和市民中开展相关知识竞赛活动,这一切周密安排都意义深远。我们铭记世界上曾帮助中国抗战的所有国家和人民,我们当然永远不能忘记赛珍珠为中国抗战胜利所做的一切","纪念抗战胜利,以及在其他任何时候,我们都不能忘记赛珍珠是我们民族伟大、忠诚的朋友,不能忘记她对我国抗战和对我国文化的国际传播所做的独特贡献"。正如著名学者、复旦大学教授段怀清在给主办单位的贺信中说的,"你们的坚持,不仅表现出你们对于赛珍珠的情谊,而且也表现出你们对于跨文化对话与交流具有战略高度的观瞻与考量。你们播种下的友情与文化的种子,一定会在镇江和大洋彼岸的美国结出丰硕的果实的"。

本次会议的另一个可喜可贺的成果是建立了"江苏大学国际赛珍珠文献资源中心",提供线上线下的研究资源服务,以及短期住校与访学服务,这是国际上第一个,也将是资源最完整、最全面的一个资源中心,可以引领世界赛珍珠研究。

瑕瑜互见,相比其他国际学术研讨会,本次研讨会从对赛珍珠关于二战的书写研究看,范围略窄,仍集中于她的《爱国者》和《龙子》等少数作品。下午研讨会发言过程中,由于没有中英文分组,存在一些沟通障碍。但在赛珍珠研究的方向性指引、学术深度和社会影响力等方面,都取得了超出预期的成效。受邀来镇国际学者以美国学者为主,远多于抗战相关国家,如日本、韩国学者。个别论文摘要出现支离化、琐碎化倾向,开展文学批评和学术探讨的整体观、全局观思维和文本阅读亟待加强。

附录Ⅲ　外国友人来稿摘要

赛珍珠女士

——一位作家、人道主义者、人生的洞察专家对其荣誉的回顾

[美]约翰·麦克比

摘　要: 在这里,我们将讨论赛珍珠功过的主要原因。赛珍珠女士并不像威廉·福克纳、约翰·斯坦贝克,或者托尼·莫里森,甚至汤婷婷那样受到尊重。政治上,作为一个美国公民,尽管在她那个年代她比任何政府官员都了解中国,她现在还是几乎被人遗忘了。她的小说《大地》讲述的是平凡人的故事。2015年前,我们从来没听说过她,也不知道她收养过五千名左右的孤儿。为什么赞扬或诋毁她的人那么多? 在研究赛珍珠的时候,我们发现捉摸不定的公众是多么渴求一位完美的女英雄的出现,而赛珍珠却又是多么渴望自己担当这一角色。能找到什么有效的证据来销毁赛珍珠人道主义或者英雄主义的优点吗? 难道她在名人圈的地位只是昙花一现? 即使她有过过失和不幸,赛珍珠离开公众舞台时,仍然是一位多产的成功女作家。在现实的人生中,赛珍珠成功了,因为她有英雄的梦想,并用自己的才华和抱负去努力实现这个梦想。一路走来,在自己的耕耘中收获了大大小小的果实。我们不由地被赛珍珠的魅力吸引,因为这种魅力凝聚了她个人艰苦的努力,不断地自我改善,原生的才华,高等教育的追求,克服了极端的困难之后赢得了巨大的殊荣和国际性的影响力,在每次失望和幻灭的谷底反弹至人生的新高度。她实至名归。什么是名誉,或者更具体点,怎样定义赛珍珠的名誉,又怎样定义她的失败? 哪个更重要呢? 为什么?

赛珍珠基金会为美亚儿移民美国所做的推进工作

[美]萨博日娜·托马斯

摘　要：20 世纪 30 年代,赛珍珠提出了"美亚混血儿"这个名词。当西方国家为种族不平等、灭绝、净化和改良问题吵得沸反盈天的时候,赛珍珠却认为美亚混血儿是民族和国家融合的纽带,是东西方融合的极好产物。30 年后,美国驻越的军队增多,赛珍珠便把自己的观点传递给在越南的美国人,她批评美国政府否定美越混血儿童的美国公民身份。尽管赛珍珠基金会在东南亚各国开展的广泛工作一直到 1975 年,但直到越战时,美国人才意识到亚美儿童的问题。越南的问题又不同于其他亚洲国家的混血儿,他们是越南战争遗留下的问题。对于一些美国人来说,孩子遭到美军父亲的遗弃本身就反映了这场战争的不公平和不人道。

1984 年,在美国政府没出台美国移民方案前,赛珍珠基金会执行长约翰·谢德公开宣称应该给予美亚混血儿优先移民美国的政策。谢德还批评美国政府的"不为人知的儿童遗弃"政策,因为美亚儿童由于身份而遭到虐待。谢德的言论对当局决策者造成压力,也使美国人开始对美越儿童给予同情。此篇研究在于回顾1979 年到 1982 年,AIA 实行期间,赛珍珠基金会为美亚混血儿优先移民美国所做的推进工作。作为一个具有影响力的人道主义组织,赛珍珠基金会所做的努力在为美亚混血儿获得同情和支持的事情上是关键的,它一直提醒人们,美越混血儿是越南战争遗留下的长久问题。

赛珍珠论多样性、公平性和包容性

〔美〕劳拉·洛马克斯

　　摘　要：本研究旨在考察人道主义者赛珍珠对美国种族主义的洞见及其相关写作。鉴于赛珍珠以熟稔亚洲文化及非凡的中国生活书写而著称,文中将集中探讨作者如何通过她那中国视角去观察美国社会,尤其是在教育、财富及机会获得方面所表现出的种族差异。赛珍珠作为一个社会正义的倡导者,一生致力于从国家层面将多样性、公平性和包容性提升为民主原则的核心要点。赛珍珠对自由充满激情,因而写下了许多分析与评论,此外,她还凭借自身的写作技巧、机构组织和荣誉声望对歧视现象进行了揭露与积极对抗,并且一直以来得到了多方支持。本研究将援引一些二手资料,诸如著述、文章、未公开或公开的信件、采访、自传与传记材料之类。

　　本研究的结论是:作为 20 世纪与 21 世纪最重要的文化批评家之一,赛珍珠的世界观是独创性的、相对性的,她的行动主义作风为我们树立了一个榜样,她让我们反思以对话、教育、组织活动的方式开展种族不平等这一话题。

艾德琳·布赫
——赛珍珠的私人秘书

[美]黛博拉·毛雷尔

研究目的

对赛珍珠与艾德琳的研究源于一项家族历史研究项目。本研究旨在揭露艾德琳真实的生活故事,以及她与赛珍珠之间的工作关系。

艾德琳是我的大舅妈(抑或大姨妈等,原文为 great aunt),但因为她住在纽约,而我住在麦迪逊,所以除了知晓她是赛珍珠的私人秘书之外,我知之甚少。

课题来源

2013 年我出差前往宾夕法尼亚的米尔顿镇,我祖上两个世纪以前曾在此居住。家族移居伊利诺伊州之前,艾德琳在此出生。出差期间,我访问了当地的图书馆,之后便顿生探索家族历史的激情。

存在问题

能够为我提供有关艾德琳生平细节的在世亲戚比较少。

解决方法

赛珍珠基金会能为我提供赛珍珠与艾德琳之间的通信。此外,在发出请求后,有的家庭成员提供了一些能够了解艾德琳经历的信件和照片。

结论

赛珍珠基金会提供的信件表明艾德琳和赛珍珠之间的友谊与信任超越了一般的工作关系。

赛珍珠：作家，人道主义者，企业家和女人

——论赛珍珠的名声

[美]约翰·麦克比

摘　要：证据表明，赛珍珠一生受命运安排，她花费了毕生精力将不同的、有争议的、尽管看似不可调和的问题都归化为一个中心论点。本文认为，赛珍珠这个艺术家的大量作品都显示，她坚定地热爱着生活给予的普世天赋。她的巨大成就就是她所拥有的内在力量，这种力量让她前进，并且常常获得成功。我们通常关注的是一个女孩，一个女人；她能越过时空界限，甚至是种族偏见的障碍，将各民族之间的永恒联结点有效地表现出来。布克夫人是诺贝尔文学奖获得者，也是普利策奖获得者。任何一种对她的研究，都好似一次实实在在的旅行，它旨在拯救被拒的孩子们，这些孩子时常受到赤贫、忽视和死亡的潜在威胁。赛珍珠创造了一个奇迹，在她那国际性质的领养机构中，她为婴幼儿童提供资助，并在几十年来确实取得了许多成就。

赛珍珠是重要的成功的儿童作家

[美]卡罗·布莱斯林

摘　要：起初,赛珍珠并未想过自己会成为儿童文学作家。事实上,在其创作生涯早期,她就对其好友艾玛·怀特说过:"我不能保证会为中学生创作! 我对此类作品毫无兴趣……我无法指望我的严肃作品能够适应年轻人的思想和阅读能力。"(致艾玛·怀特的信,1931 年 11 月)但是生活总是会改变人生的规划。赛珍珠的生活亦是如此。在赛珍珠的一生中,她共出版了超过 25 部儿童作品,而且其中的一部著作还为她赢得了一个重要的奖项。虽然她曾经不愿创作儿童作品,但最终成为一位重要的、成功的儿童作家,创作了众多原创故事,并编辑、收集了很多著名的西方神话故事和圣经故事。

珍　珠

[美]洛葛仙妮·墨西拿·卡普特

摘　要：该文展现了世界著名作家赛珍珠一生中动荡的时刻。其背景是 20 世纪 20 年代的南昌起义和"南京事件"，这标志着中国从此进入了艰苦卓绝的斗争岁月。这些故事记述了知名作家赛珍珠的生活经历。在赛珍珠的保姆王璐(Wang Lu)的帮助下，他们一家人从南京逃亡到了上海。仍在裹脚的王璐让赛珍珠了解了东西方的相似与不同。在上海，作为传教士的妻子和女儿，赛珍珠在文学创作和情感方面得到了徐志摩的帮助与抚慰，徐志摩号称"中国的拜伦"。

赛珍珠是第一位获得诺贝尔文学奖的美国女性，其作品皆来源于个人经历。她写作是为了给她智障的孩子筹集费用，她的孩子在新泽西州的维兰德培训学校接受教育。她用诺贝尔奖的奖金帮助了数以百计的欧亚混血儿和美亚混血儿，这些孩子都患有和她的孩子同样的病：智障。

赛珍珠的《永恒的奇迹》

——观音与西方的仁慈女神

[美]安妮·K.卡勒

摘　要：《永恒的奇迹》是赛珍珠去世时的未竟之作，于 2012 年在德克萨斯州被发现，经赛珍珠文学遗嘱执行人埃德加·沃尔什的确认和授权，于 2013 年 1 月由"开放路径融合媒体"（Open Road Integrated Media）出版。虽然小说的主角蓝恩（Rann）是一位男性，但更多体现的是晚年绝望中的赛珍珠作为一个艺术家寻求生存意义的隐性自传。蓝恩的成长得益于和不同价值取向的女性的交往，而这种叙事方式和在东方具有多种隐喻意义与女性形体表征的观世音菩萨故事，以及和在西方具有四个不同脸谱与象征意义的仁慈女神的故事，具有原型的相似性，由此可以看出赛珍珠的文化意识和思维结构所具有的兼容东西的特征，同时主角蓝恩对艺术的追求及设立拯救混血儿的基金会的行动，也表明赛珍珠回首人生时对自己的某种程度的肯定。

赛珍珠：她的几个世界

[美]简·埃萍加

　　摘　要： 赛珍珠出生于美国的西弗吉尼亚州，在中国长大，两种语言、两种文化同时对她的世界观和人生轨迹产生巨大影响，尤其是她的人权意识、她的人道主义救援行动等。母亲压抑自我的一生，少女时期在上海参加的"希望之门"妇女救助活动，目睹中国文化的女性定位等，对她的女性观也产生了重要影响。她在《大地》获得成功后返美定居，从而在另一个层面开展更加广泛的社会活动，她对美国在华传教工作的批评推动了在华传教工作内容的转变，主持《亚洲》杂志增加了美国读者对亚洲的理解，组织"东西交流协会"及其相关活动以增进国际人民间的理解，在二战期间发表演讲并游说以废除阻碍华人赴美与入籍的排华法，同时反对将日裔美国人关入集中营，战后呼吁收养法改革，并成立基金会和悦来之家以收养欧亚和美亚混血儿等，终身在多个世界奋斗不息。

（裴伟整理）

附录Ⅳ 致中国人的公开信

[美]赛珍珠

　　当我写下"中国人"这几个字的时候，我把你们看作自己从小在中国就认识的那许许多多平民百姓。最早是你们自己这样称呼自己的。曾有许多次，你们之中有人这样对我说："我只是一介平民，不过我是这样想、这样感觉的……"你接着往下说，我也总是听你们说，因为那是聪明、自由而又公平的述说。你们可能并不识文断字。其实最为经常的是：你们既不会读也不会写；然而你们比起任何别的地方的人，都更为心平气和、更懂文明礼貌。你们承袭了千百年来所形成的那种宽怀容忍的传统，以及人类生活的智慧。

　　你们住在乡村或是城镇，你们种地或在大大小小的商店里做买卖。你们或是街头叫卖的小贩，或是游走各地修鞋补碗、兜售孩子们爱吃的糖果与甜食。平常年景你们日子过得堪称可以。因为你们身强体壮，吃得起各种各样的美食，有米有面有菜还有些鱼肉，喝着茶水，还有烟斗或是纸烟可以享用。你们的住房，从有些标准来看还较简陋。但我曾在里边吃过住过，知道那里就是真正的家，充满着欢乐和嬉戏的儿童。人人都有活干，所以大家一同打理、共同应对。你们过的生活，是我最最钦佩的，节俭、欢乐、简单而又自在的一种生活。正是因此，当我想到此刻你们陷于日本军国主义者手中的遭际之时，真是怒火中烧。因为在这种类型的战争之中，你们当然是敌不过他们的。你们并没有做好准备能够就

此去战胜他们。你们极不具备自卫的能力。因此纵有千千万万人
深知此点仍挺身而出奋力战斗，眼下还是入侵者占着上风。

我要在此提出问题：你们因为什么，竟是如此缺乏自卫的能
力呢？

因为，早在多年以前，你们和我，在庭院里和在打谷场上，还有
在细雨迷蒙的夏日相聚室内之时，就已预料到了这种情况。你们
并不比我更为惊异会有这场战争发生。你们知道，有朝一日自己
必定必须起而去同日寇进行战斗。我们对此曾有多番争议。你们
说："我们曾经打赢别的战争。"我说："但是那时还没有炸弹。"你们
说："西方国家——国联——美国——会帮助我们。"我又说："没人
会帮你们。你们离得太远，他们看不到这场战争跟他们有什么关
系。"最后这一点我是说对了。美国人现正含糊其辞地谈论着对
[进口]日本丝绸实行抵制。如说以往此举曾经奏效，而今想多见
效可是为时已晚了。抵制，早在多年以前就该实行，不仅对日本，
而且对所有军国主义国家都应该实行。并且，一切行动都不应该
像实行丝绸抵制那样温和，那样无济于事。只有对一切领域实行
完全的抵制，包括贸易、信用以至传播交流统统在内，才能取得预
期的效果。只有实行这样完全的抵制，那些由于军国主义而致失
常发疯的国家，才会立即发现自己陷于孤立的境地。只有这样的
抵制，才是全世界可行的唯一明智而又可以长期获益的举措。但
是各国政府是永远看不到这么远的。他们仅仅想着，在那个发了
疯的国家野性勃发的时刻，自己究竟能够获益多少；以及如何不惜
一切代价地保住自己的商业利益。

于是，你们现在受苦受难，就不是不寻常的了。这是任何一个
陷于征服者手中的国家都在发生的事情。日本，比起今日的德国
与意大利，并非更加邪恶；德国和意大利，也并不比他们的先人更
为邪恶。人们为什么对于日本打入南京以后的杀掠奸淫表现出如

此的惊诧不已呢？军国主义者在任何时代都是这样无恶不作的。枪支只是使他们比用大刀作恶更多，轰炸机也就比骑兵的战马更为凶残而已。

你们，为什么竟是如此这般地欠缺自卫的能力呢：你们已经承受了统治者们残酷无情的盘剥。战争早就迫近，大难即将临头。缘何当它真的到来之时你们竟然没有海军，而是只有几架飞机和为数极少的装备投入到实际的战斗？你们确实倾尽全力加入了抗战队伍，从军阀部队、国民党军队到任何有人带领的部队，你们惯于过着勉强称得上的部队生活。部队一直就是你们经济生活的安全保障之一。年景不好的时候你们沦为盗匪、车夫或去当兵。你们知道自己怀有勇气，因而具备足够的信心。然而你们赤手空拳，又怎能抵挡机枪、大炮和炸弹的袭击呢？有的时候谈起这场战争，你们对我说："我们会将血肉身躯筑成山冈，来抵挡日本鬼子。"你们确实这样做了，然而这并不够。你们的伟大精神，对付战争的冷酷兵器还是不够的。你们正在败退，因为你们着实欠缺自卫的能力。

你们所有的钱——它们都在哪里？你们确实拥有汽车公路，总的说来使用还不算多。你们只有富人与官员才能买得起汽车，那又怎能用上很多的公路呢？你们一辈子的收入还很难买得上一辆汽车。即便有人送你一辆，仅仅用于维修的费用就得让你不吃不喝；于是你也无须拥有一辆汽车。你们没车，日子照样过得不错。公路确实使得部队行动方便了很多——但是不幸这也方便了日本的军队，方便了他们移动你们还没拥有的坦克与重炮。总的说来，新建的优质公路给日本人提供的帮助多于给你们的帮助。不过理所当然，现代国家必须拥有公路。如若不然，在外国人看来是极其糟糕的。你们的统治者们无疑也曾想过，他们总归会要对付日本人的——尤其不用跨越日本桥梁的办法，他们中的一位曾有一次这样对我说过,说着他还笑了起来。也就是因此,他们建造汽车公路,而不去增强防卫的力量。

当然,也还建造了别的一些东西——例如,为孙中山(他原本也是平民)建造了一座漂亮的陵墓。其建筑之精致,据人夸耀,位列世界第二。与之相关的也有一座漂亮的公园和一个颇为壮观却很少用过的体育馆。青草长在了座位与座位之间,甚至盖过了漂亮的跑道。为这个体育馆花了好大一笔费用。也还造起了富丽堂皇的大厦,有私人的,也有国家的。南京迅速发展成了一个自命不凡的首都。你们把钱花费在显阔的地方,有意识地让来访的外国人得出良好印象。而对战争的防卫,则并不是这么回事。

还有别的一些事情也做得不怎么样——例如,对私人财富。你们的许多领导人,发迹至于如此富裕而且如此突然。他们原本几乎全是贫苦的人——寡居妇女的子女,待遇菲薄的基督教牧师与青年会干事,以及小商人与农夫。他们如今怎会拥有如此大量的财富呢?而谈起防卫的能力,你们为什么竟是如此的欠缺与不足呢?

然而这些领导人是些什么人呢?他们并非没有学识。除了为数不多的军阀以外,如果可以说明一点什么,他们拥有西方大学的学位。许多人是镀了金的博士。但是他们究竟是些什么人呢?令人惊奇的是,他们就出自你们中间。一代人以前,他们和你们一样。你们国家没有王室血统,甚至没有一点儿纯粹的贵族血统。你们的血统是混同一气的。多亏你们自古以来就有男子纳妾的习俗,良好的、强壮的、农民的血液,流注在每一个人的身上。你们没有地道的、生来就是治人的统治阶级。甚至你们的皇帝,也是平民出身。一个朝代的最初几任皇帝,几乎全部都是打了胜仗的军阀,而军阀总是出自平民的血统。

于是,使我困惑的事情就比我所提出的问题还要深切。显然,你们由于遭受劫掠而缺乏防卫的能力。应该用于防卫的钱财,被挪用做了别的。然而不仅如此。你们的领导人把数量如此巨大的平民置之不顾,这就把沮丧送到了你们的心底,同时也送到了所有信奉你们生活方式与思想方式的人们的心底。对此人们谈论不多,因为你们有如此众多的朋友居住国外。然而报纸已经广泛报道,你们有为数太多的将军丢弃了自己的部队,本人逃往安全地带。更为卑鄙无耻(至少在西方人眼中是如此)的是,你们有太多的医生与护士,扔下伤员与垂死的病人,自己逃之夭夭了。为什么你们要被弃置于无助的地步呢?这是比只浪费与花钱更严重、比抢劫更可恶的事情。这是一个民族心灵的失败。在你们的生活方式当中,是否在什么地方存在着基本精神的欠缺?看来你们需要经受绝望与艰苦。因为,当你们之中有那么一位成了统治者的时候,他会立即变得软弱与腐败。甚至用不了一代人的时间。

只要几年,这样的情况就会发生。而你们自己,还是勇敢无畏的。你们,怎么就会消逝不在了呢!

当然,有个麻烦问题是,你们对自己的当权者没有任何要求。你们不像英美那些主流民主大国的人民那样,对他们实行监督检查。我曾见过,你们在谈到某些知名人士从鸦片税款中拿走数以百万元钱,或从盐税当中挪款据为己有之时,只是耸耸肩膀说道:"我们对此毫无办法。"你们所不知道的是,你们是有办法对付他们的。你们并不允许你们的村官对你们的劫掠超出某个认定的节点。如果他超出了这个节点,你们就会涌进他的院子里去把他干掉。从国家范围来讲,这样的做法就是革命。——不,且慢。这些当了领导的人,本是你们自己的兄弟和子女。怎么能够做到,有朝一日如果你自己当了权,不会变成像他们那样?没有办法。除非那些被你抛弃的人们提出要求,不让你去背叛他们。你们现今还没有法律的机制,去控制你们的统治者。你们还不知道,怎么样去进行控告与弹劾。

你们无助，是因为你们容许自己变成这样的。你们的领导人，在他们离开平民队伍的时候，意识到了自己不安全的处境，想到的只是他们自己。他们当中，是有少数人没有这样做。他们乃是，为数不多的未曾脱离你们生活方式的人。但是他们人数极少——恐怕只有两个、三个。

你们，下一步该干什么？

做一件事，自己去打日本鬼子。不靠领导人，而且使用你们自己的武器。一个办法就是继续打游击战，同时遭受敌人的杀戮。不可避免的是，如果你们与之战斗，你们会继续不断地遭受他们的杀戮。由于几乎没有能同他们装备相适应的武器，并且不太可能有谁会给你们什么武器，所以每一场游击进攻之后，必然会招来敌方迅猛而又恐怖的惩罚。不过你们是能够承受死亡的。千百年来你们已经惯于面对饥荒与水患，即便现代的统治者也还无力减缓灾情，因此你们知道应当如何行动。如果现在你们要去战斗，那就让日本人用杀戮你们的方式来消耗他们自己好了。他们会在你们用完力量之前就耗尽自己的力量。你们的人口，比起他们有六倍之多。你们能够拖垮他们。

但是现在有一大片领土你们已经丧失。在那里你们就是游击战也难以坚持。你们不得不像你们的统治者一样，屈从日本人的统治。他们要来经营你们的火车，你们的邮局，你们的新闻团体，你们的警察与政府机关。你们也能容忍这些。你们惯于在自己所憎恶的统治者之下过日子。更为糟糕的是，我相信你们常对我说的："我们自己的统治者，怎么糟糕都没关系。我们宁要他们，也不愿要良好的外国统治者。"当然，日本人由于他们自私自利，并不是什么好的统治者。你们只有进行抵抗，来表示能够经受得起他们。这是一种无声的不屈服的制胜方法，你们熟知如何坚持长久。牢记一点：如果你们运用与生俱来的力量进行抵抗，你们仍将取得胜利。我说的是你们如果，但是你们肯定能够胜利。因为你们在并不意识自己作为之际就是这样行动的。你们的一切反抗，都是使用表面的依从。你们从全国的混乱之中活了下来，又从别国闻所未闻的大规模政府腐败之下挺了过来。那是因为你们盲目、天真，并且不觉地继续着你们自己的生活，同时还保持着你们自己的传统。

当然，你们也会熬过日本人的统治。我认为，以为日本人能够对你们为所欲为的想法是可笑的。我曾见过，有人力图在你们之中培植出共产党人、基督徒，以及许许多多别的信徒。你们总是友好地同意一切，同时继续依然故我。你们并不介意谈论一时视为上策的别的东西，然而内心还是保持原来的一切。但是，我希望，你们不去考虑什么是上策。我希望你们公开进行反抗，就是做个日本统治之下的反抗的中国人。你们，时不时地有可能为此而被杀害。但我重申，你们知道如何面对死亡，你们有着千百万人正在加紧诞生。什么都不能阻止你们新生人口的庞然大军。

眼下你们不得不面对的是，你们的未来还是黑暗的，除非你们自己能够将它点亮。你们现在知道，很可能没有人会帮助你们。同样，也没有一个国家会无缘由地去帮助另一个国家。再者，完全真实的是，你们自己作为一个国家，也绝不会这样去对待任何别的国家。你们宁愿选择孤立；并且，假如存在一个被孤立着的国家需要不被卷入别的麻烦之中的这种方便条件的话，那么千真万确，没有一个国家会去给予他们需要的援助。确实你们曾从国外得到比其他许多民族更多的某种援助，比如赈灾救济、医院、学校，等等。如果像宗教宣传的那样，这些援助毕竟帮助了你们。也许它们有一点宠坏了你们，但也教会你们懂得，不要指望天上会掉下馅饼来。至少这些学校与医院为你们培养出了许多并不可靠的领袖人物和过于敏感的知识分子。他们并没有为你们做出什么事情来，但是却用并不公正而又心怀嫉妒的批评，疏远了你们的朋友。我以为，西方的教育，并没有给你们带来多少好处。

然而这没有什么关系。现如今，除了你们应当继续做你们自己以外，什么都没有关系。如有需要，可以反抗整个世界。但是不要放弃你们自己的传统、你们自己的思想方式与生活方式。就是说，不要放弃你们自己。因为，虽然你们并未认识，然而你们是在作战，而且是超过了你们自己［内部］的战争。你们是在打一场关乎人类命运的战争——争取民主权利和反抗法西斯主义，争取珍爱和平和反对军国主义，以及争取人权和反对团伙犯罪。我们时代的中心问题是，你们同日本军国主义者之间正在进行的战争。也许你们会点火烧毁自己的房舍。但是你们知道，焦土之下大地依然存在，你们还会回来重新耕耘和再次播种。

于是，你们必须单枪匹马走你们的路。你们将会这样做的。总有一天你们会建立起一个真正的国民政府，它将是由你们自己所愿的人员组成，而并非用西方的原则与教育所架起。这个政府将是一个坚强有力的政府、本土建造的机构，也许就是你们国民生命的精华与地方自治的扩大。［全国各地，］一村又一村，你们比世界上任何地方的人都更知道如何管理你们自己。自治政府的精神，就存在于你们的内心。你们只需要发展它的形式。与此同时，你们不得不一如既往，把你们已经做着的事情继续做下去。

我记得几年以前，有一天我跟你们共进晚餐。那是一个六月天。你们已经忙乎了一整天，男男女女都在插秧。我没有干什么活儿，只在一旁看着，时不时地把一捆捆的秧苗递送给你们。可是到了晚上，我们一同谈起了未来，谈起了现在落在你们身上的这场战争。你们信心十足。但我知道，你们对付飞机大炮，不如对我们当时坐着聊天的那个草顶土墙的房舍，更加有所准备。我的悲观心情,让你们动摇了一点儿。对待你们,我是总能坦诚直言的。我以前是这样做的,你们也从不对我不满,知道我的心是跟你们紧紧连在一起的。桌上烛光摇曳,你侧身拨挑烛芯,随后说道:"说真的,你是不是觉得,日本人会打赢?"我当时回答,今天再次重复,说:"他们会打赢,但是如果你们就像现在这样待着的话,他们就永远也征服不了你们。"

《亚洲》杂志 1938 年 2 月号

（汪健 译）

附录 V　致 Junge 夫妇的一封信

亲爱的 Junge 夫妇:

我写信给你们,是因为我知道你们和我一样,对于中国怀有浓烈的兴趣。

该是给予我们的盟友新的鼓励的时候了。必须承认,我们的领导人还没有将中国作为处在战争或和平之中的一个平等的伙伴而给予安慰。最为有效的安慰是来自美国人的。

国人对于中国最为本质的友好情谊,通过慷慨的救济确实有所表达。中国人深深感谢这样的帮助,但是他们所渴望的是一种不能由救济所表达的关系。他们需要帮助,而且他们也知道自己需要帮助,但是绝不能单单地接受与救济并实现他们需要平等友谊的愿望。他们想要比救济更为接近美国大众的思想。他们想要知道我们在想什么,以及我们到底是什么样的人。他们也希望我们能够了解他们。他们想要建立起两国人民互相理解的基石。这在一定程度上,使人感到自豪,而且我认为这种自豪是非常合宜的。中国人不想让我们只在救济一事上想到他们,他们还想要建立其他的交流渠道,这是完全可以理解的。但是这并不仅是为了引以为豪。它有更深刻的含义,因为他们相信身在东方的他们和身在西方的我们有着相似的思想,这些思想应该互相了解。我因曾在中国生活,同中国人长期交往而得以了解他们,他们确实是那么想的。

如今战争引发出新的困难。例如在战争公益基金的许多地方性机构里,要想在公众面前维持各自的救济组织变得越来越困难了。因此,有个危险就是国人可能会因战争阶段发生众多的事件而转移对中国的关注。这会使我们对它的兴趣逐渐消失殆尽。

我们因此正在筹划一场全国范围的教育运动及中美团体之间的互动交流活动。计划的第一步就是把本地团体中那些对中国感兴趣并且与之早有联系的人员组织起来,在中国人当中建立美国俱乐部,并在美国人中建立中国俱乐部。当然,这些组织需要帮助和指导,而且这是我们协会应该去做的事情,我们还要通过报刊、广播及学习小组等的形式提供充分的教育资料和大众传媒。

为了建立这些友好群体并且启动这个广泛开展的活动,我们需要大约五万美金的资金。为了为中国而做的这项特殊工作,你们会竭尽全力予以帮助吧? 期待你们的鼓励与合作。

谨致问候

赛珍珠

纽约东 49 大道 40 号

1943 年 4 月 30 日

丁玲 译 汪健 校(2015 年 10 月 26 日)

附录Ⅵ　一个中国青年致赛珍珠女士的信

理　初

钦佩的赛珍珠女士：

在二月号的《亚西亚》杂志上，读到您给中国大众的一封信，虽则您信中开首的一节，说明您的信是写给中国的工农阶级看的，而我却不揣冒昧地也把您的信拜读了一遍，原因是您的信写明是公开的，我读读谅也无妨，并且我虽非中国工农阶级的一分子，自问尚是一个纯洁的中国青年。

女士虽在中国长大，或许也能讲几句中国话，可是我不知道您能否读中国的文字？就是能读中国的文字，不知是否情愿降尊纡贵地来读一个无名小卒的信。不过，为了骨鲠在喉的几句话，正如我不揣冒昧地阅读您的信，我又不揣冒昧地复您的信了。

您信中的大意，据我所了解的可以用下面几句代表它。中国的民众此次遭受日本军队的攻击，虽然奋勇抵抗，前仆后继，可是因为准备不够，终于失败，这失败的原因，是因为政府的不作未雨绸缪的打算，现在中国民众以血肉和日本的机械化部队相搏击，这就是中国唯一的希望。国际方面没有一国肯为了别国的存亡，拿实力来援助别国，自己的政府，又只会做些建造陵墓，粉饰太平的空事，中国民众要挽救中国的沦亡，只有靠自己的力量，中国民众可以游击战术来牵制日军的部队，纵然牺牲性命，中国的民众是不会退缩的。中国的民众不怕死，他们视死如归，水灾、旱灾一死更上千上万，当现在祖国危急存亡的时候，中国大众又何惜一死？日本军事当局能砍中国老百姓的头，可是他们不能禁止中国老百姓生育，老的游击队死了，有年轻的人起来予日军以种种的困扰和烦恼，中国民众拿这样的精神去对付日本，最后胜利必属中国。

在此全世界只有屠杀没有公理的时候，我们对于女士这信中一番热切的同情是如何心喜欢忭！我们读了这封信后，陡然增加了许多奋斗的勇气，因为我们知道：这时代的良心还没有完全泯灭，世界上还有同情正义的人！

可是在我把女士的来信，仔细地再读一遍之后，我不得不指出女士的三点错误，就是：

第一，我觉得女士犯了形式主义的错误，就是我们知道，世上的事物绝对不是独立而发生关系的。国际形势错综复杂，倏忽万变，我们当然不希望依赖外人的援助，可是我们要尽量接受同情吾国各国家的援助。我们知道，在这法西斯蒂狂潮席卷的世界上，还有许多主持公道，不惜以打倒暴力，扶植正义为职志的国家，所以我们认为中国不是永久孤立的。

第二，女士为了对中国大众的同情太大不免过分武断了中国政府的丑恶。中国民众，几千年来过着农业经济生活，对国事抱不闻不问的态度，以至养成了旧时政府的贪污，这是一桩不可否定的事实。可是 1927 年北伐以来，中国政府在国民党主持之下，贪污之风确比从前大杀了。即以此次对日作战而言，中国军队能抵抗日本最新式的军队至六月之久，若非政府平时有相当准备，这是一桩办不到的事。我不是要掩护中央政府的坏处，也不是说，中央政府是个最完美的政府，可是历史的进化不是偶然的，罗马的伟大不是一天造成的。我们对政府需要相当的监察，可是不要过分的苛求，况且，在此狂暴风雨的时代，我们也万万不能更换舟子，更换舟子立刻会遭到灭顶的惨祸！此时不是我们批评政府的时候，而是我们拥护政府，为她效力，使她能担任更艰巨的工作的时候。

　　第三,女士不了解游击战术的真意义,游击战术的生命在于组织,没有缜密的组织,就不免为人家逐个击破了,中国民众固然不怕死,可是他们要有意义地死,女士所提议的游击战术,在理论上是很动听,但可惜不能见诸实行。

　　我们对女士热烈的同情愿意竭诚地接受,可是为了中国大众的福利,我们对女士的忠告与建议,只得很抱歉地拒绝了。

　　此致

　　人类解放敬礼

一个中国青年

载上海《大美晚报·夜光》1938 年 3 月 12 日

后　记

　　中国人民抗日战争是一场实力悬殊的民族生死之战,是为中国自身存亡而战,也是为保卫世界和平而战。中国在积贫积弱太久的情况下不屈不挠,浴血奋战,赢得了国际社会的广泛同情和普遍赞誉。在无比壮阔的反法西斯战争中,先后涌现出大批援助中国人民抗日战争的国际友人。

　　飞不过的太平洋,逃不过的自己心。凭借着两种生活与视界的积累开拓,走上世界文学舞台的赛珍珠,她发出的不仅是那个时代的人类正义之声,至今也仍有不衰的艺术魅力和道义警示;她的一系列代表作品和持续不断的呼喊,至今仍在提醒一代又一代的读者。

　　回眸《大地》《母亲》《龙子》,看中国乡土社会的沉浮,测中国社会蕴积的温度。百年来多少描摹这块土地上人和事的作家,是如何在同类题材的前提下,从思想和艺术上写得既真实深刻又个性独特,又如何因此而能上升至哲学批判的高度? 阅读和研究赛珍珠,我们始终关注古老中国自己的和外面世界的过去、现在与未来,这是我们研究者应具备的立足点、开放视野及所持守的价值立场。

　　2015 年研讨会召开之日,适为中国人民抗日战争胜利 70 周年之时。今文集编校付印,又值抗日战争全面爆发 80 周年、镇江赛珍珠文化公园即将竣工开放之际,不免感慨良多。多年的赛珍珠纪念文集编辑出版,我们不惧事务的冗杂,愈发感受到热爱、坚持的情怀与我们相伴。

　　我们感谢朱骅等青年学者的有力支持,他们为会议和文集而无偿翻译了外国友人的文章。

　　我们在此也特别追思徐清博士,她是赛珍珠研究界的俊秀,惜蚕吐丝未尽而华年遽殒。她在本次会议上的精彩发言成为学术绝唱,文集的出版是对赛珍珠的纪念,也是我们赛珍珠研究界对徐清的缅怀。

　　赛珍珠不仅是一座文化桥梁,也是学术交流的虹桥,是镇江走向世界的学术文化之桥。2002年第一次国际学术研讨会召开以来,我们孜孜以求,一路前行。作为赛珍珠"中国故乡"的研究者,我们缅怀纪念赛珍珠对镇江、对中国和中国人民的"初心"。同时我们深知,要真正做到这些,会有多少艰难,需要付出多少心血。但我们相信:打开,是情真意切的寻踪和追溯;合上,定是温暖的会意和激励!

编　者